**国家出版基金项目**
NATIONAL PUBLICATION FOUNDATION

中宣部2022年主题出版重点出版物

"十四五"国家重点图书出版规划项目

纪录小康工程

# 全面建成小康社会

## 安徽全景录

### ANHUI QUANJINGLU

本书编写组

全国百佳图书出版单位
时代出版传媒股份有限公司
安徽人民出版社

责任编辑：蒋越林　李　莉　肖　琴　孔　健
封面设计：石笑梦　葛茂春
版式设计：周方亚　汪　阳　常　燕

**图书在版编目（CIP）数据**

全面建成小康社会安徽全景录/本书编写组编著. — 合肥：安徽人民出版社，
　2022.10
（"纪录小康工程"地方丛书）
ISBN 978 – 7 – 212 – 11473 – 2

Ⅰ.①全… 　Ⅱ.①本… 　Ⅲ.①小康建设 – 成就 – 安徽 　Ⅳ.① F127.54

中国版本图书馆 CIP 数据核字（2022）第 098660 号

**全面建成小康社会安徽全景录**

QUANMIAN JIANCHENG XIAOKANG SHEHUI ANHUI QUANJINGLU

本书编写组

安徽人民出版社出版发行
（230071　合肥市政务文化新区翡翠路 1118 号）

安徽新华印刷股份有限公司印刷　新华书店经销

2022 年 10 月第 1 版　2022 年 10 月合肥第 1 次印刷
开本：710 毫米 ×1000 毫米 1/16　印张：21.25
字数：270 千字

ISBN 978 – 7 – 212 – 11473 – 2　定价：76.00 元

邮购地址 230071　合肥市政务文化新区翡翠路 1118 号
安徽人民出版社营销部　电话：（0551）63533258　63533259

# 总　序
## 为民族复兴修史　为伟大时代立传

　　小康，是中华民族孜孜以求的梦想和夙愿。千百年来，中国人民一直对小康怀有割舍不断的情愫，祖祖辈辈为过上幸福美好生活劳苦奋斗。"民亦劳止，汔可小康""久困于穷，冀以小康""安得广厦千万间，大庇天下寒士俱欢颜"……都寄托着中国人民对小康社会的恒久期盼。然而，这些朴素而美好的愿望在历史上却从来没有变成现实。中国共产党自成立那天起，就把为中国人民谋幸福、为中华民族谋复兴作为初心使命，团结带领亿万中国人民拼搏奋斗，为过上幸福生活胼手胝足、砥砺前行。夺取新民主主义革命伟大胜利，完成社会主义革命和推进社会主义建设，进行改革开放和社会主义现代化建设，开创中国特色社会主义新时代，经过百年不懈奋斗，无数中国人摆脱贫困，过上衣食无忧的好日子。

　　特别是党的十八大以来，以习近平同志为核心的党中央统揽中华民族伟大复兴战略全局和世界百年未有之大变局，团结带领全党全国各族人民统筹推进"五位一体"总体布局、协调推进"四个全面"战略布局，万众一心战贫困、促改革、抗疫情、谋发展，党和国家事业取得历史性成就、发生历史性变革。在庆祝中国共产党成立100周年大会上，习近平总书记庄严宣告："经过全党全国各族人民持续奋斗，我们实现了第一个百年奋斗目标，在中华大地上全面建成了小康社会，历史性地解决了绝对贫困问题，正在意气风发向着全面建成社会主义现代化强国的第二个百年奋斗目标迈进。"

这是中华民族、中国人民、中国共产党的伟大光荣！这是百姓的福祉、国家的进步、民族的骄傲！

全面小康，让梦想的阳光照进现实、照亮生活。从推翻"三座大山"到"人民当家作主"，从"小康之家"到"小康社会"，从"总体小康"到"全面小康"，从"全面建设"到"全面建成"，中国人民牢牢把命运掌握在自己手上，人民群众的生活越来越红火。"人民对美好生活的向往，就是我们的奋斗目标。"在习近平总书记坚强领导、亲自指挥下，我国脱贫攻坚取得重大历史性成就，现行标准下9899万农村贫困人口全部脱贫，建成世界上规模最大的社会保障体系，居民人均预期寿命提高到78.2岁，人民精神文化生活极大丰富，生态环境得到明显改善，公平正义的阳光普照大地。今天的中国人民，生活殷实、安居乐业，获得感、幸福感、安全感显著增强，道路自信、理论自信、制度自信、文化自信更加坚定，对创造更加美好的生活充满信心。

全面小康，让社会主义中国焕发出蓬勃生机活力。经过长期努力特别是党的十八大以来伟大实践，我国经济实力、科技实力、国防实力、综合国力跃上新的大台阶，成为世界第二大经济体、第一大工业国、第一大货物贸易国、第一大外汇储备国，国内生产总值从 1952 年的 679 亿元跃升至 2021 年的 114 万亿元，人均国内生产总值从 1952 年的几十美元跃升至 2021 年的超过 1.2 万美元。把握新发展阶段、贯彻新发展理念、构建新发展格局、推动高质量发展，全面建设社会主义现代化国家，我们的物质基础、制度基础更加坚实、更加牢靠。全面建成小康社会的伟大成就充分说明，在中华大地上生气勃勃的创造性的社会主义实践造福了人民、改变了中国、影响了时代，世界范围内社会主义和资本主义两种社会制度的历史演进及其较量发生了有利于社会主义的重大转变，社会主义制度优势得到极大彰显，中国特色社会主义道路越走越宽广。

全面小康，让中华民族自信自强屹立于世界民族之林。中华民族有五千多年的文明历史，创造了灿烂的中华文明，为人类文明进步作出了卓越贡献。近代以来，中华民族遭受的苦难之重、付出的牺牲之大，世所罕见。中国共产党带领中国人民从沉沦中觉醒、从灾难中奋起，前赴后继、百折不挠，战胜各种艰难险阻，取得一个个伟大胜利，创造一个个发展奇迹，用鲜血和汗水书写了中华民族几千年历史上最恢宏的史诗。全面建成小康社会，见证了中华民族强大的创造力、坚韧力、爆发力，见证了中华民族自信自强、守正创新精神气质的锻造与激扬，实现中华民族伟大复兴有了更为主动的精神力量，进入不可逆转的历史进程。今天，我们比历史上任何时期都更接近、更有信心和能力实现中华民族伟大复兴的目标，中国人民的志气、骨气、底气极大增强，奋进新征程、建功新时代有着前所未有的历史主动精神、历史创造精神。

全面小康，在人类社会发展史上写就了不可磨灭的光辉篇章。中华民族素有和合共生、兼济天下的价值追求，中国共产党立志于为人类谋进步、为世界谋大同。中国的发展，使世界五分之一的人口整体摆脱贫困，提前十年实现联合国2030年可持续发展议程确定的目标，谱写了彪炳世界发展史的减贫奇迹，创造了中国式现代化道路与人类文明新形态。这份光荣的胜利，属于中国，也属于世界。事实雄辩地证明，人类通往美好生活的道路不止一条，各国实现现代化的道路不止一条。全面建成小康社会的中国，始终站在历史正确的一边，站在人类进步的一边，国际影响力、感召力、塑造力显著提升，负责任大国形象充分彰显，以更加开放包容的姿态拥抱世界，必将为推动构建人类命运共同体、弘扬全人类共同价值、建设更加美好的世界作出新的更大贡献。

回望全面建成小康社会的历史，伟大历程何其艰苦卓绝，伟大胜利何其光辉炳耀，伟大精神何其气壮山河！

这是中华民族发展史上矗立起的又一座历史丰碑、精神丰碑！这座丰碑，凝结着中国共产党人矢志不渝的坚持坚守、博大深沉的情怀胸襟，辉映着科学理论的思想穿透力、时代引领力、实践推动力，镌刻着中国人民的奋发奋斗、牺牲奉献，彰显着中国特色社会主义制度的强大生命力、显著优越性。

因为感动，所以纪录；因为壮丽，所以丰厚。恢宏的历史伟业，必将留下深沉的历史印记，竖起闪耀的历史地标。

中央宣传部牵头，中央有关部门和宣传文化单位，省、市、县各级宣传部门共同参与组织实施"纪录小康工程"，以为民族复兴修史、为伟大时代立传为宗旨，以"存史资政、教化育人"为目的，形成了数据库、大事记、系列丛书和主题纪录片4方面主要成果。目前已建成内容全面、分类有序的4级数据库，编纂完成各级各类全面小康、脱贫攻坚大事记，出版"纪录小康工程"丛书，摄制完成纪录片《纪录小康》。

"纪录小康工程"丛书包括中央系列和地方系列。中央系列分为"擘画领航""经天纬地""航海梯山""踔厉奋发""彪炳史册"5个主题，由中央有关部门精选内容组织编撰；地方系列分为"全景录""大事记""变迁志""奋斗者""影像记"5个板块，由各省（区、市）和新疆生产建设兵团结合各地实际情况推出主题图书。丛书忠实纪录习近平总书记的小康情怀、扶贫足迹，反映党中央关于全面建成小康社会重大决策、重大部署的历史过程，展现通过不懈奋斗取得全面建成小康社会伟大胜利的光辉历程，讲述在决战脱贫攻坚、决胜全面小康进程中涌现的先进个人、先进集体和典型事迹，揭示辉煌成就和历史巨变背后的制度优势和经验启示。这是对全面建成小康社会伟大成就的历史巡礼，是对中国共产党和中国人民奋斗精神的深情礼赞。

历史昭示未来，明天更加美好。全面建成小康社会，带给中国人民的是温暖、是力量、是坚定、是信心。让我们时时回望小康历程，深入学习贯彻习近平新时代中国特色社会主义思想，深刻理解中国共产党为什么能、马克思主义为什么行、中国特色社会主义为什么好，深刻把握"两个确立"的决定性意义，增强"四个意识"、坚定"四个自信"、做到"两个维护"，以坚如磐石的定力、敢打必胜的信念，集中精力办好自己的事情，向着实现第二个百年奋斗目标、创造中国人民更加幸福美好生活勇毅前行。

# 目　录

# 一、安徽全面建成小康社会光辉历程

2021 年 7 月 1 日，习近平总书记在庆祝中国共产党成立 100 周年大会上庄严宣告："经过全党全国各族人民持续奋斗，我们实现了第一个百年奋斗目标，在中华大地上全面建成了小康社会，历史性地解决了绝对贫困问题，正在意气风发向着全面建成社会主义现代化强国的第二个百年奋斗目标迈进。"中国共产党一经诞生，就把为中国人民谋幸福、为中华民族谋复兴确立为自己的初心使命，团结带领全国人民书写了中华民族几千年历史上最恢宏的史诗。一百年来，安徽人民在中国共产党的坚强领导下，顽强拼搏、持续奋斗，和全国人民一道，胜利实现了从温饱不足到总体小康、奔向全面小康的历史性跨越，小康目标不断实现，小康梦想成为现实，在安徽发展史上树立了永远的丰碑。

## （一）从一穷二白旧世界到建设一个新世界
（1949—1978 年）

中华人民共和国的成立，揭开了新的历史篇章。领导人民取得新民主主义革命胜利的中国共产党，成为在全国范围执政的党。在中国共产党领导下，中国人民踏上了社会主义现代化建设的新征程。1953年，中共中央提出要在一个相当长的时期内，逐步实现国家的社会主义工业化，并逐步实现国家对农业、手工业和资本主义工商业的社会主义改造。1954年，第一届全国人民代表大会第一次正式提出在我国建设现代化的工业、现代化的农业、现代化的交通运输业和现代化的国防的奋斗目标。1964年，我国第一次完整地提出了"四个现代化"的目标，即在不太长的历史时期内，把我国建设成为具有现代农业、现代工业、现代国防和现代科学技术的社会主义强国。1975年重申了这一目标。在探索过程中，虽然经历了严重曲折，但中国现代化的任务和目标从未改变。

这一时期，在中共中央的领导下，安徽各级党组织领导全省人民为巩固人民民主政权而斗争，完成了对生产资料私有制的社会主义改造，建立起崭新的社会主义制度；认真贯彻党的八大精神，开展大规模社会主义建设，初步建立起独立的比较完整的工业体系和国民经济体系，为安徽小康社会建设奠定了根本政治前提和制度基础，创造了基本的物质条件，提供了强大的精神支撑和安全保障。

## 1. 完成社会主义革命

中华人民共和国成立初期，中国共产党领导安徽人民战胜政治、经济等方面一系列困难，完成了根本社会变革。从1949年春到1951年年底，中共皖北、皖南区委和皖北、皖南军区，领导开展了全省大规模的剿匪斗争，彻底肃清安徽境内的匪患。1952年1月，中共安徽省委正式成立，组织领导全省人民开展城市接管、社会改造，迅速医治战争创伤；开展抗美援朝、保家卫国运动，提高了人民的政治觉悟和爱国热情；镇压反革命，开展"三反""五反"运动；实行男女权利平等，实施新《婚姻法》，开展禁毒、禁赌、禁娼，移风易俗，荡涤旧社会留下的污泥浊水，社会面貌焕然一新。

合肥郊区魏岗乡分田现场

1950年8月到1952年7月，根据《中华人民共和国土地改革法（草案）》，皖南和皖北分期分批进行了土地改革，全省1697万多无地及少地的农民分得土地3000万亩、房屋200多万间、耕畜20多万头、稻谷3.49亿公斤、农具170多万件。这从政治、经济上彻底摧毁了封建土地所有制，农村的土地关系发生了根本性变化，极大地解放了农村生产力。以土地制度改革为中心，安徽还进行了包括社会改造在内的其他各项民主改革。经过三年多的艰苦努力，全省遭到严重破坏的国民经济得到全面恢复，经济结构发生显著变化，并获得初步发展，人民群众的生产生活逐步得到改善。1952年，城镇职工的月平均工资比新中国成立前增长28%。农民的购买力1951年和1952年每年递增20%以上。

## 2. 确立社会主义制度

安徽润河集蓄洪分水闸建设工地

1953年6月，党中央提出党在过渡时期的总路线。安徽认真贯彻党在过渡时期的总路线和实施发展国民经济的第一个五年计划，开展大规模经济建设，使近代以来贫穷落后、满目疮痍的江淮大地发生了巨大变化。特别是针对历朝历代均无力治理的淮河水患，在毛泽东主席"一定要把淮河修好"的伟大号召指引下，安徽迅速掀起第一次大规模治淮热潮，建设了佛子岭、梅山、响洪甸、磨子潭4座大型山谷水库，开辟了城西湖、城东湖、蒙洼和瓦埠湖4处蓄洪区以及18处行洪区，兴建新中国最大的淠史杭灌区，对治理淮河水患、发展水利灌溉、促进农业发展发挥了巨大作用。随着"一五"计划的实施和社会主义工业化的起步，对农业、手工业和资本主义工商业的社会主义改造迈出了坚实的步伐。1952年春至1955年夏，全省初级农业合作社达到4.7万个，高级农业合作社4个，加入农业合作社的农户占全省总农户的15%。到1956年年底，全省绝大多数农户都入了合作社。至此，安徽在全省范围内基本实现了高级形式的农业合作化，广大农民从小私有制经济下解放出来，走上了社会主义的康庄大道，成为具有初步社会主义觉悟的新型农民。1954年，省手工业合作总社提出了《对安徽省手工业实行社会主义改造的几点意见》，将手工业生产合作小组、手工业供销生产合作社、手工业生产合作社作为手工业社会主义改造的三种组织形式。至1956年3月底，全省城镇范围内的手工业初步完成了从私有制到集体所有制的转化。同时，1953年开始对资本主义工商业进行社会主义改造。1955年，安徽根据党中央关于资本主义工商业社会主义改造问题的决议，加快改造进度，各地分期分批推行全行业的公私合营。到1956年，安徽基本完成了对农业、手工业和资本主义工商业的社会主义改造，把生产资料私有制转变为社会主义公有制，建立了崭新的社会主义制度，实现了古老的江淮大地上最彻底的政治变革。

## 3. 推进社会主义建设

党的八大宣告社会主义革命基本完成和社会主义制度基本确立，提出要集中力量发展生产力，把我国尽快从落后的农业国变为先进的工业国。1956年10月29日至11月3日，中共安徽省委召开一届二次全委（扩大）会议，传达贯彻党的八大精神，号召全省人民以更加高昂的热情投入社会主义建设中去，同时，结合安徽实际，以发展生产力为中心，提出一系列具体措施。安徽人民在中国

"责任田"调动了社员生产的积极性。图为社员在分配超产奖励粮

共产党的领导下开展大规模社会主义建设，为后来进行现代化建设打下坚实的物质和技术基础，也为全省经济文化事业的发展培养了骨干力量、积累了丰富经验。1961年，安徽农村试行"田间管理责任制加奖励"的"责任田"办法，得到毛泽东主席的肯定，在全省大面积推广，促进了农村经济的发展，农业生产条件获得改善，农民生活状况有所好转。从1966年5月到1976年10月，安徽社会主义建设遭遇挫折，安徽人民克服种种干扰，各项建设事业仍在曲折中发展。

　　经过近三十年社会主义建设，安徽工业从无到有、从小到大，全省初步建立起独立的比较完整的工业体系和国民经济体系。马鞍山钢铁公司、铜陵有色公司、安庆石化总厂、淮南煤矿、淮北煤矿等纷纷投资建设发挥效益。农业和水利基础设施建设稳步推进，新汴河开挖工程竣工，驷马山引江灌溉工程开工兴建，淠史杭灌区建成并发挥效益。粮食生产、机械制造、能源、交通、电力、通信、科技等领域均取得一批重要成就，创造多个共和国"第一"。所有这一切，为安徽小康社会建设全面奠基。

## （二）从温饱不足到总体小康（1978—2000 年）

1978 年 12 月，党的十一届三中全会召开，实现了党和国家工作中心向经济建设的战略转移，开启了改革开放和社会主义现代化建设的新时期。全会之后，邓小平明确提出"中国式现代化"的思想，强调中国式现代化"必须从中国的特点出发"。1979 年 12 月，在会见日本首相大平正芳时，邓小平首次提出"小康"目标，把"中国式的四个现代化"称为"小康之家""小康的状态"。1982 年 9 月，党的十二大首次把"小康"作为经济建设总的奋斗目标，提出到 20 世纪末，力争使人民的物质文化生活达到小康水平。党的十二大以后，随着党和国家工作中心转移和"建设有中国特色社会主义"事业的全面展开，中共安徽省委团结带领全省人民，拨乱反正，改革创新，率先取得农村改革突破，继而全面实行改革开放，加快建设社会主义市场经济，持续推进小康社会建设，全省综合实力大幅跃升。到 2000 年，全省国内生产总值达到 3125.3 亿元，城镇居民人均可支配收入达 5294 元，农民人均可支配收入达 1935 元，人民生活从温饱不足到总体上达到小康水平。

## 1. 率先突破农村改革

中国的改革从农村开始，农村的改革从安徽开始。1977 年 11 月，中共安徽省委出台《关于当前农村经济政策几个问题的规定（试行草案）》（即"省委六条"），提出以"农业生产为中心"，尊重生产队自主权，允许生产队建立生产责任制等。"省委六条"的传达贯彻，使饱受"左"的政策之苦的农民倍感振奋，生产积极性被充分调动起来。

1978 年 2 月 3 日，《人民日报》发表《一份省委文件的诞生》，称赞支持安徽"省委六条"

1978 年夏秋之际，安徽遭遇严重旱灾，全省有 6000 多万亩农田受灾，秋种任务无法完成。省委作出"借地度荒"的决定，把集体无法耕种的土地，借给社员种麦子，开荒的部分，谁种谁收。这一措施再次激起了广大农民群众的生产热情，当年全省的秋种计划超额完成。一些地方的基层干部和农民冲破旧体制的限制，开始包产到户、包干到户。凤阳县小岗村 18 户农民，冒着风险，在包干到户合同书上按下了手印。小岗村创造的包干到户，就是"保证国家的，留足集体的，剩下都是自己的"。这个办法简便易行、成效显著，受到农民欢迎，拉开了安徽农村改革的序幕。

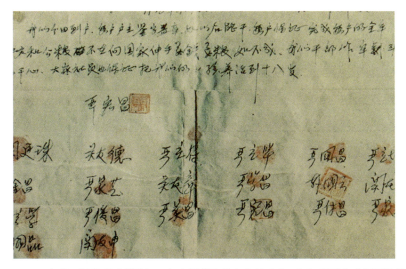

1978年冬，凤阳县小岗村18户农民"贴着身家性命"，在包干到户"生死契约"上按下红手印。这一壮举"变成中国改革的一声惊雷，成为中国改革的一个标志"

1980年5月31日，邓小平发表关于农村政策问题的谈话，支持安徽农村改革。谈话传到安徽后，极大地推动了家庭联产承包责任制在安徽的发展。至1981年7月，全省42.4万多个生产队中，实行包干到户的生产队占总数的71.2%。1982年1月，中共中央印发《全国农村工作会议纪要》，肯定"包产到户、包干到户"都是社会主义集体经济性质的责任制。家庭联产承包责任制由安徽推向全国。

## 2. 全面实行改革开放

随着农村改革的成功突破，全国掀起了波澜壮阔的改革开放大潮。安徽借鉴农村改革的经验，恢复发展社队企业，允许农民兴办企业，指导和支持乡镇企业，实施城市经济体制改革、国营企业改革，对外开放步伐进一步加快、加大。

1981年，合肥无线电一厂首次民主选举厂长

1984年12月，安徽省第四次党代会通过《坚持改革，团结奋斗，加速安徽社会主义现代化建设的步伐》报告，提出到20世纪末，力争实现工农业年总产值翻两番半，达到小康水平。省委、省政府坚持把改革放在首位，不断强化对内搞活、对外开放的力度，全面实施城市经济体制改革，逐步改革计划经济体制，扩大企业自主权。试行厂长（经理）负责制，建立以厂长（经理）为核心的企业经营管理体系，增强企业活力。1984年，安徽第一家中外合资经营企业——中国安利人造革有限公司在合肥成立，揭开了全省兴办中外合资、合作经营和外商独资企业的序幕。1986年，省政府《关于鼓励外商投资

安徽省第一家中外合资经营企业——中国安利人造革有限公司（后改制为安徽安利材料科技股份有限公司）

的若干规定》颁发以后，全省逐步掀起兴办"三资"企业热潮。同时，积极开展城乡精神文明创建活动，努力提高全省人民的道德文化水平，使城乡面貌焕然一新。

1990年省第五次党代会后，安徽继续深化改革，努力实现全省经济长期持续稳定协调发展。安徽积极响应开发开放浦东的政策，提出"抓住机遇、开发皖江、强化自身、呼应浦东、迎接辐射、带动全省"的战略方针，成立开发开放皖江领导小组，并制定近期和长期规划纲要。1991年11月14日，铜陵市在《铜陵报》策划推出《醒来，铜陵！》等政论文章，疾呼"必须解放思想，向一切僵化、陈腐、封闭的思想观念开刀"，在全省乃至全国引起强烈反响，推动了改革开放的深入发展。1991年至1992年，国家先后批准芜湖港和铜陵港对外籍船舶开放，省政府决定开放池州港为二类口岸，国务院决定实行芜湖、合肥对外开放，执行沿海开放城市政策。所有这一切，开创了安徽开放型经济发展的新局面。

芜湖港朱家桥外贸码头

## 3. 加快发展社会主义市场经济

1991年，安徽发生百年不遇的特大洪灾，给人民群众生命财产造成重大损失。水灾过后，全省各地执行省委、省政府提出的"恢复与发展并重"的农村经济工作方针，使农村经济在1992年得以逐渐恢复，并有了新的发展。党的十四大在人民温饱问题基本得到解决的基础上，提出到 20 世纪末人民生活由温饱进入小康，确定我国经济体制改革的目标是建立社会主义市场经济体制。之后，在 1992 年邓小平"南方谈话"和党的十四大精神鼓舞下，安徽全省上下将思想统一到加快发展社会主义市场经济的轨道上来，坚持以公有制为主体、多种经济成分共同发展的方针，进一步转换国有企业经营机制，建立产权清晰、权责明确、政企分开、管理科学的现代企业制度，实施科教兴皖、外向带动和可持续发展战略，加快改革开放步伐，构建对外开放新格局。1993 年 4 月，安徽省委出台《安徽省农村小康生活标准》，对小康目标进行量化，号召全省人民为 20 世纪末实现小康目标而奋斗。省委从实际出发，坚持"实事求是、分类指导、梯次推进、分步实施"的原则，以结构调整为中心，把增加农民收入作为首要任务，大力调整农业和农村经济结构，大力发展优质高产高效农业，加快农民脱贫致富奔小康的步伐。1995 年，全省生产总值达 2050 亿元，年均增长 14.1%，提前实现人均生产总值在 1980 年基础上翻两番的目标。

1993 年 10 月，美菱电器股票在深圳证券交易所成功上市，合肥美菱股份有限公司成为安徽省第一家上市公司。图为合肥美菱工业园一角

　　1995 年 1 月，安徽省第六次党代会提出加快建立社会主义市场经济体制和与之相适应的运行机制，加快社会主义现代化建设步伐，大力推进工业化、城镇化和农业现代化，实现经济与社会协调发展，努力使全省经济总量和综合省力在全国达到中上等水平，发展速度不低于东部地区平均水平，人民生活达到小康。安徽各地迅速行动起来，按照建立社会主义市场经济体制的要求，从以往的放权让利、政策调整进入转换机制、制度创新的层面，增强企业的内生动力。1992 年，安徽省人民政府印发《关于加快我省股份制企业试点工作的通知》；1994 年，国务院又出台了《关于选择一批国有大中型企业进行现代企业制度试点的方案》和若干配套措施。因此，安徽省选择部分企业进行内部职工持股、法人参股控股和公开发行股票的股份制试点。美菱、马钢、皖能三大公司股票公开上市发行，企业迅速做大做强。股份制改革为经济发展注入活力，推动了建立现代企业制度的进程。至 1997 年年底，全省国有地方工业小企业的改革面达到 93.3%。

　　由于方针明确、政策放宽，个体私营经济也出现了良好的发展势头。在芜湖，年广九的炒瓜子小作坊发展成了一百多人的"大工厂"，开始了"傻子瓜子"的规模经营。1982 年、1984 年和 1992 年，邓小平三次提到年广九。他的命运起伏成为中国个体

年广九在卖"傻子瓜子"

私营经济发展的"风向标"。1992 年，全省个体工商户达 69.2 万户，从业人员 118.3 万人。

# （三）从总体小康到全面小康（2000—2012 年）

进入 21 世纪，党的十六大针对当时小康低水平、不全面、发展很不平衡的实际，提出了全面建设小康社会的目标。党的十七大对实现全面建设小康社会的宏伟目标作出全面部署。安徽省委、省政府认真贯彻落实党的十六大、十七大精神，紧紧抓住中部崛起等国家战略实施的重大机遇，相继作出"加快发展、富民强省""抢抓机遇、乘势而上、奋力崛起""打造'三个强省'，建设美好安徽"的战略决策，集中力量，全面建设惠及全省人民更高水平的小康社会，使经济更加发展、民主更加健全、科教更加进步、文化更加繁荣、社会更加和谐、人民生活更加殷实，小康社会建设由"总体小康"奔向"全面小康"。

## 1. 落实全面建设小康社会部署

2001 年 10 月，安徽省第七次党代会指出，未来五年至十年，是安徽全面建设小康社会、加快社会主义现代化建设的重要时期。党的十六大之后，省委围绕全面建设小康社会的奋斗目标，牢牢抓住 21 世纪头二十年的战略机遇期，围绕"加快发展、富民强省"的主题，聚精会神搞建设，一心一意谋发展，坚持以工业化为核心，走新型工业化之路；进一步深化改革，完善社会主义市场经济体制；积极实施大开放战略，努力提高对外开放水平；坚持以共同富裕为目标，逐步建设更高水平、更加全面的小康社会。

2003年6月，安徽结合实际，出台《安徽省全面建设小康社会的战略目标、战略步骤及起步阶段的重点建设任务》，对全面建设小康社会进行全面部署，提出预期目标为：到2020年，全省生产总值比2000年翻两番半，其中2003年至2020年年均增长9.2%，城镇化水平明显提高；基层民主更加健全，社会秩序良好，社会就业比较充分，社会保障体系较为完善，可持续发展能力明显增强，人民生活更加富足。战略步骤为：2003年至2007年为第一步（起步阶段），2008年至2015年为第二步，2016年至2020年为第三步。在起步阶段，全省生产总值年均增长9.5%左右；到2007年，人均生产总值超过1000美元，工业化率达到40%，城镇化率达到37%，城镇居民人均可支配收入和农民人均纯收入分别达到8800元和2700元，为全面建设小康社会奠定坚实基础。安徽省委、省政府作出的关于全面建设小康社会的战略谋划，描绘了安徽未来经济社会发展的美好前景，高瞻远瞩，实事求是，令人鼓舞，催人奋进。

## 2. 推动全面协调可持续发展

立足全面建设小康社会的奋斗目标，为适应安徽工业化、城镇化加速发展的新形势，安徽省委、省政府于2003年12月作出了实施"861"行动计划的重大决策，即建设八大重点产业基地，构筑六大基础工程，实现到2007年全省生产总值达到5620亿元、人均生产总值超过1000美元的目标。2004年至2006年，省政府选择高速公路、电力、淮河治理、奇瑞、海螺等20个大项目和大企业进行直接调度，率先在交通基础设施和能源、原材料等具有比较优势和国家鼓励发展的产业方面取得突破，全面实施项目带动战略，推动安徽经济发展进入快车道。经过两年多的努力，在提前实现全面建设小康社会起步阶段的预期目标后，省委、省政府又强力推进工业强省战略，进一步优化项目结构，扩大对外开放，丰富和完善八大重点产业基地和六大基础工程的建设内容，加快形成具有国际竞争优势的产业体系和基础设施平台。到2006年年底，"861"行动计划累计完成投资额3342亿元，占同期全社会固定资产投资的42%。

"861"行动计划重点项目临淮岗洪水控制工程

在全面建设小康社会实现良好开局的基础上，2006年10月，安徽省第八次党代会全面贯彻落实科学发展观，进一步明确"抢抓机遇、加快发展、奋力崛起"的战略决策。安徽各地贯彻党的十六大、十六届历次全会和安徽省第八次党代会精神，坚持以创新为动力，不断解放和发展生产力，推进跨越式发展；坚持工业强省，走新型工业化道路；坚持统筹城乡发展，把"三农"工作摆在重中之重的战略地位；加速推进城镇化，实施中心城市带动战略；着力优化环境，掀起全民创业新热潮；坚持科教兴皖和人才强省；不断深化改革开放，推动体制机制创新，更好地发挥市场配置资源的基础性作用，促进经济、政治、文化、社会建设协调可持续发展。

合肥新桥国际机场是"861"行动计划重点项目，2008年正式开工建设，2013年5月30日正式启用

### 3.组织实施重大民生工程

2004年9月，党的十六届四中全会首次提出构建社会主义和谐社会的战略任务。2006年10月，党的十六届六中全会通过《中共中央关于构建社会主义和谐社会若干重大问题的决定》。安徽省委、省政府把构建社会主义和谐社会作为全面建设小康社会的战略任务来抓，坚持把有限的财力优先向民生倾斜，以组织实施民生工程为重点，完善社会主义民主法制体系，缩小城乡、区域发展差距，建立覆盖城乡的社会保障体系，扎实推进社会主义和谐社会建设，努力形成全体人民各尽其能、各得其所而又和谐相处的局面，进而实现全面建设更高水平小康社会的目标。

党的十七大以后，按照科学发展观的要求，安徽的民生工程从最初主要解决人民群众"生活难、上学难、看病难"问题，提升到解决学有所教、劳有所得、病有所医、老有所养、住有所居等层面，并逐步覆盖农村基础设施和文化等领域。至 2012 年，全省民生工程由 12 项不断提标扩面至 33 项，惠及全省 6000 多万群众。2011 年 10 月，省第九次党代会进一步提出，努力打造加速崛起的经济强省、充满活力的文化强省、宜居宜业的生态强省，加快建设美好安徽，为全面建成小康社会打下具有决定性意义的基础。

## （四）从全面建设小康社会到全面建成小康社会（2012—2021 年）

进入中国特色社会主义新时代，到了需要一鼓作气向全面建成小康社会目标冲刺的关键时刻。2012 年 11 月，党的十八大提出在中国共产党成立 100 年时全面建成小康社会，并确定了全面建成小康社会目标，即经济持续健康发展，人民民主不断扩大，文化软实力显著增强，人民生活水平全面提高，资源节约型、环境友好型社会建设取得重大进展。由"全面建设小康"到"全面建成小康"，这是党中央根据我国发展的实际情况和人民意愿作出的重大决策，彰显了中国共产党团结带领人民夺取全面建成小康社会新胜利的坚定决心。一字之变，目标更加明确，任务更加艰巨，时间更加紧迫，使命更加光荣。2017 年 10 月，党的十九大结合"两个一百年"奋斗目标，对决胜全面建成小康社会、开启全面建设社会主义现代化国家新征程作出战略部署和安排。

安徽人民在以习近平同志为核心的党中央坚强领导下，坚持以习近平新时代中国特色社会主义思想为指导，深入贯彻党的十八大、十九大精神，特别是习近平总书记两次考察安徽重要讲话指示精神，锚定全面建成小康社会这个宏伟目标，统筹推进"五位一体"总体布局，协调推进"四个全面"战略布局，确立"一建设、三同步"（建设现代化五大发展美好安徽和2020年、2035年、2050年"三个同步"）的目标思路和阶段性安排，全面贯彻科教兴国、人才强国、创新驱动发展、乡村振兴、区域协调发展、可持续发展、军民融合发展等"七大战略"，全面推进经济强省、文化强省、生态强省、科教强省、人才强省建设，忠诚尽职、奋勇争先，向着全面建成小康社会目标进军。经过艰苦奋斗、攻坚克难，安徽逐步实现了经济更加发展、民主更加健全、科教更加进步、文化更加繁荣、社会更加和谐、人民生活更加殷实的目标要求，全面建成小康社会的宏伟蓝图变成现实。

## 1. 全面贯彻习近平总书记考察安徽重要讲话指示精神

2016年4月、2020年8月，在"十三五"规划的开局和收官之年，在决胜全面建成小康社会、开启全面建设社会主义现代化国家新征程的关键节点，中共中央总书记、国家主席、中央军委主席习近平两次亲临安徽考察，对安徽高质量发展进行全方位把脉定向，为建设美好安徽和全面建成小康社会擘画宏伟蓝图。

2016年4月24日，习近平来到金寨县花石乡大湾村考察脱贫攻坚工作，发表重要讲话。他强调，全面建成小康社会，一个不能少，特别是不能忘了老区。党中央高度重视老少边穷地区尤其是集中连片贫困地区的扶贫工作，要通过实施精准扶贫，确保2020年实现全面建成小康社会目标是过硬的。脱贫攻坚已进入啃硬骨头、攻坚拔寨的冲刺阶段，必须横下一条心来抓。要强化目标责任，坚持精准扶贫，认真落实每一个项目、每一项措施，全力做好脱贫攻坚工作，以行动兑现对人民的承诺。4月26日，习近平在合肥主持召开知识分子、劳动模范、青年代表座谈会并发表重要讲话。他强调：全面建成小康社会，进而实现中华民族伟大复兴的中国梦，必须依靠知识，必须依靠劳动，必须依靠广大青年。广大知识分子、广大劳动群众、广大青年要紧跟时代、肩负使命、锐意进取，把自身的前途命运同国家和民族的前途命运紧紧联系在一起，努力为共同理想和目标而团结奋斗。习近平总书记考察安徽期间，就安徽发展提出了"一大目标"和"五大任务"的明确要求。一大目标，就是"加强改革创新，努力闯出新路"。五大任务，就是切实做到"五个扎实"，即扎实推进供给侧结构性改革，扎实推进现代农业建设，扎实增进人民群众获得感，扎实推进改革开放，扎实学习和贯彻党章。安徽省委、省政府把学习贯彻习近平总书记考察安徽重要讲话指示精神作为首要政治任务，印发《关于深入学习宣传和贯彻落实习近平总书记视察安徽重要讲话精神总体安排方案》《关于深入贯彻落实习近平总书记视察安徽重要讲话奋力在中部崛起中闯出新路的意见》，全省上下以调结构、转方式、促升级为主抓手，全力推进供给侧结构性改革；加快农村发展步伐，大力提升现代农业建设水平；着力保障改善民生，不断增进人民群众获得感；全面深化改革，全方位扩大开放；认真学习和贯彻党章，深入推进全面从严治党；强化责任担当，推动各项目标任务落地见效。10月，省第十次党代会通过《坚定不移闯出新路决战决胜全面小康为建设创新协调绿色开放共享的美好安徽而奋斗》的报告，将习近平总书记考察安徽重要讲话精神作为灵魂和主线，确立和实施五大发展行动计划。安徽各地在改革创新中敢为人先，在转型升级上凝心聚力，在民生改善上加大力度，努力在践行新发展理念中闯出新路，奋力在全国发展方阵中走在前列，建设创新、协调、绿色、开放、共享的美好安徽。

2020年8月，习近平总书记再次考察安徽，对安徽各项工作取得的成绩给予肯定，希望安徽广大干部群众进一步解放思想、开拓奋进，知重负重、攻坚克难，为全面建成小康社会、开启全面建设社会主义现代化国家新征程贡献更大力量。在合肥主持召开扎实推进长三角一体化发展座谈会和听取安徽省委、省政府工作汇报会上，习近平总书记把安徽与长三角、与全国紧密联系起来，明确提出"坚持改革开放、坚持高质量发展"，"在构建以国内大循环为主体、国内国际双循环相互促进的新发展格局中实现更大作为，在加快建设美好安徽上取得新的更大进展"，即强化"两个坚持"，实现"两个更大"的目标要求，并从统筹推进常态化疫情防控和经济社会发展、谋划好"十四五"安徽发展规划、做好防汛救灾和灾后恢复重建、奋力推进经济高质量发展、加强民生保障和社会建设、夯实党执政的群众基础等六个方面作出重要指示。安徽省委、省政府知责于心、担责于身、履责于行，明确提出以"四抓四做"为主要内容的学习贯彻举措：第一，突出抓学习，做到融会贯通。召开省委常委会扩大会议，传达学习习近平总书记考察安徽重要讲话精神，部署安排贯彻落实工作；举行全省领导干部学习贯彻习近平总书记考察安徽和在合肥主持召开扎实推进长三角一体化发展座谈会重要讲话精神专题研讨班。第二，突出抓宣传，做到深入人心。"举旗帜·送理论"习近平总书记考察安徽重要讲话精神省委宣讲团成员分赴各地开展集中统一宣讲和调研式、互动式宣讲80多场。第三，突出抓调研，做到明晰思路。结合谋划"十四五"发展，省领导带头深入基层一线开展系统调研，形成29篇重点课题研究报告。第四，突出抓落实，做到落地生根。省委召开十届十一次全会，深入学习贯彻习近平总书记考察安徽重要讲话指示精神，审议通过《中共安徽省委关于深入学习贯彻习近平总书记考察安徽重要讲话指示精神奋力在构建新发展格局中实现更大作为在加快建设美好安徽上取得新的更大进展的决定》。安徽坚持把做实做强做优实体经济作为主攻方向，着力打造具有重要影响力的新兴产业集聚地；坚持不懈下好创新先手棋，着力打造具有重要影响力的科技创新策源地；争当击楫中流的改革先锋，着力打造具有重要影响力的改革开放新高地；坚定不移践行"两山"理念，加快打造经济社会发展全面绿色转型区，奋力推动新时代美好安徽跨越式发展，圆满完成全面建成小康社会目标任务。

## 2. 全力落实全面建成小康社会的三大战略举措

习近平总书记强调，在"四个全面"战略布局中，全面建成小康社会是战略目标，全面深化改革、全面依法治国、全面从严治党是一个都不能缺的三大战略举措，为全面建成小康社会提供动力源泉、法治保障和政治保证。安徽认真贯彻落实习近平总书记重要指示，紧扣全面建成小康社会的目标要求，准确把握新发展阶段的使命任务，完整、准确、全面贯彻新发展理念，积极服务和融入新发展格局，争当击楫中流的改革先锋，推进依法治省，坚持全面从严治党，加快全面建成小康社会步伐。

（1）全面深化改革

深化改革是全面建成小康社会的不竭动力。2013 年 11 月 12 日，党的十八届三中全会通过的《关于全面深化改革若干重大问题的决定》明确提出，面对新形势新任务，全面建成小康社会，进而建成富强、民主、文明、和谐的社会主义现代化国家，实现中华民族伟大复兴的中国梦，必须在新的历史起点上全面深化改革。安徽大力弘扬改革创新、敢为人先的小岗精神，坚持以经济体制改革为重点，全面推进经济、政治、文化、社会、生态文明体制以及党的建设制度等多个领域的改革。2014年1月，省委、省政府印发《关于贯彻落实党的十八届三中全会精神全面深化改革的意见》，紧密结合安徽实际，对全省全面深化改革作出部署，明确了全面深化改革的总体目标。安徽各地加快发展社会主义市场经济、民主政治、先进文化、和谐社会、生态文明，着力增强市场活力、保障改善民生、提高发展质量和效益，努力走出一条体现中央精神、富有安徽特色的改革开放之路。截至2020年12月，安徽确定1033项重点改革任务，出台958项重要制度性成果，向全国推广的"安徽经验"累计达到13项；截至2021年3月，省委全面深化改革委员会（领导小组）先后召开40次会议，讨论研究260个重要改革事项。

在经济体制改革领域。安徽紧紧围绕市场在资源配置中起决定性作用，稳步开展国资国企改革，深入推进财税金融体制改革，深化供给侧结构性改革。2014年至2016年，安徽省委、省政府先后制定出台深化全省国资国企改革，省属企业负责人薪酬制度改革，进一步优化企业兼并重组市场环境，省属企业负责人履职待遇、业务支出管理等意见和暂行办法；实施铜陵有色股份公司、建工集团、国元证券股份公司员工持股试点，在省高速地产集团有限公司推进职业经理人制度试点；全面推开"营改增"试点，建筑业、房地产业、金融业和生活服务业顺利完成税制转换；在全国率先出台深化投融资体制改革实施意见，推动基础设施和公用事业特许经营；全面深化农村金融综合改革，在全国率先自主启动农村合作金融机构改革，到 2014 年，全省 83 家农村合作金融机构全部改制为农村商业银行，2016 年安徽首家民营银行新安银行获批筹建；积极推进供给侧结构性改革，全面落实去产能、去库存、去杠杆、降成本、补短板五大任务，减少无效和低端供给，扩大有效和中高端供给，实现生产同消费、供给同需求有效对接，提高供给结构对需求变化的适应性，提高供给体系质量和效率。

在行政体制改革领域。安徽以推行权力清单、责任清单制度为抓手，着力转变政府职能，协同推进简政放权、放管结合、优化服务。2014 年 10 月，省政府公布施行省级政府权力清单、责任清单。2015 年 7 月，实现省、市、县、乡四级政府权责清单全覆盖。同年，配套出台《安徽省政府权力运行监督管理办法》，对政府权力运行进行全过程、标准化监管。为持续精简权责事项，建立权责清单动态调整机制，2016 年至 2019 年先后四次进行动态调整，省级权责事项从初建清单时的 1712 项精简至 1339 项，形成了"权力与责任相互对应、权力清单与责任清单深度融合"的权责清单"安徽模式"，进而成为全国复制推广的经验；持续深化"放管服"改革，省级行政许可事项压至 192 项，保持全国最少，全面推开"证照分离"改革、全面推行"皖事通办"，率先推出 7×24 小时政务服务地图，企业开办实现"一网通办、全程网办、一日办结"，省区域性股权市场挂牌企业达 7320 家，居全国第一位；在全国首创事业编制周转池制度，着力破解省属高校、公立医院"空编不用"和"无编可用"并存的结构性矛盾，为教育、卫生领域统筹编制 9 万名。

在农村综合改革领域。2016 年 10 月，中共中央办公厅、国务院办公厅印发《关于完善农村土地所有权承包权经营权分置办法的意见》。"三权分置"是继家庭联产承包责任制后农村改革的又一

2015 年 7 月 8 日，安徽省农村土地承包经营权确权登记首批颁证启动仪式在凤阳县小岗村举行，村民代表领取新颁发的《中华人民共和国农村土地承包经营权证》

重大制度创新。在中央文件出台前，安徽已开始探索"三权分置"的有效办法。2013 年开始，安徽省委、省政府先后出台《关于深化农村综合改革示范点工作的指导意见》《关于开展农村土地承包经营权确权登记颁证试点工作的意见》，在全省 20 个县（区）开展试点工作，2015 年全省推开，2017 年提前一年基本完成国家下达的改革任务。截至 2018 年年底，全省共发放农村土地承包经营权证 1215 万本，占已测绘农用土地的 99.9%，建立农户确权档案 1213 万户，占已测绘农户的 99.7%。确权登记颁证让农民吃上了"定心丸"，为加快土地流转、促进农业适度规模经营奠定了基础。2016 年 7 月，安徽印发《"资源变资产、资金变股金、农民变股东"改革试点工作方案》，正式启动"三变"改革试点，全省累计已有 380 万农户参与"三变"改革。2019 年，安徽正式列入全国农村集体产权制度改革整省试点。在全国农村率先完成集体资产清产核资工作，共查实集体资产 1411.4 亿元，集体土地总面积 1.7 亿亩，激发了市场主体活力，优化了资源配置，促进了农业和农村经济持续健康较快发展。

　　在生态文明体制改革领域。安徽立足实际，以解决生态环境领域突出问题为导向，加快管理体制改革。2016年3月，安徽制定出台《安徽省生态文明体制改革实施方案》，明确改革的总体要求、任务和举措。在实践中，安徽建立健全资源有偿使用和生态补偿制度，探索出全国首个跨省流域生态补偿机制的"新安江模式"，为健全完善国家生态保护补偿机制积累了经验、提供了示范，成为我国生态文明制度建设的重大创新。2017年9月，安徽在全国率先推行林长制改革，建立起以党政领导责任制为核心的省、市、县、乡、村五级林长制组织体系，确保一山一坡、一园一林有专人专管，构建了责任明确、协调有序、监管严格、运行高效的林业生态保护发展机制。林长制由安徽推向全国，成为安徽生态文明建设领域的特色品牌。

　　在深化改革的同时，安徽内陆开放新高地建设也迈出重大步伐。安徽省委、省政府推动实施双向互动、内外联动的全面开放，加快发展高端化的外向型产业集群、加快构建高质量的双向开放格局、加快打造高水平的对外开放平台、加快形成高效率的开放体制机制。省第十次党代会明确提出了打造内陆开放新高地的目标，会后召开了高规格的推进大会，出台《关于打造内陆开放新高地的意见》。作为"一带一路"重要节点的省份，安徽积极融入"一带一路"国家发展战略，立足自身优势，坚持"引进来"和"走出去"相结合，参与"一带一路"建设。截至2020年年末，来皖投资的境外世界500强企业增加到89家，全年新批境外企业（机构）103个。2020年9月，安徽成功获批建设自由贸易试验区。自由贸易试验区总面积119.86平方公里，实施范围涵盖合肥、芜湖、蚌埠

2020 年 9 月 24 日，中国（安徽）自由贸易试验区蚌埠片区正式揭牌

三个片区。自由贸易试验区立足片区产业基础、资源禀赋，明确功能定位，鼓励大胆试、大胆闯，深入开展差别化探索，推动形成各具特色、片区联动、协同高效、竞相发展的新模式，充分发挥自由贸易试验区先行先试作用，不断推动安徽高水平对外开放。2021年上半年，安徽自由贸易试验区进出口 730.2 亿元，比上年同期增长 1.4 倍。

（2）全面推进依法治省

党的十八届四中全会强调：全面建成小康社会、实现中华民族伟大复兴的中国梦，必须全面推进依法治国。习近平总书记明确指出：党的十八大提出了全面建成小康社会的奋斗目标，党的十八届三中全会对全面深化改革作出了顶层设计，实现这个奋斗目标，落实这个顶层设计，需要从法治上提供可靠保障。这既阐明了全面依法治国在全面建成小康社会中的重要地位和作用，同时也揭示了全面建成小康社会对全面依法治国的目标引领作用。安徽省委、省政府全面贯彻落实党的十八届四中全会精神和习近平法治思想，健全完善全面依法治省的工作制度和机制，加快建设更加崇法善治公正的法治安徽，为全面建成小康社会提供坚强法治保障。

深入学习宣传宪法和法律。安徽省委紧紧围绕宪法和法律实施，推进依法执政、依法行政、公正司法、全民守法，深入学习宣传和贯彻实施宪法。每年，安徽省委、省政府党组理论学习中心组开展宪法法律、党章党规学习两次以上，将宪法学习教育纳入各级党校、行政学院教学内容。2019年9月，对全省16个省辖市和135个省直单位、人民团体宪法学习宣传实施情况开展专项督察，全省2.19万名处级以上干部参加宪法学习考试，通过率99.9%。第三方评估显示，社会公众对宪法基本知识的知晓率为88.9%，对全面依法治国总目标的知晓率为92.2%。

逐步完善地方法规体系。2014年11月，安徽省委审议通过《中共安徽省委关于贯彻落实党的十八届四中全会精神全面推进依法治省的意见》，提出全面推进依法治省、加快建设法治安徽的目标。安徽不断加强和改进地方立法，完善立法工作体制机制，制定《关于地方立法中涉及的重大利益调整论证咨询的工作规范》等9个文件。截至2020年12月，全省现行有效地方性法规416件，其中省本级221件、设区的市195件，地方立法使经济社会生活等各个方面基本上实现了有法可依。同时，安徽不断增强法律法规针对性，认真贯彻习近平生态文明思想，及时修改环境保护方面的法规，把中央实行最严格的生态环境保护制度融入法规中，将"河长制""林长制"写入法规，出台全国首部林长制地方性法规《安徽省林长制条例》；在省级人大率先制定促进战略性新兴产业集聚发展条例，填补立法空白；积极贯彻中央关于加强公共卫生领域立法的部署要求，及时修订食品安全管理相关条例、野生动物保护等地方性法规。

全面推进法治政府建设。开展《法治政府建设实施纲要（2015—2020 年）》实施情况评估，建立法治政府建设任务清单、责任清单、督察清单，对短板事项进行重点调度；动态调整权责清单、收费清单、负面清单；落实国务院《重大行政决策程序暂行条例》，合法性审查工作在全省各级政府部门实现全覆盖；促进行政机关依法行政，全面建立省、市、县三级"1+X"政府权力运行监管制度，推进权力运行全过程、标准化监管，不断压缩、清除权力设租寻租空间；完善行政执法监督平台功能，实现全省各级行政机关规范性文件网上报备审查、监督公开、查询检索和统计分析；及时启动《民法典》涉及行政法规、规章和行政规范性文件的清理，形成《关于对民法典涉及部分地方性法规进行修改和废止的决定（草案）》；积极推进行政复议体制改革，开展行政复议案件办案质量评查，延伸行政复议监督功能，促进行政机关依法行政；修订《安徽省信访条例》，开展信访矛盾化解攻坚行动，信访事项及时受理率、按期办结率、群众满意率均高于 97%，位居全国前列。

全面推进法治社会建设。加强法治宣传教育和法治文化建设，在全国率先出台《安徽省社会主义法治文化建设行动方案（2017—2019 年）》；组建 150 个普法讲师团，普法志愿者达到 4.6 万人；自 2009 年开始，连续十二年组织开展"江淮普法行"活动，该活动已成为安徽普法宣传的特色品牌和推动实施普法规划的重要载体；制定《全省民法典学习宣传实施工作方案》，分级组建民法典宣讲团，省本级组建"双百人"宣讲团，在全省范围迅速掀起学习宣传《民法典》的热潮；出台《关于加强全省法治乡村建设的实施意见》，优化整合基层法治资源，探索在村（社区）设立法治指导员（法治副书记）。至 2020 年，全省已建成国家级民主法治示范村 99

个，省级民主法治示范村 652 个；扎实推进公共法律服务体系、社会信用体系建设，完善守信激励和失信惩戒机制，使尊法、信法、守法成为人民群众的共同追求和自觉行动。

不断完善涉法领域改革。安徽省委、省政府全面落实以司法责任制为核心的司法体制改革和综合配套改革、公安改革以及司法行政改革，基本完成中央部署的司法体制改革重点任务，诉讼服务中心建设、公益诉讼改革试点等经验向全国推广。截至 2020 年年底，全省有员额法官 5114 名，占全省法院政法专项编制的 38.5%；员额检察官 2609 人，占全省检察院政法专项编制的 37.61%。推进以审判为中心的刑事诉讼制度改革，完善不同诉讼阶段基本证据指引，积极推行认罪认罚从宽制度，完善监察和刑事司法办案程序、证据标准衔接机制；坚持和发展新时代"枫桥经验"，出台《安徽省多元化解纠纷促进条例》，建立各类行业性、专业性人民调解组织 988 个和"综合性""一站式"综合调解平台 81 个；探索建立主办侦查员制度，积极推行执法办案积分制，公安部先后两次向全国介绍安徽的改革做法；全面推进律师"三项试点"制度改革，实现律师刑事辩护全覆盖，在省级层面第一个以地方立法的形式明确民事诉讼调查令制度、第一个出台律师为混合所有制经济发展提供法律服务的指导意见、第一个制定推进律师执业专业化分工的指导性文件等。安徽成为全国律师队伍最稳定的省份之一。

（3）全面从严治党

办好中国的事情，关键在党，关键在党要管党、全面从严治党。全面建成小康社会，必须依靠中国共产党坚强领导、组织协调和奋力推进。党的十八大以来，安徽省委全面贯彻落实党中央全面从严治党战略部署和新时代党的建设总要求，坚持和加强党的全面领导，把党的自身建设摆在更加突出的位置，不断加大管党治党力度，推动党的建设质量不断提高，为全面建成小康社会提供坚强政治保证。

坚持党的全面领导。安徽省委将党的领导体现到方方面面，做到党的工作进展到哪里，党的组织就覆盖到哪里，确保党的领导更加坚强有力。在实践中，不断完善坚持党的全面领导制度，强化党的组织在同级组织中的领导地位，确保党的方针政策和决策部署在同级组织中得到贯彻落实；加强全省工作集中统一领导，省委常委会每年专门听取省人大常委会、省政府、省政协、省法院、省检察院党组工作汇报；加强党对国有企业的领导，充分发挥企业党组织的领导核心和政治核心作用；加强党对立法工作的领导，制定并严格落实《关于加强党领导地方立法工作的实施意见》，健全地方立法工作请示报告制度；加快在新型经济组织和社会组织中建立健全党的组织机构，先后制定出台街道社区、非公有制经济组织和社会组织党的建设工作规划，配套制发30多个相关制度文件，初步形成比较完备的城市基层党建工作政策体系；在省、市、县三级成立党委非公经济和社会组织工委，推进各级开发区、工业园区、产业集群专业镇设立综合党委；在全省范围启动小微企业、个体工商户、专业市场党建示范街区创建活动；开展非公企业和社会组织"两个覆盖"攻坚行动，着力消除党建"盲区"和"空白点"。

坚持以政治建设为统领。安徽各级党组织把党的政治建设摆在首位。党的十九大闭幕不久，省委专门出台《中共安徽省委关于贯彻落实〈中共中央政治局关于加强和维护党中央集中统一领导的若干规定〉的意见》，强调增强政治意识、大局意识、核心意识、看齐意识，坚决维护习近平总书记党中央的核心、全党的核心地位，坚决维护党中央权威和集中统一领导。省委自觉同党中央对标对表，校准自己的思想和行动，做到在思想上高度认同、政治上坚决维护、组织上自觉服从、行动上紧紧跟随。安徽建立全面贯彻落实习近平新时代中国特色社会主义思想和党中央重大决策部署的督查问责机制，严格实行清单化、闭环式管理，做到"总书记有号令、党中央有部署，安徽见行动"。省委班子带头做起，以上率下立规明矩，以身作则实干笃行，衷心拥护"两个确立"、忠诚践行"两个维护"；先后印发《贯彻落实〈中共中央关于加强党的政治建设的意见〉重点工作举措》《关于贯彻落实习近平总书记重要指示批示若干规定》《全面从严治党主体责任清单》《省委开展党内政治监督谈话办法（试行）》《安徽省纪委监委关于具体化常态化开展政治监督的指导意见》等，对新时代加强党的政治建设作出科学安排，明确把习近平总书记重要指示批示作为党内政治要件来办理，推动政治监督制度化；同时，把党中央决策部署作为重大政治任务来落实，建立以"四个第一"为重点的对标学习制度，对习近平总书记重要讲话和重要指示批示精神，做到组织学习第一时间、谋划工作第一步骤、落实任务第一要求、督查考核第一内容。

筑牢理想信念根基。按照党中央统一部署，安徽以党的群众路线教育实践活动、"学党章党规、学系列讲话，做合格党员"学习教育、"三严三实"专题教育、"不忘初心、牢记使命"主题教育、党史学习教育等为抓手，旗帜鲜明、理直气壮地进行理想信念教育，正本清源，固本培元，牢固树立以人民为中心的发展思想；把学懂弄通做实习近平新时代中国特色社会主义思想作为重要政治任务，坚持不懈用党的创新理论武装头脑，学出坚定信仰、学出绝对忠诚、学出使命担当；解决群众关心的急事、难事、烦心事，提升群众的获得感、幸福感、安全感；大力弘扬大别山精神、老区精神、小岗精神等，传承红色基因，使全面从严治党落实落地见效，现代化美好安徽建设和全面建设小康社会稳步推进。

不断加强组织建设。党的十八大以来，省委贯彻新时代党的组织路线，持续加强领导班子和干部队伍建设，不断强化党的组织制度建设，健全和落实民主集中制，牢固树立大抓基层的鲜明导向，推动基层组织建设全面进步、全面过硬，不断夯实党在基层的执政根基；先后印发《安徽省农村基层党组织建设2012—2016年规划》《关于进一步加强农村基层党组织建设的意见》。2019年7月，习近平总书记对加强和改进中央和国家机关党的建设作出重要指示，安徽贯彻落实习近平总书记重要指示精神，准确把握新时代机关党建工作的形势任务和目标要求，结合落实党支部工作条例，以党的政治建设为统领，推进机关党建工作全面上水平。通过不断加大组织建设力度，全省基层党组织标准化建设达标率在80%以上，基层组织活力全面增强，基层党建整体效应大幅提升。

锻造忠诚干净担当的干部队伍。党的十八大以来，安徽严格落实新时代党的组织路线和好干部标准，营造风清气正选人用人环境，形成高素质干部和人才竞相涌现的生动局面；坚持把政治标准摆在第一位，制定领导干部政治素质考察办法和政治表现负面清单，增强政治素质考察的可操作性；在干部工作实践中提出"六选六不选"要求，出台《领导干部德的考核办法（试行）》《安徽省调整不适宜担任现职领导干部暂行办法》《关于防止干部"带病提拔"实施意见》等政策文件，树立鲜明选人用人风向标，全力打造忠诚干净担当的干部队伍。从2018年11月起，按照省委办公厅印发的《关于适应新时代要求大力发现培养选拔优秀年轻干部的实施意见》，部署推进年轻干部发现培养选拔工作制度化、规范化、常态化，取得明显成效。

驰而不息改进作风。2014年3月9日，习近平总书记在参加十二届全国人大二次会议安徽代表团审议时，对各级领导干部提出"既严以修身、严以用权、严以律己，又谋事要实、创业要实、做人要实"的要求。"三严三实"是党员干部的修身之本、为政之道、成事之要。安徽把学习践行"三严三实"作为重大政治任务，坚持先学一步，学深一层，带头贯彻落实，开展专题教育，激发干事创业的强大动力；同时，认真贯彻中央八项规定精神及省委实施细则，坚持不懈纠治"四风"，以反面典型为镜鉴，扎实开展常态化警示教育活动。通过一年一次的正风肃纪集中教育、一年一次集中处理一批反面典型、一年一次堵漏洞建机制，构筑了时刻警醒、警惕、警戒的免疫屏障，砥砺了"三严三实"的过硬作风。

一体推进"三不"体制机制建设。在党中央的坚强领导下，安徽深入推进党风廉政建设和反腐败斗争，坚持稳中求进，深化标本兼治，严肃查处重点领域腐败问题，扎实推进追逃防逃追赃工作，全力抓好中央巡视、中央专项巡视及"回头看"反馈问题整改；持续深化纪检监察体制改革，十届省委巡视实现全覆盖；抓紧抓实政法、医疗卫生、人防、国资、粮食购销等重点领域和系统反腐败工作，专项整治执法司法、养老社保、惠农财政补贴资金、医疗医保等民生领域腐败和不正之风；常态化惩治涉黑涉恶腐败，查处了一批严重违纪违法的典型案件，查办了一批以权谋私、擅权妄为、甘于甚至寻求被"围猎"的腐败分子，实现查处一案、警示一片、治理一域的综合效果；一体推进不敢腐、不能腐、不想腐的体制机制建设，反腐败斗争取得压倒性胜利并巩固发展。

### 3. 坚决打赢三大攻坚战与成功应对各种挑战

党的十九大报告指出，要坚决打好防范化解重大风险、精准脱贫、污染防治的攻坚战，使全面建成小康社会得到人民认可、经得起历史检验。在全面建成小康社会的决胜阶段，安徽深入贯彻落实习近平总书记重要讲话指示精神和党的十九大报告精神，坚持人民至上、生命至上，办好发展和安全两件大事，防范化解各种风险与挑战，统筹推进疫情防控、防汛救灾和经济社会发展，确保如期全面建成小康社会。

脱贫攻坚战取得全面胜利。在坚持精准扶贫、精准脱贫基本方略的基础上，2015 年 12 月，安徽省委、省政府作出《关于坚决打赢脱贫攻坚战的决定》，聚焦定位靶心，把大别山等革命老区、皖北地区、沿淮行蓄洪区等贫困地区作为主战场，持续加大倾斜支持力度，集中火力攻克深度贫困堡垒，确保在全面建成小康社会进程中不落下一个人。经过多年接续奋斗，安徽如期完成现行标准下484 万农村贫困人口全部脱贫、3000 个贫困村全部出列、20 个国家级和 11 个省级贫困县全部摘帽的目标任务，区域性整体贫困得到解决，脱贫攻坚战取得全面胜利，如期向党中央、国务院和全省人民兑现了"全面建成小康社会，一个不能少；共同富裕路上，一个不掉队"的庄严承诺，解决了许多长期想解决而没有解决的攻坚难题，取得了许多具有历史性、标志性的成就。

污染防治成效显著。按照习近平总书记考察安徽时提出的"把好山好水保护好"的重要指示精神和中央《关于全面加强生态环境保护坚决打好污染防治攻坚战的意见》要求，安徽始终将污染防治工作摆在突出位置，坚持生态优先、绿色发展，全面加强生态环境保护，坚守生态保护红线，建立生态保护专项监督制度，建设环巢湖十大湿地保护与修复工程和合肥骆岗中央公园，坚决打好蓝天、碧水、净土保卫战。全省通过狠抓"控煤、控气、控尘、控车、控烧"五控措施，完善能耗总量和强度双控制度，实行碳排放强度考核，大气环境质量显著改善。2020 年，全省 $PM_{2.5}$ 平均浓度较 2015 年下降 25%，优良天数比率已达 82.9%，$PM_{10}$ 平均浓度首次达到空气质量二级标准，全省生态环境满意率首超九成，为历年来最高。

防范化解重大风险有力有效。安徽省委高度重视并切实防范化解政治、意识形态、经济、科技、外部环境等领域重大风险。2018 年，制定出台《打好防范化解金融风险攻坚战实施方案（2018—2020 年）》，部署开展"四清四实"专项整治。2019 年，围绕"防范化解什么、怎么防范化解、谁来防范化解"三个环节，制定"1+8+N"方案体系，重点防范化解政治、意识形态、经济、社会、党自身面临的问题和自然灾害以及生态环保方面重大风险。2020 年 4 月，根据形势变化和面临的新的风险挑战，省委又专门成立生物安全工作组，切实加强对生物安全工作的组织领导，筑牢制度屏障，强化科研攻关，着力夯实基层防线，坚决防范化解生物安全重大风险。7 月，省委印发《关于深入学习贯彻习近平总书记重要讲话精神坚决打好防范化解重大风险攻坚战总体方案》，形成了防范化解重大风险的"1+9+N"方案体系。

2020 年伊始，在脱贫攻坚、全面建成小康社会的收官之年，一场突如其来的新冠肺炎疫情袭来。面对疫情，安徽省委坚决贯彻习近平总书记要求，坚持人民至上、生命至上，迅即启动一级

2020 年，安徽先后派出 8 批 1362 名援鄂医疗队员奔赴武汉，累计救治 3156 名患者，超额完成国家下达的防疫物资生产保供任务，先后 6 次向湖北捐献血液 292 万毫升，居全国第一

响应，迅速打响疫情防控的人民战争，全面落实"早发现、早报告、早隔离、早治疗"要求，率先实行定点集中隔离、全面核酸筛查和全面封闭管理，用一个月时间控制住疫情蔓延势头；不惜一切代价救治患者，最大限度保护了人民生命安全和身体健康，用行动诠释了伟大抗疫精神。针对疫情带来的冲击，安徽省委、省政府统筹推进常态化疫情防控和经济社会发展，有序推进复工复产、复商复市，经济社会恢复发展。同时，战胜严重洪涝灾害，打赢脱贫攻坚战。在喜迎中国共产党百年华诞之际，安徽如期全面建成小康社会。

# 二、全面小康来自安徽经济社会全面发展

全面建成小康社会，重在全面，体现发展的平衡性、协调性和可持续性，是物质文明、政治文明、精神文明、社会文明、生态文明协调发展的小康。安徽的全面小康来自安徽经济社会全面发展。七十多年来，安徽人民艰苦奋斗，砥砺前行，经济建设突飞猛进，经济总量不断跃上新台阶，科技创新筑势赋能，基础设施持续完善；文化建设蓬勃发展，精神文明创建和文艺创作硕果盈枝，文化体制改革领先全国；民生建设全面加速，织牢织密民生保障网，让更多改革发展成果惠及群众；生态文明建设有力有效，好山好水得到更好保护，建成绿色江淮美好家园，人民群众获得感、幸福感、安全感显著提升。安徽人民用勇气、豪气、胆气书写了全面小康的历史篇章。

## （一）经济建设稳定健康发展

全面小康，经济发展是基础，是解决一切问题的关键。1949年 10 月 1 日新中国成立，使安徽经济获得了前所未有的发展机遇。

全省人民在旧社会的废墟上自力更生、艰苦奋斗，使全省遭到严重破坏的国民经济得到全面恢复，并获得初步发展。从 1956 年起，安徽开始大规模社会主义建设，综合经济实力快速提升，人民生活获得较大改善。此后，虽然经历了"大跃进"、人民公社化等失误和十年"文化大革命"的挫折，经济建设遇到极大困难，但国民经济仍在曲折中发展。改革开放以来，安徽全面开展拨乱反正，率先取得农村改革突破，极大地解放和发展社会生产力，以经济建设为中心，开启了改革开放和社会主义现代化建设新征程。经过三十多年的发展，安徽经济快速增长，人民生活从温饱不足到总体上实现了小康。党的十八大以来，安徽坚持以习近平新时代中国特色社会主义思想为指导，坚持以习近平经济思想为指引，坚持以人民为中心的发展思想，坚持以实现高质量发展为根本要求，坚持以供给侧结构性改革为主线，坚持以五大发展行动计划为总抓手，现代化五大发展美好安徽建设迈出坚实步伐。在全国经济由高速增长向中高速增长逐步转变的背景下，安徽经济保持了增速快于全国、领跑中部的良好发展势头，取得历史性成就。

## 1. 从农业大省迈向经济强省

安徽是一个传统农业大省。新中国成立以来，农业农村经济发展较快，粮食产量位居全国各省前列，一直是国家重要的商品粮基地和国家粮食安全的重要屏障。但农业大而不强，工业、现代服务业、战略性新兴产业等发展相对滞后。经过七十多年的发展，安徽逐步实现了从农业大省到轻工大省、工业大省的跨越，再向制造业强省、创新安徽、五大发展美好安徽迈进，经济发展突飞猛进，综合实力显著增强。

（1）农业在改革中开创新局面

农业是国民经济的基础。新中国成立七十多年来，安徽农业在得到恢复性增长之后获得了较快发展，为解决城乡居民的温饱问题和安徽工业化建设作出了重大贡献。改革开放以来，安徽是中国农村改革的发源地，农业领域一路改革、一路发展、一路辉煌，经济实力不断增强，基础性地位不断巩固提升。全省粮食总产量由1949年的127亿斤增加到2021年的817.5亿斤，实现"十八连丰"，成为安徽经济社会发展的重要稳定器和压舱石。

农业合作化，引导农民走互助合作道路。新中国成立后，安徽从1950年冬到1952年7月，在全省分期分批进行了土改。经过土改，全省农村实现了农民土地所有制，农民生产积极性高涨，广大农村呈现一片欣欣向荣的新气象。随着第一个五年计划的实施和社会主义工业化起步，中共中央发出《关于农村生产互助合作的决议（草案）》，要求各地根据稳步前进的方针和自愿互利的原则，引导农民走互助合作的道路。安徽省委、省政府贯彻党中央指示，开始引导农民走互助合作的道路。从互助组到初级农业生产合作社、高级农业生产合作社，农业互助合作稳步推进。到1956年年底，全省参加农业社的农户占总农户的95.6%，其中加入高级社的农户为553.9万户，占总农户的80.7%，全省实现了高级形式的农业合作化。农业合作化是一场伟大而深刻的社会变革，它使全省农民从小私有经济下解放出来，走上社会主义的康庄大道，成为具有社会主义觉悟的新型农民。它解放了农村生产力，提高了农民的生产积极性，增强了农民发展生产和抵御自然灾害的能力，促进了农村经济的发展。"一五"期间，农业总产值60.92亿元，年均增长5.2%。

试行"责任田"，播下农村希望的"种子"。20世纪50年代

40

末 60 年代初，由于"大跃进"和人民公社化运动的失误，安徽农业受到影响，粮食供给严重短缺，给全省经济社会发展和人民生活造成重大损失。为了应对困难局面，安徽一些地方的农民创造出各种形式的生产责任制办法。宿县褚兰公社七十多岁的老农刘庆兰，带着生病的儿子进山，一边养病，一边开荒种地，第二年收获很多粮食，交给生产队 1800 斤和 60 元钱后，剩下的全部归自己所有，解决了生活困难。当地群众纷纷要求包田到户，以解燃眉之急。省委受到启发，在 1961 年 2 月 14 日的省委书记处会议上提出实行"按劳动力分包耕地，按实产粮食记工分"的联产到户的责任制办法，决定先进行试点。2 月下旬，省委工作组到合肥市郊蜀山公社井岗大队南新庄生产队试点。这个办法的全称是"田间管理责任制加奖励"（简称"责任田"），内容为包产到队，定产到田，以产计工，大农活包到组，小农活包到人，按大小农活的用工比例计算奖赔，并实行"五统一"：计划统一（生产指标和主要作物安排）、分配统一（包产部分）、大农活和技术活统一、用水管水统一、抗灾统一。南新庄试点增产效果显著，省委书记处会议决定扩大试行责任田。3 月 15 日，省委向各地、市、县委第一书记发出指示信，要求各地有计划、有步骤地推行责任田。责任田的推广速度大大加快。责任田的推行，收到了明显的增产效果，当年全省粮食总产量超过 900 万吨，征购任务超额完成。农民生活得到较大改善，责任田被农民称为"救命田"。1962 年中共中央扩大的工作会议后，因为责任田不符合人民公社管理体制要求，被批评为"犯了方向性错误"，省委根据中央指示精神"改正"责任田。"责任田"虽然被改正了，但它在安徽干部群众的内心深处埋下了希望的种子。

出台"省委六条"，率先调整农业经济政策。1977 年 11 月，针对"左"的思想影响下农村贫困落后的状况，在经过充分调查研究和广泛征求意见的基础上，安徽省委召开全省农村工作会议，专门研究并出台了《中共安徽省委关于当前农村经济政策几个问题的规定（试行草案）》（"省委六条"），提出了发展农业生产的六条规定：搞好人民公社经营管理工作；积极地有计划地发展社会主义大农业；减轻生产队和社员的负担；分配要兑现；粮食分配要兼顾国家、集体和个人利益；允许和鼓励社员经营正当的家庭副业。"省委六条"还规定了"尊重生产队的自主权，防止瞎指挥""社员可以经营少量的自留地和家庭副业"等。"省委六条"深得农村干部群众的拥护和欢迎。当年冬天，全省农村掀起宣传贯彻"省委六条"的热潮。

1978年2月3日，《人民日报》头版发表新华社记者采写的《一份省委文件的诞生》报道，介绍安徽"省委六条"诞生过程和深得农民拥护，以及农村开始出现显著变化的情况；编者按盛赞安徽省委"深入实际，注重调查研究，走群众路线，认真贯彻党的政策，是恢复和发扬党的优良传统和作风的一个好榜样"。2月，万里在全省地委、市委书记会议上提出了"农业生产大忙季节，要以农业生产为中心"。3月3日，《人民日报》又在头版位置登载《农村要以生产为中心》，介绍了安徽的情况，并给予高度评价。"省委六条"的出台、"以农业生产为中心"的提出，反映了安徽省委在农村工作上解放思想、实事求是的精神，为新时期中国改革率先在安徽农村取得突破创造了良好的政策和舆论环境。

首创"大包干"，响起"中国改革的一声惊雷"。1978年，安徽遭受百年不遇的大旱，人畜饮水困难，秋种无法完成。9月1日，省委召开紧急会议研究抗旱救灾措施，作出"借地度荒"的决定：

凡是集体无法耕种的土地，借给社员种麦子；鼓励多开荒，谁种谁收，国家不征统购粮，不分配统购任务。这在贯彻"借地度荒"的决定过程中，直接引发了农村经济管理体制的深层次改革。肥西县山南区柿树公社黄花大队农民以"借地度荒"为由，实行"包产到户"，受到欢迎。安徽省委在山南区山南公社进行的"包产到户"试验，极大地调动了农民的生产积极性，农村经济迅速恢复发展。1978年冬，凤阳县小岗生产队18户户主召开秘密会议，决定采取瞒上不瞒下的办法，把土地分包到各家各户去耕种，各家在完成上缴国家和集体的粮食任务之后，多余的全部归自家所有，俗称"大包干"。18户户主在包干到户的合同书上签字画押，承诺保守秘密，共同承担风险。

1979年，在实行包干到户的第一年，小岗队获得前所未有的大丰收，粮食产量达到6.6万公斤，油料产量达到1.75万公斤；向国家交售粮食1.5万公斤（征购任务为1400公斤），交售油料1.25万公斤（统购任务为150公斤）；生产队除还贷800元外，还留有公积金，储备粮食750公斤；全队人均收入达到371元。小岗队由原来的"讨饭队"一跃成为"冒尖队"，一夜成名。

继肥西"包产到户"和凤阳"大包干"之后，安徽其他各地纷纷效仿。截至1982年12月，安徽实行包干到户的生产队占全省生产队总数的98.8%。农村改革的突破，极大地解放了农业生产力，推动了农村经济发展。1978年，全省农业总产值为71亿元（按当年价格计算），1982年增加到129亿元。全省粮食总产量1978年为148.25亿公斤，1982年增加到193.3亿公斤；在1982年、1984年连续遭受较严重灾害的情况下，1984年粮食产量闯过200亿公斤大关。

改革之初，各种形式的生产责任制办法在实施过程中仍然充满争议和非议，给安徽广大干部群众造成巨大压力。以万里为书记的安徽省委顶住压力，坚定支持，热情保护，使以"包产到户""大包干"为主要形式的农业

创立"大包干"到户的凤阳县小岗村农民

生产责任制在安徽农村普遍推广，并从安徽走向全国。由于"大包干"实行"保证国家的，留够集体的，剩下都是自己的"，简便易行，受到普遍欢迎。随后，在农业生产责任制基础上形成的以家庭联产承包为基础、统分结合的双层经营体制，逐渐成为党和国家农村政策的基石。

安徽农村以"包产到户""包干到户"为主要形式的家庭联产承包责任制，拉开了新时期中国改革的大幕。2016 年 4 月 25 日，习近平总书记考察凤阳小岗村，在"当年农家"院落，当了解到当年 18 户村民按下红手印、签订大包干契约的情景，感慨道："当年贴着身家性命干的事，变成中国改革的一声惊雷，成为中国改革的一个标志。"

农村税费改革，彻底解决农民负担过重问题。家庭联产承包责任制在全国推广，广大农民的生产积极性、创造性被充分调动起来，农村经济呈现出欣欣向荣的局面。但是，从 20 世纪 80 年代中后期开始，农业税费负担过重、乱收费乱集资乱摊派的矛盾越来越突出，严重影响农民的生产积极性，并逐步演化为影响农业发展、

农民增收、农村稳定的重大问题。安徽从农民反映最为强烈的负担过重问题入手，率先进行农村税费改革试点，积累了经验。2000年3月，安徽被党中央、国务院确定为全国农村税费改革的唯一试点省份。安徽不负众望、不辱使命，举全省之力进行改革探索，形成了以"三个取消、一个逐步取消、两个调整、一项改革"为主要内容的改革试点方案：取消乡统筹费、农村教育集资和面向农民征收的行政事业性收费和政府性基金、集资，取消屠宰税；逐步取消统一规定的劳动积累工和义务工；调整农业税和农业特产税政策；改革村提留征收和使用办法。安徽试点取得预期效果，为全国农村税费改革探索了新路，提供了可复制的经验。2003年，农村税费改革在全国普遍推行。2005年，安徽全省比全国提前一年全面取消农业税，在

阜阳农民查看农村税收明白栏

中国延续了2600多年的"皇粮国税"率先在安徽退出历史舞台。

安徽还先后实施了科技兴农战略、小城镇带动战略、乡镇企业改制和商品粮油基地等建设，积极探索农业综合开发基础设施管护制度的改革以及与农村城镇化战略相配套的户籍制度改革，率先推进农村综合改革。改革带来了生机，增添了活力，促进了农业发展。

探路"三权""三变"改革，助力乡村振兴。党的十八大以来，特别是习近平总书记考察安徽以后，安徽以处理好农民和土地的关系为主线，巩固完善农村基本经营制度，率先探路"三权""三变"改革，为全国深化农村改革的创新实践提供了有益经验。首先

是"三权"改革，实行土地所有权、承包权、经营权"三权分置"。这是继家庭联产承包责任制后农村经营管理体制的重大制度创新。安徽是全国最早开展确权登记颁证的试点省份之一，并率先探索土地整理、建设用地置换、土地流转办法，出台《关于深化农村综合改革示范试点工作的指导意见》，积极引导农民向专业合作社、龙头企业、种植大户有偿转让土地。截至 2018 年年底，全省承包耕地流转面积在 3700 万亩以上，流转率 46% 左右，比全国平均水平高 8 个百分点。几乎在"三权分置"改革的同时，为了有效盘活农村集体资产资源，更好地激活农民的土地承包经营权、住房财产权和集体收益分配权，安徽率先启动资源变资产、资金变股金、农民变股东的"三变"改革试点。"资源变资产"就是让农村集体资源通过一定形式投资入股企业等经营主体，取得股份权利。"资金变股金"就是将各级财政投入农村的各类资金量化为村集体或农民持有的股金，投入企业等经营主体，按股份比例获得收益分红。"农民变股东"就是农民自愿以自有耕地或林地的承包经营权、住房财产权，以及资金、技术等生产要素，投资入股到企业等经营主体，成为股东，参与分红，让农户成为农业产业化的参与人和受益人。2021 年 2 月，安徽顺利完成农村集体产权制度改革整省试点任务，农村"三变"改革加快突进，10812 个村实施改革，覆盖率达到 68%。2200 个村纳入集体经济"百千万"工程扶持范围，村级集体经济持续发展壮大，村均经营性收入达到 28 万元，空壳村基本消除，薄弱村大幅下降，经营性收入 50 万元以上的强村比重达到 8.6%。总体来看，安徽农村的"三权""三变"改革，探索"村社一体、合股联营"的农村经济发展新模式和集体经济有效实现形式，建立农业增效、农民增收、集体资产增值的长效机制，成效显著。

以高质量的农业产业化，促进农业现代化。早在1981—1985年"六五"计划实施期间，安徽省委、省政府就在坚持改革开放的基础上，鼓励和支持农村发展多种合作经济，不失时机地调整农村产业结构。从1981年开始，对种植业，在不放松粮食生产的同时，扩大经济作物的种植面积，丰富粮食品种，建立合理的比例关系；大力发展林、牧、渔业，促进粮食转化，建设各类农产品商品生产基地；以小城镇为依托，以乡镇企业为突破口，大力发展工业、商业、运输业、建筑业和服务业，促进农村经济全面协调发展。三十多年来，农业产业化步伐逐步加快，产业结构逐步优化，农业综合经济效益大幅跃升，向农业现代化迈出稳健的步伐。

2012年6月，安徽省委、省政府印发《经济强省建设实施纲要》，强调重点推进包括农业现代化在内的十大专项行动，提出着力提高农业劳动生产率、土地产出率、农产品商品化率和科技贡献率，打造区域特色产业基地与产业带。专项行动实施以来，安徽大力实施农业产业化经营，发展生态农业，进一步调整优化农业和农村经济结构。随着粮食生产"三大行动"和畜牧业升级、水产跨越、千万亩森林增长工程的深入推进，农业区域化布局、专业化分工的趋势逐步显现，长期以来形成的"大而全、小而全"的农业生产格局被不断打破，主要农产品生产逐步向优势区域集中，大宗农作物向优质高产高效、专业化和区域化方向发展，规模以上农产品加工业产值屡创新高，国家级、省级农业产业化示范基地迅速增加。自2016年起，规模以上农产品加工业产值稳步提升，2017年就突破1万亿元；优质品牌小麦、水稻生产基地逐步扩大，粮食生产连年丰收，顺利完成粮食生产功能区、重要农产品生产保护区划定；农民合作社、家庭农场数量增长迅猛，其中家庭农场数量位居全国第一，农作物耕种收综合机械化率、畜禽良种覆盖率、畜禽规模化养殖率均大幅提升，农业科技贡献率在 60% 以上，高于全国平均水平。

到 2020 年，累计建成高标准农田 334.28 万公顷，农作物耕种收综合机械化率达到 81%。粮食产量 4019 万吨，居全国第四位。稻渔综合种养面积 27.89 万公顷。新培育"三品一标"农产品 1526 个，有效使用总数 8788 个，其中绿色食品数量居全国第二位。实施农产品加工业"五个一批"工程，全年新增年产值超过 50 亿元的农产品加工园区 3 个、年产值超过 10 亿元的农产品加工企业 16 个，农业产业化龙头企业总数达到 1.6 万个。

（2）工业强省建设迈上新台阶

新中国成立七十多年来，安徽从几乎无现代工业到建立起门类齐全的工业体系，工业主导地位日益凸显，工业强省建设逐步迈上新台阶，走出一条具有安徽特色的新型工业化道路。工业总量快速增长，工业结构进一步优化，经济效益大幅度提高，工业竞争力不断增强，成为推动全省经济又好又快发展的主导力量。

开始工业化起步，奠定工业发展基础。新中国成立初期，安徽农村经济占国民经济比重超过 80%，而工业基础极其薄弱，全部工业固定资产不到 1 亿元，工业总产值 3.4 亿元，工厂纷纷倒闭，工人大批失业。为了迅速改变工业和国民经济落后面貌，从 1953 年起，安徽实施对手工业和资本主义工商业的社会主义改造，工业经济开始起步；执行发展国民经济的第一个五年计划，有计划、有步骤地进行社会主义改造和建设，累计投资 13.13 亿元，新增固定资产12.07亿元，其中，兴建了安徽第一纺织印染厂、安徽造纸厂、

上海企业内迁——公私合营的安徽纺织厂织布车间

蚌埠玻璃厂、合肥无线电厂等一大批骨干工业企业，奠定了工业经济的发展基础。1957年，"一五"计划胜利完成，工业经济实现几何级增长，综合实力显著增强，一个长期贫穷落后的农业省份走上了摆脱贫困、开启工业化的康庄大道。为了推动工业经济发展，安徽紧紧抓住沿海部分工业企业内迁的机遇，积极争取上海等地工业企业内迁。到1958年，全省共计从上海等地内迁工业企业108家，其中56家搬迁至合肥。这些企业经过扩建改造，多数发展成为安徽轻工骨干企业，如全省最大的日用化工企业合肥日用化工总厂、全省最大的印刷厂省新华印刷厂等；同时，大批技术工人和管理人才随内迁企业而来，极大地增强了安徽工业技术人员的力量，为安徽工业经济的发展提供了新的动力。经过四十多年发展，安徽逐步形成了独立的比较完整的工业体系和国民经济体系。

实施"861"行动计划，引领经济发展进入快车道。2003年6月，安徽省委、省政府出台了《安徽省全面建设小康社会的战略目标、战略步骤及起步阶段的重点建设任务》，对安徽全面建设小康社会进行战略部署。经过严密科学论证，安徽于当年12月正式作出实施"861"行动计划的重大决策，即建设八大重点产业基地：加工制造业基地、原材料产业基地、化工产业基地、能源产业基地、高新技术产业基地、优质安全农产品生产加工和供应基地、全国著名的旅游目的地、重要的文化产业大省；构筑六大基础工程：防洪保安、通达、信息、生态、信用和人才工程；实现到2007年全省生产总值达到5620亿元、人均生产总值超过1000美元的目标。"861"行动计划旨在通过实施一批支撑性、牵引性较强的重大项目建设，着力破解安徽工业化水平低、城镇化水平低、外向度低、民营经济比重低和区域不平衡、城乡不平衡、经济社会发展不平衡的难题，引领全省经济社会跨越式发展。

从2004年起，"861"行动计划全面实施。省政府选择高速公路、电力、淮河治理、奇瑞、海螺等20个大项目和大企业进行直接调度，率先在交通基础设施和能源、原材料等具有比较优势和国家鼓励发展的产业方面取得突破；坚持以项目为核心，实施动态管理，建立了近800个项目、投资规模上万亿元的重点项目库，并按项目建设阶段划分为续建项目、新开工项目、预备开工项目和前期工作项目，努力形成"建设一批、开工一批、推进一批、储存一批"的工作机制，项目储备规模每年增加1000亿元以上。仅两年时间内，"861"行动计划共开工建设重点项目325个，竣工投产项目129个，累计投资1820亿元，为全省经济发展注入强大动力。到2005年年底，全省生产总值实现5350亿元，人均生产总值1000美元的目标提前两年实现。

2006年，在提前实现全面建设小康社会起步阶段的预期目标后，安徽省委、省政府提出大力推进和全面提升"861"行动计划，即提升项目层次，丰富和完善八大产业基地和六大基础工程的建设内容，加快形成具有国际竞争优势的产业体系和基础设施平台，努力实现 2010 年全省生产总值达 1 万亿元的奋斗目标。在"861"行动计划的带动下，全省狠抓项目建设，固定资产投资规模迅速扩大，投资结构不断优化，八大产业基地和六大基础工程取得重大进展，为全省经济社会发展作出了重大贡献。全省生产总值由 5350 亿元增长到 12263 亿元，年均增长 13.4%，于 2009 年提前一年实现全省生产总值超万亿元的目标。

2010 年 11 月，安徽省委在"十二五"规划建议中提出，要大力提升和深入实施"861"行动计划，坚持把"861"行动计划作为扩大有效投入、推动经济社会发展的重要抓手，着力打造战略性新兴产业、先进制造业、能源、原材料、优质农产品生产加工、文化、旅游、现代物流八大产业，加快建设综合水利工程、交通网络工程、生态环保工程、金融支撑工程、人才工程、民生工程六大基础工程，努力实现未来五年地区生产总值翻一番的奋斗目标。"861"行动计划进入全新升级、提质增效阶段。"十二五"时期，面对严峻复杂外部环境，全省认真贯彻中央宏观调控政策，主动引领适应经济新常态，在坚持加大有效投入不动摇的基础上，积极调结构转方式促升级，一大批交通、水利、能源、信息等重大项目相继建成。特别是战略性新兴产业迅猛发展，规模由 2011 年的 2504 亿元增长到 2015 年的 8921 亿元，年均增长 29%，新兴工业大省地位基本确立。"十二五"时期，全省经济年均增长 10.8%，高于全国约 3 个百分点，全省生产总值超过 2 万亿元，人均生产总值接近 6000 美元，提前一年实现"861"行动计划提出的未来五年地区生产总值翻一番的奋斗目标。

"861" 行动计划坚持以项目为抓手，有效激发了全省大建设、大发展的热情和创造力，是促进经济结构战略性调整、培育富有竞争力的支柱产业和新增长点的重要载体，是推动安徽经济社会发展的重要引擎，为安徽加速崛起夯实了发展基础、增添了强劲动力。

实施工业强省战略，加快工业化发展步伐。2007 年，安徽省委、省政府紧紧抓住中部崛起等重大国家战略机遇，大力推进工业强省建设，坚持走新型工业化道路，奋力加快由资源大省向新型工业强省的跨越。8 月 16 日，召开全省工业强省大会，公布《安徽省工业经济"十一五"发展规划纲要》。9 月 29 日，省委、省政府作出《关于工业强省的决定》，提出工业强省的主要目标任务：在今后十至十五年时间里，力争全省工业增长速度高于全国平均水平，接近并逐步达到全国工业化平均水平；力争工业技术装备高于全国平均水平；力争单位资源消耗特别是单位能耗低于全国平均水平。围绕实施工业强省战略，安徽以结构调整为主线，以自主创新为动力，积极应对国际金融危机，全面实施八大支柱产业发展规划、九大产业调整和振兴规划，以及非公经济发展等专项规划，工业经济实现了持续快速健康发展。"十一五"时期，工业增速连续五年超过全国平均水平，工业化率由 34.3% 提高到 43.7%，工业经济效益综合指数创历史新高，工业对经济增长贡献率在 55% 以上。工业结构调整加快，优势产业地位提升，装备制造业、汽车、优质金属材料等千亿元产业进一步做强。2010 年，轻工、装备制造业总产值已突破 3000 亿元，超千亿元产业已达 6 个；汽车成为国家自主品牌的重要力量，家电产能保持全国领先，先进制造业逐渐成为安徽的主导产业。

2011 年 8 月，省政府印发《安徽省"十二五"工业发展规划》，提出继续实施工业强省战略，全面开展"12345"行动计划，即到2015年，实现全省工业增加值超过1万亿元，五年完成技改投资2万亿元以上，实施做强做大优势产业、改造提升传统产业、培育打造新兴产业等三大工程，发展皖江城市带、皖北地区、合肥经济圈、皖南（西）地区等四大区域，培育5家以上超千亿元企业。按照规划指引，安徽大力实施传统产业改造升级和优势产业做大做强。在传统产业方面，煤炭行业向煤电运、煤电化、煤焦化和煤电建材"四个一体化"发展；钢铁行业依托马钢，实施高强汽车板、家电板等高档产品生产线项目，有色行业向精深加工方向发展，装备制造业加强核心技术和系统集成技术研发，加快培育壮大六大装备制造基地；汽车产业巩固和提高小排量乘用车及轻卡、商务车、改装车、专用车等安徽自主品牌汽车优势，发展新能源和节能环保乘用车，打造合肥、芜湖汽车及零配件生产基地；家电产业实施品牌战略，提高中高端产品比重和配套能力。工业逐步发展成为拉动安徽经济发展的主导力量。

以工业强省建设带动经济强省战略。在2012年6月出台的《经济强省建设实施纲要》中，安徽省委、省政府明确提出，根据"龙头引领、创新驱动、融合发展、错位发展、集聚发展"的原则，重点围绕汽车和装备制造、材料和新材料、能源和新能源等八大主导产业，整合各种资源，优化产业布局，提升产业素质，提高产业体系的竞争力、影响力，并把企业做大做强列入实施经济强省建设十项重大工程之首，要求通过培育、引进、重组、转型、上市等方式，打造一批"顶天立地"的龙头骨干企业；实施中小企业成长工程，培育一大批"铺天盖地"的中小企业；促进中小企业与大企业配套发展，形成以骨干企业为龙头、中小微企业专业化配套的分工协作体系，提升企业整体竞争力。经过十多年的强力推进，安徽工业强省建设取得重大进展。2017 年工信部公布全国第一批制造业单项冠军示范企业和培育企业名单，安徽有 6 家企业入选，占总数的 5.8%，排名全国第四。2019 年世界 500 强企业排行榜发布，安徽海螺集团和铜陵有色金属集团上榜，标志着安徽本土企业首次跻身世界 500 强企业行列。

供给侧结构性改革，促进工业转型升级。供给侧结构性改革是习近平经济思想的重要内容和原创性贡献，是推进经济发展、做好经济工作的关键所在。安徽结合自身实际，提出围绕调结构、推进去产能，围绕稳市场、推进去库存，围绕防风险、推进去杠杆，围绕提效益、推进降成本，围绕增后劲、推进补短板的供给侧结构性改革实施方案。制定了 8 个专项实施意见以及煤炭钢铁行业 4 户省属重点企业去产能方案，形成了"1+8+4"的工作体系和政策体系。随着供给侧结构性改革的推进，实体经济活力不断释放，经济结构不断优化。传统工业方面，提前完成化解煤炭、钢铁过剩产能任务。"十三五"期间，累计退出煤炭过剩产能 3282 万吨，淘汰炼铁产能 224 万吨、粗钢产能 302 万吨，淮南中安联合煤化工等一批产业升级项目顺利投产。制造业实现了从数量扩张到质量提高的战略性转变，全省制造业增加值年均增长 9.1%，高于全国 2.5 个百分点，制造业高质量发展指数居全国第九、中部第一位。连续举办三届世界制造业大会，共签约项目 1752 个，投资总额 1.8 万亿元，成功举办世界显示产业大会、国际新材料产业大会等重大展会。通过供给侧结构性改革，工业转型升级提速。一是工业内部结构不断优化，以电子信息、生物工程、新能源和新材料等为主的高新技术产业蓬勃发展。二是整体供给结构不断优化。通过一体化推进"三去一降一补"，不断化解煤炭、钢铁等行业过剩产能，平稳分流安置煤炭、钢铁等行业职工数万人；有序处置省属"僵尸企业"；增强金融服务实体经济能力，重点回应企业反映集中的融资难、成本高等问题，提出很多降低实体经济成本、增强融资能力的政策举措，帮助企业降本增效、降压减负，让各类市场主体有实实在在的获得感。

（3）战略性新兴产业强势崛起

战略性新兴产业代表新一轮科技革命和产业变革的方向，是培育经济发展新动能、获取未来竞争新优势的关键所在；由战略性新兴产业演化而来的数字经济，是世界经济高质量发展的新引擎。发展战略性新兴产业和数字经济，是世界主要经济体抢占新一轮科技革命和产业变革制高点的重大战略，也是长三角勇当我国科技和产业创新开路先锋的战略路径。21世纪以来，安徽省委、省政府即敏锐捕捉战略性新兴产业的发展趋势，加大培育和扶持力度，使战略性新兴产业加速集聚、强势崛起，成为推动安徽经济高质量发展的重要引擎。

抢占先机，谋篇布局。早在2007年，安徽就出台《"十一五"高新技术产业发展规划》。2010年12月，省委、省政府制定出台了《关于加快培育战略性新兴产业的意见》，确定了八大战略性新兴产业，即电子信息、节能环保、新材料、生物、新能源、高端装备制造、新能源汽车和公共安全产业，并进行战略部署。

为了加快战略性新兴产业发展，增强经济高质量发展内生动力，2011年3月，《安徽省国民经济和社会发展第十二个五年规划纲要》发布，进一步提出实施战略性新兴产业"千百十工程"。2012年2月，省政府又发布《安徽省战略性新兴产业"十二五"

发展规划》，提出到 2015 年，力争新兴产业产值突破 1 万亿元，
电子信息、新能源、新材料等产业产值超过千亿元，部分行业居全
国领先地位。2013 年，安徽被国家发展和改革委、财政部确定为
全国 5 个国家战略性新兴产业区域集聚发展试点省份之一。2015 年，
省政府又确定了智能语音、集成电路、机器人等首批建设的 14 个
省级战略性新兴产业集聚发展基地。2016 年，《安徽省战略性新兴
产业"十三五"发展规划》发布，提出了"十三五"时期战略性新
兴产业的发展基础、总体目标、重点领域、主要任务和保障措施。
省政府还确定了半导体、生物医药、云计算产业等第二批 10 个省
级战略性新兴产业集聚发展基地，其中发展基地 8 家、试验基地 2
家。2017 年，安徽省政府及相关部门决定在战略性新兴产业新建
项目关键设备购置、企业并购、重大项目团队引进等十个方面予以
支持；省政府每年出资 20 亿元作为引导资金，设立规模 300 亿元
的省"三重一创"产业发展基金，支持战略性新兴产业发展。

为了深入贯彻国家数字经济发展战略，加快建设"数字江
淮"，安徽先后出台《安徽省信息化促进条例》《安徽省"十三五"
信息化发展规划》《关于促进信息消费扩大内需的意见》《关于建设
"宽带安徽"的意见》《关于促进云计算创新发展培育信息产业新业
态的实施意见》《关于深化制造业与互联网融合发展的实施意见》
《安徽省支持数字经济发展若干政策》，以及"三重一创"、制造强
省、科技创新、技工大省、"中国声谷"等若干政策，发展数字经
济的法规政策环境不断优化。

政府引导，强力推进。安徽准确把握和顺应世界经济发展的
大趋势，坚持政府引导与市场运作相结合、自主创新与培育产业
相结合、投资驱动与应用带动相结合、重点突破与整体推进相结

合，以加快建设一批重大新兴产业基地、扎实推进一批重大新兴产业工程、积极培育一批重大新兴产业专项、建设创新型现代产业体系（"三重一创"）为主要抓手，通过着力扩大开放合作、着力强化龙头引领、着力提升创新能力、着力破除体制机制障碍，使新一代信息技术、高端装备和新材料、生物和大健康、绿色低碳、信息经济五大战略性新兴产业迅速发展壮大。与此同时，深入推进供给侧结构性改革，促进战略性新兴产业快速发展，基本形成了省重大新兴产业专项、省重大新兴产业工程、省重大新兴产业基地、国家战略性新兴产业集群的梯次推进格局。集成电路、新型显示器件、人工智能、先进结构材料4个产业基地入选首批国家级战略性新兴产业集群工程，战略性新兴产业产值呈现高速增长态势，2020年达18%。其中，新能源汽车产销量占全国10%以上，工业机器人年均增速超过50%，智能可穿戴设备出货量全球第一，全省专精特新企业2618户，涌现出国家级行业"小巨人"86家。

安徽加快发展数字经济。根据中国信息通信研究院发布的《2021中国数字经济发展白皮书》显示，2020年安徽数字经济增加值超过万亿元，居全国省市第十三位，占全省生产总值比重超过30%，增速超过10%。"十三五"期间，全省电子信息制造业规模以上工业增加值年均增速超过20%，工业增加值占全省工业生产总值比重超过9%，对全

2016年8月16日，由中国科学技术大学主导研制的世界首颗量子科学实验卫星成功发射

省工业增长贡献率居于各行业前列；营业收入总量规模进入全国第一方阵，跃居全国同行业第十位。新型显示产业实现"从沙子到整机"的全产业链布局；集成电路企业已形成从设计、制造、封装和测试到材料、装备、创新研发平台和人才培养等较完整的产业链条；全省微型计算机产量居全国第五位，彩色电视机产量居全国第三位，智能手表／手环产品位居全球同类产品出货量前列；全省软件和信息服务业产业规模稳健增长；智能语音、类脑智能创新能力持续增强；推广应用工业机器人已超过 3 万台。

经过二十多年的深耕细作，安徽省战略性新兴产业发展成绩喜人，已成为推动安徽经济结构优化升级、提升安徽企业核心竞争力、促进经济高质量发展的新引擎，成为引领安徽由制造大省迈向制造强省的中坚力量。2020 年，安徽战略性新兴产业集聚了全省两成多的规模以上工业企业，贡献了三成的工业税收、四成的工业产值、五成的上市企业、六成的工业产值增量、七个产值超千亿元产业、八成的国家级专精特新"小巨人"企业。26 个省重大新兴

2015—2020 年安徽省战略性新兴产业发展情况

产业基地、全年产值首次突破万亿元大关。

（4）现代服务业增长突飞猛进

服务业是现代产业体系的重要组成部分。改革开放以来，安徽服务业在波澜壮阔的改革开放大潮中逐渐从小到大、由弱变强，在国民经济中的地位不断攀升，逐步成为促增长的主引擎、惠民生的主渠道、新业态新模式培育的主阵地。

从传统服务业到现代服务业。新中国成立之初，安徽经济发展水平偏低，经济发展主要依靠农业，二、三产业在经济中的份额很小。同时，由于实行优先发展物质生产部门的国家战略，服务业部门发展相对滞后。改革开放以后，随着社会主义市场经济体制的逐步完善、经济的快速发展和城乡居民收入水平的大幅提高，安徽交通运输仓储邮政业、批发零售业、住宿餐饮业等传统服务业取得长足发展，为满足人民群众多样化需求、方便群众生活、增加就业岗位、繁荣城乡市场等作出了重要贡献。同时，房地产、金融、教育、文化、科研技术等需求潜力大的现代服务业不断发展，大大提升了服务业整体水平。2008 年，服务业增加值 3318.7 亿元，占国内生产总值的比重达 37.4%，比 1952 年提高 22.6 个百分点。其中，金融业增加值 183.2 亿元，占国内生产总值的比重由 1978 年的 1.7% 提高到 2.1%；房地产业增加值 342.7 亿元，占国内生产总值的比重由 1.8% 提高到 3.9%。

现代服务业快速推进升级。"十二五"期间，安徽服务经济迎来加快发展的重要机遇。安徽省委、省政府坚持把发展服务业作为推动产业转型升级和转变经济发展方式的重要抓手，强力实施现代服务业提升重大工程，加快推进服务业综合改革试点、现代服务业集聚区、服务业重点企业、服务业重大项目、服务业品牌等五大载体建设，全省服务业取得长足发展。

"十二五"期间，安徽现代服务业产业总量明显扩大，增加值由 2010 年的 4193.7 亿元增长到 2015 年的 8602.1 亿元，总量翻了一番多，年均增长 10.6%，高出全国同期 2.2 个百分点，2015 年服务业增加值占地区生产总值比重达到 39.1%，年均提高 1 个百分点；产业结构不断优化，现代金融、现代物流、信息技术服务、文化创意、休闲旅游等现代服务业快速成长；传统业态转型步伐加快，2015 年，全省现代服务业占比达到 53.4%，比 2010 年提高 3.9 个百分点，生产性服务业占比达到 47.7%；增长贡献明显提高，服务业对全省经济增长的平均贡献率为 33.4%，比"十一五"时期提高 2.1 个百分点，2015 年服务业完成各种税收 1663.6 亿元，占全部税收的 50.3%。服务业从业人员年均增长 3.4%，高于全社会从业人员 2 个百分点，2015 年占全部从业人员比重达到 39.5%，比 2010 年高 3.7 个百分点，服务业已成为吸纳城乡居民就业和增加收入的主要渠道。集聚效应逐步显现，服务业企业不断发展壮大，2015 年年末服务业登记注册企业 44.9 万户，占全省企业数的 69.2%，一批体量大、产业链长、配套性强的服务业园区（基地）加快建设。截至 2015 年年底，建成省级现代服务业集聚区 100 个，入园企业 17407 家；中心城市服务业集聚势头明显，2015 年合肥、芜湖、马鞍山、黄山四市服务业增加值占全省的 48%，较 2010 年提高 5 个百分点；改革开放持续推进，成功争取并顺利推进黄山国家服务业综合改革试点，稳步推进 16 个省级服务业综合改革试点；地方金融改革取得重大突破，文化体制改革走在全国前列，价格改革、"营改增"试点、注册登记改革顺利实施，服务业发展环境不断改善；服务业开放水平明显提升，"十二五"全省服务贸易累计实现 215.9 亿美元，年均增长 22.2%，占对外贸易总额的比重提高到 11.8%，服务业实际利用外商直接投资年均增长 33.3%。

现代服务业发展势头强劲。"十三五"时期，安徽现代服务业迎来黄金发展期，安徽省委、省政府牢固树立创新、协调、绿色、开放、共享发展理念，围绕供给侧结构性改革和调结构转方式促升级重大战略部署，以市场化、专业化、品质化、国际化为方向，以改革开放创新为动力，以服务业加快发展工程为抓手，做大做强生产性服务业，全面提升生活性服务业，积极发展新技术新模式新业态，集中力量突破重点领域、关键环节，推动服务业创新发展、产业集聚、跨界融合，培育形成带动产业升级、民生改善、城乡统筹及促进经济社会可持续发展的新引擎。安徽依据主体功能区划和产业发展基础，聚焦产业结构和消费结构升级，整合空间资源和发展要素，明确区域发展重点，形成了特色鲜明、协调互动的"双核一带三区"空间格局。

一核是合肥高端服务业发展核，瞄准建设长三角世界级城市群副中心和打造内陆开放新高地，加速高端服务业和新兴业态集聚，推进服务业品牌化、信息化、国际化，强化对周边城市辐射带动作用，引领全省服务业提升能级，加快向服务经济转型，创建一批国家和省级服务业重大集聚平台，建设中国软件名城、全国生态文化旅游名城和全国重要的科技研发中心、金融服务中心、物流中心、信息中心。二核是皖南国际文化旅游发展核，依托皖南国际文化旅游示范区的核心区域，发挥丰富的文化旅游资源优势，推进文化、旅游、健康等产业深度融合，全面提升服务品质和国际化水平，努力建设美丽中国样本，建设以文化旅游服务为特色，高品质、国际化的服务业示范区，世界一流旅游目的地和中国传统文化传承创新区。一带是皖江生产性服务业集聚带，抢抓长江经济带战略机遇，按照打造引领全省转型发展新支撑带的总体定位，把大力发展生产性服务业作为产业结构转型升级的战略重点和关键抓手，促进生产性服务业加速集聚，推动与先进制造业深度融合，建设与先进制造业互促互补、集聚融合的重要发展轴带。一区是两淮一蚌服务业引领转型区，利用淮河生态经济带建设契机，补齐服务业发展短板，完善服务业空间布局，引领沿淮地区资源型城市、老工业基地产业转型和城镇化升级，建设全国重要的服务业引领产业接续替代、转型升级先行区。二区是阜亳宿传统服务业优化提升区，发挥人口、农业资源优势和综合交通优势，推进大商贸、大流通、大市场建设，提升传统服务业发展水平，为进一步改善农业生产条件和农民生活环境提供有力支撑，建设中原经济区服务"三农"为主的服务业新增长极。三区是大别山特色服务业加快培育区，依托大别山地区优良的生态旅游资源优势，大力发展健康养老、体育休闲、文化旅游、电子商务等新兴服务业，建设以"红色＋绿色"为特色的新兴服务业集聚区。

"十三五"期间，全省服务业综合实力持续增强。服务业增加值年均增长 8.1%，高于地区生产总值增速 0.8 个百分点，快于全国 1.4 个百分点；2020 年服务业增加值达 19824.2 亿元，占地区生产总值的比重达 51.3%，较 2015 年提高 6.8 个百分点。产业结构不断优化，软件和信息技术服务、租赁和商务服务业增加值占地区生产总值比重由 3.8% 提高到 5.1%，金融业增加值占比由 5.6% 提高到 6.6%，跨境电商、网络货运、直播经济等新业态新模式蓬勃发展；市场主体快速成长，2020 年服务业法人单位数达到 81 万个，占全部法人单位数的比重超过七成，限额以上商贸企业年均净增

1000 家以上，销售额超过百亿元的大型商贸龙头企业达 17 家，新增服务业上市公司 11 家；集聚发展成效明显，省级服务业集聚区、集聚示范区分别达 187 家和 60 家，营业收入超过 100 亿元的集聚区 20 家；改革开放稳步推进，铜陵市铜官区国家服务业综合改革试点评估结果位居全国前列，安徽合力等 3 家企业进入首批国家先进制造业与现代服务业深度融合发展试点名单，容知日新等 12 家企业获批国家级服务型制造示范单位，马鞍山港口物流等 10 家国家服务业标准化试点企业通过验收，中国（安徽）自由贸易试验区获批建设，合肥入选国家全面深化服务贸易创新发展试点，合肥、芜湖、安庆国家级跨境电子商务综合试验区加快建设，蚌埠中恒商贸城获批国家市场采购贸易方式试点。截至 2020 年年底，安徽基本建成功能完备、结构优化、布局合理、竞争力强的现代服务业产业体系，现代物流、交通运输、金融、旅游等重点服务业产业呈现速度加快、比重提升、贡献增强的态势，服务业成长为支撑经济增长的主力军，经济结构实现了由"二三一"到"三二一"的标志性转变。

（5）民营经济发展呈现新气象

民营经济是指除了国有和国有控股企业、外商和港澳台商独资及其控股企业以外的多种所有制经济的统称，包括国有民营经济、个体经济、私营经济、混合所有民营经济、民营科技企业、农民专业合作社等类型。改革开放以来，安徽民营经济从小到大、由弱变强，逐步成为安徽自主创新的重要动力、新增就业的主要渠道和财政收入的主要来源，在推动经济发展、社会进步、人民幸福、科技创新等方面发挥着日益重要的作用，撑起了安徽高质量发展的"半壁江山"。

民营企业登上经济舞台。1978年12月党的十一届三中全会召开，我国开始实行改革开放政策，发展社会主义商品经济，民营经济迎来重大发展机遇，全省个体工商户快速增加。1980年上半年，全省城镇恢复和发展个体工商户2.36万户，加上原有的共达2.77万户，分布于商业（小商品贩卖）、饮食、服务、手工等多种行业。1980年8月，安徽省政府颁布《安徽省个体经济工商税试行办法》。该办法明确了个体工商户的税收问题，缩小了征税面，减轻了税负，使民营经济的税收负担趋向合理。同年9月，安徽省工商局、省商业厅、省供销社联合发出《关于活跃经济生活，恢复和发展个体工商业的通知》；中国人民银行铜陵市支行开办个体工商户贷款业务。11月，安徽省工商局发出通知，修理、工艺、手工业、饮食业、商业、运输业、建筑业均列入个体工商业登记范围。全省个体工商户快速增加。到年底，全省经登记的个体工商户已发展到49907户。1981年7月，省政府发出通知，要求各地落实城镇个体工商户的原材料、燃料和商品供应。截至1981年年底，个体工商户发展到9万户，比上年增长一倍多。1982年3月，安徽省工商局发出《关于发展城镇个体经济的意见》，要求各地、市工商局对个体工商户的经营范围、经营方式逐步放宽限制，允许有经营能力的城镇居民、乡村村民，以及国家允许的其他人员（如停薪留职人员），从事工业、手工业、建筑业、交通运输业、商业、饮食业、服务业、修理业以及其他行业。安徽民营经济发展赢得了宽松的外部环境。1982年12月，安徽省委发出《关于进一步稳定完善联产承包责任制的意见》，积极鼓励、适当发展劳动者个体经济。1985年7月，安徽省工商局召开全省地、市工商局局长会议，提出放宽对个体经营对象、经营范围、经营方式的限制，在一定范围内合理减免收费，简化个体工商业登记审批发照手续，把审批发照权下放到工商所，要求从个体劳动者提出开业申请到审批核准发照不得超过 15 天期限。到 1985 年年底，全省个体工商户达到 51.8 万户，从业人数 82.5 万人；自有资金 65747 万元，营业额 393767 万元，比上年增长 1 倍以上；向国家缴纳税款 14055 万元，认购国库券 432 万元，为社会各种福利事业捐赠 56.5 万元。随着经济体制改革不断深入，多种经济成分、多种经营方式、多条流通渠道在市场中竞争加剧。为保护个体户合法权益，1985 年 11 月安徽省人民政府发出《关于保护城乡个体工商业者合法权益的布告》，提出城乡个体工商业者的合法财产和收入，受国家法律保护，任何单位和个人不得侵占。这是安徽保护民营经济合法权益的第一个地方性法令。到 1988 年年底，全省经登记的个体工商户发展到 68.62 万户，从业人员 114 万人。民营经济在市场竞争中，经营规模逐渐扩大，出现了一批雇工的民营企业。

民营经济获得长足发展。20 世纪 90 年代，被誉为中国第一商贩的年广九，是芜湖"傻子瓜子"的创始人，他靠炒瓜子发家致富，曾雇工 100 多人，引起很大争议。1992 年 1 月，邓小平在"南方谈话"中指出："农村改革初期，安徽出了个'傻子瓜子'问题。当时许多人不舒服，说他赚了一百万，主张动他。我说不能动，一动人们就会说政策变了，得不偿失。""傻子瓜子"成为中国民营经济发展的风向标。由于方针明确，政策放宽，民营经济发展出现了好势头。1992 年 9 月，安徽省从经营对象、经营范围和经营方式、注册资金限制、登记审批程序等四个方面放宽个体私营经济政策，个体私营经济迅速发展。截至 1992 年年底，全省个体户为 69.17 万户，从业人员 118.33 万人，自有资金 19 亿元，分别比 1991 年同期增长 30.3%、39% 和 48.4%。已登记发照的私营企业为 2222 户，自有资金 3 亿元，分别比 1991 年增长 80.2% 和 126.7%。

1993 年 3 月，安徽省第一家私营工业区——芜湖私营工业区开工建设，占地 6.76 平方公里。同月，安徽省人民政府发出《关于加快我省个体、私营经济发展的通知》提出，发展个体、私营经济的方针必须坚持长期不变；进一步放宽政策，为个体、私营经济的发展创造良好的外部环境；加强领导和管理，促进个体、私营经济健康发展。4 月，省委五届九次全体（扩大）会议召开，提出要大胆放手发展，充分发挥个体、私营经济在经济增长中的活力。1994 年 8 月，安徽省个体私营经济发展领导小组成立，领导小组由工商、税务、公安、银行、劳动、物价、城建、交通、卫生、土地、技术监督和工商联等部门负责人组成，省政府分管领导任组长，办公室设在省工商联，推动了安徽个体私营经济跳跃式发展。到 1996 年，安徽个体工商户发展到 109.46 万户，比 1991 年增加 56.38 万户；私营企业发展到 16374 户，比 1991 年增加 15141 户。

民营经济的快速发展，引发了一场关于姓"公"姓"私"的激烈争论。1997 年 9 月，党的十五大提出："公有制为主体、多种所有制经济共同发展，是我国社会主义初级阶段的一项基本经济制度"，"非公有制经济是我国社会主义市场经济的重要组成部分"。同年 12 月，安徽省委、省政府召开发展个体私营经济大会，进一步明确全省个体私营经济发展的方针、目标和任务，研究制定相关政策，营造公平发展环境，推动全省个体私营经济快速健康发展。会议表彰了 100 个先进个体工商户、100 个先进私营企业。这是改革开放以来安徽省首次召开的高规格、大规模的全省性个体私营经济会议。1998 年 3 月 13 日，安徽省委、省政府作出《关于进一步加快发展个体私营经济的决定》，要求各级党委和政府要解放思想，转变观念，充分认识加快发展个体私营经济的重要意义，理直气壮地大力支持，放手发展，积极探索，重点培育一批在全省乃至全国有影响力的大型企业或企业集团，带动个体私营经济总体"三上一创"，即发展上规模、增长上质量、管理上水平，创造更好的经济效益和社会效益。2000年7月，安徽省人大常委会通过《安徽省个体工商户和私营企业权益保护条例》，首次以立法的形式对个体私营经济颁布省级法规条例，对个体工商户和私营企业依法从事生产经营活动予以支持和保护，个体工商户和私营企业在经济活动中获得与国企同等待遇。同年10月，安徽省委、省政府出台《关于进一步加快发展个体私营经济的若干意见》，支持个体私营经济参与国有、集体企业改革，促进个体私营经济扩大规模。2003年7月，召开全省加快发展民营经济工作会议，全省上下形成了放手发展民营经济的良好氛围。8月，安徽省委、省政府作出《关于加快民营经济发展的决定》，提出把发展民营经济作为富民强省的关键来抓，经过五年左右的努力，在全省形成一批大型民营企业（集团）和一批对民间资本具有较强吸引力的重点工业园区，使民营经济在全省支柱产业、高新技术产业和现代服务业中的比重显著上升，在县区经济中占主体地位，成为加快发展、富民强省和全面建设小康社会进程的重要力量。省财政厅设立了中小企业专项发展资金，省财政又拨款2000万元资金，由省工商联牵头组建安徽商联担保投资股份有限公司，扶持民营企业发展。2004年12月，安徽省人民政府印发《关于促进中小企业加快发展的若干意见》，提出要以民营经济为主，形成多元化市场主体共同发展的格局。截至2004年年底，全省个体工商户达106.34万户，私营企业达8.9万户。在部分地区，民营经济已逐渐从分散经营走向相对集中经营，连片开发，呈现出集群化发展趋势。

全民创业推进民营经济。为推动民营经济发展，2005年，安徽历史性地将民营经济纳入省"十一五"重点发展规划，制定了《安徽省"十一五"个体私营等非公有制经济发展规划纲要》，并全面开展"全民创业"行动，全省兴起新一轮创业高潮。2007年6月，省政府颁布《关于进一步加快个体私营等非公有制经济发展推进全民创业的意见》，明确个体私营等非公有制经济发展的目标：坚定不移地鼓励、支持和引导个体私营等非公有制经济发展，进一步完善政策，加强服务，改进监管，大力推进全民创业，不断提升全省非公有制经济发展水平，力争到2010年，全省非公有制经济增加值占全省生产总值的比重超过60%，全省个体工商户达到150万户，非公有制企业户数达到26万户，其中主营业务收入1亿元以上的1000户、10亿元以上的100户、50亿元以上的10户。发展重点是：鼓励和引导非公有制中小企业进入以大企业为核心的分工协作网络和向"专、精、特、新"方向发展；鼓励和引导一批非公有制企业，通过自身发展和资本运作做大做强；鼓励和引导产业集群发展，培育一批在国内外市场具有核心竞争优势的产业集群；鼓励和引导现代制造型、科技创新型、农产品加工型、劳动密集型等非公有制企业的发展。安徽"全民创业"行动取得了令人瞩目的成就：自主创业意识深入民心，创业者队伍日益壮大；一批事关全民创业的重要法律法规和政策规章相继出台，创业政策环境日臻完善；以政府为主导的全民创业服务体系初步形成，创业基地（园区）广泛建立；民营经济得到快速发展，对国民经济贡献越来越大。到2011年，全省已建成各类创业基地215个，入驻企业

1 万余个，建设中小企业服务中心、创业辅导中心等各类服务机构
1800 多个。全省非公有制经济增加值 8600 亿元，占全省国内生产
总值的 57%，对经济增长的贡献率达 60%；非公有制企业上缴税
收 1397 亿元，占全省税收比重的 65.2%。在全省高新技术企业中，
非公有制企业占比超过 85%。一批科技企业快速成长，研发创新
能力明显提升，科大讯飞、工大高科、美亚光电、阳光电源等企业
在国内外都有较高知名度。非公有制经济提供城镇 75% 以上的就
业岗位，全省有 70 多万农民工回乡创业，吸纳 200 多万农村富余
劳动力就业。

　　民营经济获得高质量发展。党的十八大以来，安徽相继推出
一大批扩大民营企业市场准入、促进平等发展的改革举措，制定
一大批相关政策措施。2013 年 2 月，安徽省委、省政府印发《关
于大力发展民营经济的意见》，提出了激发主体活力、拓展发展空
间、加大财税支持、改善金融服务、加强用地保障、强化人才支
撑、优化发展环境、加强督查考核等八个方面共 20 项推动民营经
济发展的具体措施。2014 年，安徽省在民营经济领域的改革进一
步深入，重点废除各种不合理规定，消除各种隐形壁垒，制定民营
企业进入特许经营领域的具体办法。同时，大力支持民营企业以独
资、合作、联营、参股、特许经营等方式，参与经营性基础设施和
公益事业项目建设；鼓励有条件的民营企业建立现代企业制度，支
持它们上市融资等。2015 年 9 月，安徽将民营经济提升工程列为
《加快调结构转方式促升级行动计划》的十大重点工程之一，提出
按照"非禁即准"的原则，全面放开投资领域，鼓励推动民营资本
投资金融、教育、医疗、文化、保障性住房建设和铁路、电力等领
域，切实做到平等准入、放手发展。鼓励民营资本通过出资入股、

收购股权、认购可转债、股权置换等多种方式，参与国有企业改制重组或国有控股上市公司增资扩股以及企业经营管理。实行同股同权，切实维护各类股东合法权益。搭建信息平台，做好示范推进，扎实有序开展政府和社会资本合作（PPP）。省发展民营经济领导小组发布2015安徽省民营企业营收百强、纳税百强、进出口百强。其中，营业收入百强入围门槛由2014年的14.68亿元提升至15.25亿元。2016年和2017年，安徽先后出台"降成本20条""降成本新10条"，着力降低用电、用气等垄断性行业价格和收费。深化商事制度改革，在实行"三证合一、一照一码"的基础上，再整合社会保险登记证和统计登记证，实施"五证合一、一照一码"登记制度改革，按照"标准统一规范、信息共享互认、流程简化优化、服务便捷高效"的原则，实现"一次申请、一窗受理、一站办结"，百姓和企业办事更加便利。随着制度创新的深入推进，安徽民营经济发展环境不断趋好，民营企业发展面临的"玻璃门""弹簧门"不断被打破，全省民营经济发展进入新的历史阶段，呈现出市场主体快速成长壮大、总量迅速扩张、转型升级加速的良好态势。2018年11月，习近平总书记主持召开民营企业座谈会，强调"民营企业和民营企业家是我们自己人"。同月，安徽省委、省政府深入学习贯彻落实习近平总书记重要讲话精神，出台《关于大力促进民营经济发展的若干意见》，就提升核心竞争力、减轻税费负担、缓解融资难融资贵、营造公平竞争环境、完善政策执行方式、构建亲清新型政商关系、保护企业家人身和财产安全、强化组织保障等八个方面提出30条具体意见。2020年11月，安徽省委、省政府出台《关于营造更好发展环境支持民营企业改革发展的实施意见》，就优化公平竞争的市场环境、完善精准有效的政策环境、健全平等保护的法治环境、构建亲清政商关系提出七个方面 29 条举措，促进民营企业规范健康发展。安徽一系列促进民营经济发展政策措施的实施，有力地推动了全省民营经济持续健康高质量发展，民营经济 "66789" 的特征进一步彰显，即民营经济为全省贡献了 60.6% 的国内生产总值、68% 的税收、70% 以上的创新成果、80% 以上的城镇新增就业、90% 以上的企业数量。2020 年，面对新冠肺炎疫情带来的严峻考验和复杂多变的国内外环境，全省民营经济实现增加值 2.34 万亿元，增长 3.6%，占全省生产总值比重为 60.6%，对全省经济增长的贡献率达 57.5%；全年新登记注册民营企业 33.3 万户，民营企业达 156 万户；规模以上民营工业企业 1.7 万户，占全省规模以上工业企业的 92%，全省 126 家上市公司，有 70 家是民营企业；民营经济产业结构持续优化，三次产业结构比例为 3.8∶44.5∶51.7；全省万人拥有民营企业数量达 275 户。2021 年，安徽省委、省政府出台《关于进一步激发民营企业创业热情成就企业家创意创新创造推进民营经济高质量发展的若干意见》，从尊重和成全企业立场出发，瞄准企业发展痛点、阻点，围绕搭平台、优环境、强服务等方面提出了 25 条举措，拿出更多让民营企业家 "可感受" 的政策干货，全省民营经济发展迎来了更大的发展空间。

## 2. 下好科技创新 "先手棋"

科技创新是安徽最为宝贵、最具优势的 "遗传基因"。新中国成立以来，安徽科技创新进入快速发展时期，逐步形成相对完备的科技创新体系。从 1956 年起，安徽一批经济社会发展急需的专业科研机构陆续建立，科技队伍逐步发展壮大，群众性科技创新活动高潮迭起。1970 年，中国科学技术大学迁入安徽，在实现自身快速发展的同时，也为合肥乃至安徽的经济社会发展作出重要贡献。尽管曾经受到"左"的路线影响和多次政治运动冲击，科技事业遭遇挫折，但科技创新对经济社会发展的贡献率日益提高。特别是全国第一座钢筋混凝土连拱坝佛子岭水库大坝、淠史杭综合利用工程、马钢车轮轮箍体现了很高的科技含量，代表了当时安徽最高的科技成就。

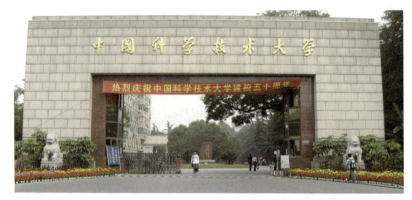

中国科学技术大学

党的十一届三中全会以来，安徽科技体系得到全面恢复，科技工作迎来了快速发展时期。"文化大革命"中被撤销或遭到破坏的科技管理、科技研究机构和科技群众团体相继恢复发展。经国务院批准组建了中国科学院合肥分院。电子工业部第八所、十六所、三十八所、四十三所，相继迁建合肥市。这些科研机构与先期迁入合肥的中国科学技术大学等院校，使安徽的基础学科和应用科学的研究能力与学术水平大大提高。安徽的优秀科技成果频频获得国家自然科学奖、国家发明奖、科技成果奖和国家科学技术进步奖。中国第一台窗式空调、第一台微型电子计算机、第一台VCD等均诞生在安徽。仅据1980年至1985年统计，就有865

项科研成果具有国内、国际先进水平。持续涌现的自主创新成果使得安徽家电、汽车等产业的规模和影响力不断扩大。1992 年 6月，安徽召开全省科技工作会议，出台《关于依靠科技进步，推动经济发展的若干问题的决定》，随后又于 1994 年、1995 年连续两次召开全省科学技术大会，作出了《关于促进科技经济一体化的决定》，制定《关于贯彻〈中共中央、国务院关于加速科学技术进步的决定〉的实施意见》。1996 年正式提出并实施"科教兴皖"战略，科技工作的重要性和地位得到进一步提升。2006 年，印发《安徽省科技发展"十一五"规划纲要及 2020 年远景展望》，出台《关于实施科技规划纲要增强自主创新能力的意见》。2008 年，全面启动合芜蚌自主创新综合试验区建设。多年来，安徽不断深化科技体制改革，科技综合实力显著增强，科技进步对经济社会发展的支撑和引领作用日益显现。

党的十八大以来，安徽科技创新进入新时代。习近平总书记两次到安徽考察，对创新发展提出明确要求，强调安徽要实现弯道超车、跨越发展，在"十四五"时期全国省区市排位中继续往前赶，关键靠创新，勉励安徽要坚定不移下好科技创新"先手棋"。安徽全面贯彻落实习近平总书记关于科技创新的重要论述和在安徽考察时的重要讲话指示精神，充分发挥科技大省和合肥作为全国四大科教基地之一的比较优势，坚定不移地下好科技创新"先手棋"，奋力打造具有重要影响力的科技创新策源地，为全面建成小康社会提供重要科技支撑。2013 年，科技部在全国启动开展创新型省份建设试点工作，原则同意《安徽省创新型省份建设方案》，安徽继江苏之后获批成为全国第二个开展试点工作的省份。2014 年年初，安徽省委、省政府出台加快创新型省份建设的意见和"1+6"配套政策，即《关于实施创新驱动发展战略进一步加快创新型省份建设的意见》和6个配套文件，建立了"企业愿意干、政府再支持，市县愿意干、省里再支持"的自主创新工作推进机制，全面启动创新型省份建设试点工作。2016年6月，国务院正式批复《安徽省系统推进全面创新改革试验方案》。至此，安徽成为全国整省推进全面创新改革的三个省份之一，被赋予为全国科技创新探路的重大使命。该方案提出了分阶段的改革发展目标：到2018年，形成一批可复制可推广的改革试验成果；到2020年，基本建成综合性国家科学中心和产业创新中心；到2025年，建成有重要影响力的综合性国家科学中心和产业创新中心；到2030年，建成科技强省，在全国发挥示范带动作用。围绕创新型省份建设的阶段性目标，秉持"大创新大发展、小创新小发展、不创新难发展"的理念，安徽系统推进全面创新改革，着力打造"基础研究源头创新—共性技术研发平台—重大科技攻关—产业转移转化平台—科技成果产业化—重大新兴产业专项/工程/基地"这一完整的科技成果转化和创新型产业体系；同时，深化科技体制改革，着力构建促使创新创业活力竞相迸发的八大新机制，即激发企业创新活力、创新人才集聚、高校院所源头创新、金融服务自主创新、高层次开放合作、推进大众创业万众创新、军民深度融合、科技管理等新机制。通过建立这八大新机制，重点解决各类创新主体活力不强、创新管理跟不上时代发展节奏、创新政策不能落地、创新发展环境不优等问题，实现习近平总书记指出的"在推动发展的内生动力和活力上来一个根本性转变"。经过连续六年的艰苦努力，安徽创新型省份建设取得重大进展，在多个领域锻造了领跑全国的"主引擎"。2020年区域创新能力跃居全国第八位；2021年连续十年保持全国前十位，稳居全国第一方阵。

建立健全科技创新制度体系。自 2016 年 6 月国务院批复同意安徽的全创改试验方案以来，安徽坚持以改革为创新开路，以制度创新为主线，对技术创新、成果转化、产业发展进行一体化制度创新设计，着力破除制约创新发展的体制机制障碍，构建与创新驱动发展要求相适应的新机制、新模式；先后出台实施合芜蚌国家自主创新示范区先行先试政策、创新型省份政策以及与大院大所合作、加强基础研究、引导全社会加大研发投入等系列政策，加快建设技术和产业、平台和企业、资本和金融、制度和政策四大创新发展支撑体系，构建起具有安徽特色的科技创新制度体系。为了进一步厘清政府和市场的关系，强化科技培育、转化、集聚、创新、结合的功能，安徽重点推进科技成果使用处置收益管理改革，实施企业股权和分红激励以及递延纳税政策，落实以增加知识价值为导向的分配政策，改革完善省级财政科研项目和资金管理，鼓励高校院所科研人员兼职或离岗创业，集聚和激活创新资源要素，加速创新驱动优势向经济发展优势转变。安徽的科技创新制度体系走在全国前列。安徽上报的建立基于大数据分析的"银行＋征信＋担保"的中小企业信用贷款新模式、地方深度参与国家基础研究和应用基础研究的投入机制两项改革举措入选第三批全国推广改革经验，全国推广的全面创新改革试验"安徽经验"累计达到 13 项。制度创新集聚和激活了科技生产力。安徽高新技术产业逐步发展壮大，科技推动经济高质量发展能力不断提升。2021 年，全省高新技术企业总数突破 1.1 万户，达 11368 家，增长 32.8%，实现产值 17384.8 亿元，营业收入 19511.5 亿元。其中，营业总收入亿元以上的高新技术企业达 2381 家。

强化重大科技创新平台建设。在创新型省份建设的推动下，国家实验室、合肥综合性国家科学中心、合肥滨湖科学城、合芜蚌国家自主创新示范区、全面创新改革试验省"五个一"创新主平台建设初见成效，以全超导托卡马克、合肥光源、稳态强磁场、聚变堆主机关键系统综合研究设施、未来网络合肥分中心等为主体的"3+4+N"大科学装置集群初步形成，全超导托卡马克刷新等离子体运行世界纪录。截至 2020 年年底，全省已建成各类国家级研发平台 210 家，安徽省实验室、安徽省技术创新中心 28 家，院士工作站 62 家，安徽已成为国家战略科

国家级骨干软件企业——科大讯飞

技力量布局的重要省份。

推动原始创新成果持续涌现。随着创新平台建设的不断强化，创新活力竞相绽放，原始创新成果持续涌现，企业创新活跃度增强。"九章"量子计算机、"嫦娥钢"、"质子刀"、"量子显微镜"、"墨子号"实验卫星、全球最薄 0.12 毫米触控玻璃、全球首条量子保密通信网络"京沪干线"等一批"安徽原创""安徽首创"重大创新成果相继问世。特别是在量子科技领域，多个研究团队在量子通信、量子计算、量子精密测量等多个方向，实现了重大科技成果"多点开花"，"九章"量子使我国成为全球第二个实现"量子优越性"的国家，单自旋量子精密测量谱仪等量子测控产品打

破国外垄断。基于合肥先进计算中心的量子计算"双创"平台于2020 年 12 月 25 日成功上线，国内首个量子钻石原子力显微镜实现产业化落地。2020 年，全年登记科技成果 20168 项，授权专利 11.97 万件，比上年增长 45%，企业创新活跃度居全国第四位，创新意愿居全国第一位。2021 年，合肥综合性国家科学中心加快建设，聚变堆主机关键系统综合研究设施园区工程竣工，光量子计算原型机"九章二号"、超导量子计算原型机"祖冲之二号"等一批重大创新成果持续涌现，"人造太阳"全超导托卡马克核聚变实验装置（EAST）实现 1056 秒长脉冲高参数等离子体运行，创造了新的世界纪录，12 项科技成果获国家科学技术奖，"国之重器"再添安徽担当。

加快科技成果转化应用。安徽深入贯彻习近平总书记关于科技创新的重要论述和考察安徽重要讲话指示精神，深入实施科技创新"栽树工程"，坚持战略上坚定贯彻、策略上精准执行，坚持有为政府和有效市场相结合，积极推动有利于促进经济发展、有利于激发创新主体积极性的科技体制改革，打造科技成果转化应用体系，促进新型研发机构高质量发展，为国家突破关键核心技术作贡献，为安徽高质量跨越式发展增动能。深化科技成果转化体系建设，整合知识产权和技术交易平台、科技服务中介，成立安徽科技大市场运营公司，推动科技成果、企业需求、专家团队、技术经纪人等资源互通共享，加强知识产权保护，设立科技成果转化基地，打造科技成果"一站式"转化服务体系。2020 年全省吸纳和输出技术合同交易总额达 1873.7 亿元，其中吸纳技术合同成交额 1131.2 亿元，较上年增长 85.4%，首次突破千亿元；输出技术合同成交额 742.4 亿元，较上年增长 64%。"进大于出"成为成果转移转化新常态。2017 年以来，已连续四年实现吸纳技术合同成交额大于输出技术合同成交额，2020 年"进大于出"达到 388.8 亿元，比 2019 年扩大近 1.5 倍。企业技术创新主体地位突出。2020 年，全省企业吸纳技术合同成交额达 913.2 亿元，企业输出技术合同成交额达 685.6 亿元，分别占全部吸纳和输出技术合同的 80.7% 和 92.3%。2019 年，新建运营的安徽创新馆，既是全国首家以创新为主题的大型场馆，也是集"政产学研用金"功能于一体的安徽科技大市场。安徽创新馆运营启动以来，举办安徽省"抓创新、抗疫情、促六稳"交易会等科技成果转化活动 64 场，发布科技创新成果 510 项，协助入馆企业收集专利 30.5 万件，技术合同登记金额近 50 亿元。2021 年 4 月 26 日至 27 日，首届中国（安徽）科技创新成果转化交易会在安徽创新馆举行，发布科技成果 1043 项，集

安徽创新馆

中展示 487 件科技创新成果，云签约 60 个项目，金额达 282 亿元。

加强科技人才队伍建设。为了加快建设创新型省份，早在 2014 年，安徽省就出台政策，通过"人才团队＋科技成果＋政府参股＋股权激励"模式，招引省内外高层次科技人才团队携带先进科技成果在皖领办、创办企业。截至 2020 年年底，共立项扶持 274 个科技团队在皖创新创业，省级财政投入 12.63 亿元，引导市县和社会资金投入超过 80 亿元，带动团队企业投入研发资金超过 41 亿元，在汇聚科技人才、突破关键技术、转化科技成果、培育科技企业、带动产业发展方面取得显著成效，已成为安徽开展"双招双引"、打造"三地一区"的金字招牌。截至 2021 年 11 月，省扶持的团队企业共引来博士 1316 人、硕士 1514 人，高级职称 638 人、中级职称 978 人。在人才团队政策引领带动下，全省共吸引 800 多个科技团队在皖创办公司、转化先进技术成果，形成各类人才向皖汇聚、创业江淮的"磁场效应"。同时，安徽在全国率先采用"人才＋成果＋金融＋基地"模式，面向全球招引高层次科技人才团队。2016 年以来的五年间，安徽省 8 位科学家新当选"两院"院士，在皖"两院"院士共达 38 人；累计引进高层次外国专家 2.4 万余人次，获批国家级引才引智示范基地 8 家，入选地方高校新建学科创新引智基地 2 家，实现地方高校入选国家"111 基地"零的突破。安徽不断完善人才评价激励机制，制定更加灵活的人才措施，建立健全人才服务体系，真正以事业引才、以感情聚才、以待遇和环境留才，让安徽成为各类人才创新创业的热土。

推动区域协同创新迈向高水平。安徽尊重区域科技创新集聚规律，因地制宜探索差异化创新发展路径，加快构建多元发展、多极支撑的区域创新体系。截至 2021 年，全省已建成国家创新型

（试点）城市 3 个（合肥、芜湖、马鞍山），国家级高新区 6 家，国家农业科技园区 16 家。安徽把促进区域创新协调发展作为建设创新型省份的重要支撑，以建设合芜蚌国家自主创新示范区为龙头，重点推进建设合肥综合性国家科学中心，创建量子信息国家实验室"一号工程"，打造全省科技体制改革和创新政策先行区、科技成果转化示范区、产业创新升级引领区、大众创新创业生态区。以创建创新型城市为抓手，支持滁州、蚌埠、铜陵开展国家创新型城市建设。以加强皖北地区科技创新补短板为重点，建立厅市会商机制，共同确定一至两个特色产业，在创新资源配置上给予倾斜，加快提升科技创新能力，培育全省发展新的增长极。经过多年探索实践，全省形成了以合芜蚌国家自主创新示范区为引领，以创新型城市为主体，以创新型园区为载体，皖江、皖北、皖南、大别山区竞相发展、各具特色的区域创新发展格局，区域协同创新业已成为推动区域经济发展的核心驱动力与主导力量。

### 3. 推动基础设施持续改善

新中国成立之初，安徽基础设施异常薄弱，境内江河湖泊的防护设施几乎陷入瘫痪，铁路仅有淮南线和芜宁线，公路通车里程只有 2088 公里，人背畜驮是主要的运输方式，港口建设几近空白，民用航空仅一条航线。七十多年来尤其是改革开放以来，随着综合实力不断增强，基础设施投资力度不断加大，先后建成了一大批打基础、管长远、事关经济社会发展全局的重大基础工程，为全面建成小康社会提供了重要的发展和安全保障。

（1）盛世治水

安徽地处华东腹地，长江、淮河横跨省境，沿江和沿淮支流、湖泊众多，在气候上又是中纬度过渡带、南北方过渡带、海陆过渡带的叠加地区，降雨南多北少，时空分布不均，70% 的降雨集中在汛期，年际丰枯悬殊，易涝易旱。特殊的地理位置、复杂的气候条件，决定了江淮大地水旱灾害频发，水利基础设施建设事关经济社会发展和全面建成小康社会全局。

新中国成立以来，安徽省委、省政府牢固树立以人为本的理念，出台政策，加大投入，确保水利适度超前发展，团结带领江淮儿女矢志不渝、顽强拼搏，持续开展大江大河治理，累计完成水利建设投资超过 2000 亿元，水利基础设施发生了翻天覆地的变化，基本形成防洪、除涝、灌溉工程体系，发挥了防洪、灌溉、供水、发电、航运、渔业、生态等综合效益。特别是党的十八大以来，安徽加快重大节水供水工程建设，长江干支流治理、进一步治淮、水库除险加固、中小河流治理、水利薄弱环节建设有力有序实施。淮水北调工程全面建成，谱写了一曲盛世治水的精彩华章。

安徽是新中国治淮工程的核心区域。淮河全长 1000 多公里，淮河干流在安徽境内 430 公里。1950 年，中央人民政府政务院作出《关于治理淮河的决定》，掀起新中国第一次治淮高潮。安徽人民在毛泽东"一定要把淮河修好"的伟大号召鼓舞下，投身到全面治淮的热潮中。佛子岭、梅山、响洪甸、龙河口、磨子潭五大水库相继建成，淮北大堤和主要支流堤防修筑加固，城西湖等 4 处蓄洪工程全面兴建，18 处行洪区得以开辟，"蓄泄兼筹"的淮河中游防洪工程体系初步形成。1991 年，国务院确定兴建 19 项治淮骨干工程，涉及安徽的有 14 项。其中临淮岗洪水控制工程 2007 年 6 月 20 日通过竣工验收并投入运行，将淮河干流防洪标准提高到百年一遇，堪称淮河上的"三峡工程"和"小浪底工程"。至 2009 年年底，14 项治淮骨干工程全部完成，基本形成了由堤防、行蓄洪区、水库、分洪河道、枢纽控制工程和防汛调度指挥系统等组成的淮河中游防洪保安体系，为淮河生态经济带建设构筑了水安全屏障。2011 年以来，国家启动实施进一步治淮工程，涉及安徽的主要有五大类 17 项工程，已开工建设 10 项。2020 年 8 月，习近平总书记考察安徽，来到"千里淮河第一闸"王家坝闸，充分肯定了淮河治理七十年取得的显著成效，指示要把治理淮河的经验总结好，认真谋划"十四五"时期淮河治理方案。

安徽是长江防洪工程建设的重要区域。长江全长 6397 公里，长江下游横贯安徽 416 公里。八百里皖江安澜，关系安徽 1200 多万人民群众生命财产安全。1998 年长江特大洪水之后，党中央、国务院作出了灾后重建、整治江河、兴修水利的重大决定。安徽同马、安广、枞阳、无为、和县、池州、马鞍山、铜陵、芜湖九大江堤全面完成达标建设，可安全防御 1954 年同等强度洪水。2006 年以来，长江主要支流治理力度逐步加大，滁河、水阳江、青弋江、裕溪河等重要支流相继得到有效治理，为美丽长江（安徽）经济带建设奠定了防洪保安基础。

农村水利基础设施逐步完善。水利是农业的命脉。安徽建立政府主导、农民参与的农田水利建设新机制，各类中小型水利工程遍地开花。经过多年努力，安徽已初步形成较完备的农田灌排工程体系，共建成万亩以上灌区 498 处，有效灌溉面积 6756 万亩，占全省耕地面积的 77%，节水灌溉面积 1864 万亩，占全省有效灌溉面积的 21.7%。新中国成立后兴建的全国最大灌区——淠史杭灌区：七级固定渠道总长 2.5 万公里，惠及安徽、河南两省 4 市 17 个县区，有效灌溉面积 1000 多万亩。安徽境内灌溉面积约占全省有效灌溉面积的四分之一，区域内年生产粮食占全国1%，兼有发电、航运、养殖、绿化及向城市供水等综合效益，实现了水资源的科学利用。与此同时，安徽坚持因地制宜、精准施策，持续实施中小河流治理、小型水库除险加固、重点中型灌区节水改造，努力提升贫困地区的水利发展能力，因水致贫的突出问题得到有效解决，贫困群众昂首迈步走在致富奔小康的道路上。为了顺应人民群众对美好生活的向往，安徽相继实施农村饮水解困工程、饮水安全工程、巩固提升工程，被誉为德政工程和民心工程。截至2018年年底，全省累计完成工程投资234.13亿元，解决了3838.5万农村居民和194.8万农村学校师生饮水安全。全省建有农村集中式供水工程8898处，其中千吨万人以上工程1456处，农村集中供水率达到89%，农村自来水普及率达到87.6%。一处处清水流入千家万户，提高了农民群众生活质量和健康水平。

启动建设引江济淮工程。2016年12月，全国重点工程、安徽省基础设施建设一号工程——引江济淮工程开工建设。该工程具有保障城市供水，发展江淮航运，实施农业灌溉补水，改善巢湖和淮河水生态环境，改善沿江、沿淮农田排涝五大功能。截至2020年3月底，引江济淮工程安徽段共开工67个子项目（其中已完工2个），占总体81个子项目的82.7%，8处枢纽开工6处，河渠开工90%以上，累计完成投资464.7亿元，占总投资的53.1%。2020年6月底编制完成引江济淮二期工程可行性研究报告。2023年工程竣工后，一条福泽后世、生机勃勃的新运河将铺展在江淮大地上。

（2）交通先行

安徽地处内陆省份，淮河、长江、新安江三大水系穿越，平原、丘陵、山区多种地形分布，让安徽交通基础设施建设面临不一般的"难度系数"。新中国成立以来，安徽交通基础设施建设从一穷二白起步，陆水空邮多路并进，勇当"开路先锋"，取得突破性进展和开创性成就。特别是党的十八大以来，安徽完善网络布局，提升技术水平，加快建设互联互通的综合交通运输体系。如今，以干线铁路、高速公路、长江黄金水道和机场为骨架的综合交通体系基本形成。大江大河天堑已成通途，全省公路航道里程、高铁运营里程、路网密度均居全国前列；从绿皮火车到"复兴号"，合肥成为高铁时代的重要枢纽。交通基础设施建设为安徽经济社会的高质量发展和全面建成小康社会构筑了更加坚实的"跑道"。

交通主线畅通无阻。改革开放以来，安徽顺应经济社会发展特别是经济要素市场化流动的规律，加快构筑铁路、高速公路、干线公路、内河水运及民用航空网络，持续健全完善面向全国的现代化综合交通运输体系。

1986 年，安徽省第一条高速公路合肥至南京高速公路开工建设，大大缩短了安徽与长三角区域江苏南京、上海等中心城市的时空距离。1995 年建成长江安徽段第一座跨江公路大桥铜陵长江大桥。2000 年，被称为"世纪之桥"的芜湖长江公铁两用大桥竣工通车，打通了华东铁路第二通道。2019 年 8 月 31 日，池州长江公路大桥建成通车，八百里皖江十桥飞架，实现了长江安徽境内"天堑变通途"。2008 年，全省第一条快速客运铁路合肥至南京高速铁路建成运营，拉开了安徽乃至长三角区域进入"高铁时代"的序幕。

党的十八大以来，安徽大力推进铁路网融通、高等级公路网联通、内河水运网贯通、民用航空网互通、县乡公路网畅通，围绕构筑内畅外联的综合交通体系"主骨架"，加快重大交通基础设施建设步伐，一大批重点项目相继建成运营，综合交通互联互通水平

1949—2020 年安徽铁路发展情况

1949—2020 年安徽公路发展情况

不断跃升。

　　宁安城际铁路、杭黄高铁建成，淮北市开行高铁，实现全省市市通高铁；徐州至明光、泗洪至许昌等"断头"高速公路贯通，北沿江高速公路顺畅对接长三角主要中心城市；合肥新桥国际机场在长三角区域世界级机场群中发挥着日益重要的枢纽功能。全省机场通航城市达到 63 个，运营航线达到 148 条。合肥地铁 1 号线、2 号线、3 号线、4 号线已开通，实现安徽城市轨道交通发展零的突破。截至 2020 年年底，全省公路总里程达 23.65 万公里，位居全国第七位、长三角第一位，其中，高速公路里程达 4904 公里，纵横交错、联线成网，一级公路里程 5773 公里，二级以上公路里程 23865 公里。铁路运营总里程达 5159 公里，其中高速铁路 2329 公里，高铁里程跃居全国第一。全省运营合肥、黄山、阜阳、池州 4 个民用运输机场，安庆 1 个军民合用机场，宁国青龙湾、芜湖三元 2 个通用机场，初步形成以合肥新桥国际机场为中心的"一枢四支"机场发展格局。

交通网络覆盖城乡。在畅通交通网络"主动脉"的同时，安徽立足城乡区域差异较大的基本省情，注重发挥交通基础设施在促进城乡区域融合发展中的先导性作用，适应城乡居民改善生产生活条件的强烈愿望，更加注重推进干线普通公路、县乡公路、支线航道等覆盖面广、带动性强的交通基础设施建设，不断提升交通基础设施网络的通行密度和通达深度。

1954 年，安徽省交通厅决定首先在蚌埠至阜阳的公路铺筑路面。在石料奇缺的情况下，利用当地含有黏土砂粒的砂姜作为主材，建成了全国第一条砂姜公路，打破了新中国成立初期淮北平原只有几条土路、雨天数日不能通行的状况。此举也拉开了建设普通干线公路的序幕。1978 年，合肥至六安的公路作为全省首条二级公路建成通车。改革开放以来，全省干线公路建设加快推进，逐步构建以中心城市和县城为节点的干线公路网络体系。

党的十八大以来，特别是"十三五"时期，安徽在新一轮交通基础设施建设中更加注重建立健全综合交通网络，在干线公路建设上，深化国省干线公路投融资体制改革，构建多元化投融资渠道，一级公路建设实现历史性跨越，加快实现市县之间一级公路短直连接的目标。在高速公路和高铁建设上，县县通高速公路、市市通高铁的目标加快变成现实。与此同时，更加注重县乡村道路、连接线道路、支线航道等"毛细血管"建设，健全干支相连、有序衔接、运转高效的交通网络体系。干支多层次互通、城乡广覆盖连接包容性交通网络体系的加快构建，日益发挥出促进以城带乡、助力区域经济高质量发展的重要支撑作用。

从"村村通"到路路通。要想富，先修路。安徽改革开放之初就明确提出加快农村山区公路建设。全省第一条引进世界银行贷款修建的公路就是绩溪县境内的荆州公路，大别山革命老区金寨县是全路通车里程最长的县之一。农村公路"村村通"一度成为全省交通基础设施建设的重点。到"十一五"期末，全省农村公路里程达13.7万公里，建制村公路通达率达到99.97%。党的十八大以来，安徽坚决贯彻打赢脱贫攻坚战的决策部署，在实施7.2万公里农村道路畅通工程的基础上，全面推进"四好农村路"建设，深入实施6.5万公里农村公路扩面延伸工程，同步推进农村公路路长制工程、农村公路养护水平提升工程、农村运输通达工程，全面改善农村交通基础设施薄弱环节，提升农村地区交通运输服务能力。截至2020年年底，安徽农村公路里程达20.85万公里，全省乡镇和建制村通硬化路、通客车率均达100%。

（3）电力保障

1949年新中国成立时，安徽电力基础设施比较落后，仅有小型公用火电厂8个、自备电厂15个，输电最高电压为22千伏，线路总长43公里，均系孤立供电小电网；仅有发电设备容量1.43

万千瓦，最大单机容量 2000 千瓦；年发电量 0.24 亿千瓦时，人均年用电量仅 0.68 千瓦时。

新中国成立七十多年来，随着安徽工业化步伐的加快和经济社会飞速发展，电力基础设施建设突飞猛进。1951 年，35 千伏淮南至合肥输电线建成，次年建成 35 千伏淮南至蚌埠输电线，皖中地区开始出现区域性电力网。1954 年，中国第一座钢筋混凝土连拱坝横空出世，佛子岭水电站首期工程 2 台 1000 千瓦机组建成发电。1956 年年初，国产第一台 6000 千瓦汽轮发电机组在淮南田家庵发电厂投产，为中国自力更生建造电厂立下丰碑。1989 年，国产单机容量最大的首台 60 万千瓦机组，在淮南平圩电厂建成，在中国电力史上树立了新的里程碑。时任国务院副总理的李鹏同志挥毫写下"平圩不平常，单机甲中华"的题词。经过几代人的拼搏，安徽电力事业不断发展，逐步建成一批高参数、大容量的大机组、大电厂和超高压输电线路，形成以 500 千伏输电线路为骨干、220 千伏线路为主网架的安全、可靠、灵活的电网结构。

党的十八大以来，安徽生产总值增速和用电增速持续增长，安徽电力立足区位优势，抓住长三角一体化发展等国家战略机遇，推动安徽电网跨越升级，用能源互联网联结千家万户，为江淮大地展翅翱翔提供坚强保障。"十三五"期间，国家电网公司在安徽总投资达 1132 亿元，是"十二五"总投资的 1.78 倍，推动安徽电网不断升级，满足新增负荷 1630 万千瓦、电量 776 亿千瓦时、电源 2531 万千瓦的需求。其间，安徽电网实现跨越式发展，建成 1000 千伏淮南—南京—上海特高压交流工程，形成全国首个交流特高压环网；投运世界上电压等级最高、输送容量最大、输电距离最远的 ±1100 千伏淮东—皖南特高压直流工程，实现安徽由单纯电力送出向电力"送受并举"转变。为了给经济强省、生态强省建设提供安全、可靠、高效、清洁的能源支持，安徽支持新上一批大容量、高参数、低能耗燃煤机组，着力构建现代电网体系。同时，积极发展水电、风电、生物质能、可再生能源，扩大天然气和成品油使用规模，大力实施电能替代，服务绿色低碳发展。具体举措包括：实施打赢蓝天保卫战三年行动计划，大力推进燃煤锅炉电能替代，因地制宜在小区、学校、医院等推广电采暖；推进高速公路快充网络建设，优化城乡公共充电设施布局，扩大有序充电小区建设范围；水面光伏、低风速风电领跑全国，秸秆发电装机规模稳居全国前二。2019 年，安徽新能源发电装机达 1719 万千瓦，发电量达 268.8 亿千瓦时，分别是 2015 年的 5.1 倍、4.3 倍，电网全年实现了安徽新能源的全额消纳，助力安徽可再生能源加快由补充性能源向替代性能源转变。

"十三五"期间，电力服务民生的各项工程有序实施。安徽省全力推进农网改造升级"两年攻坚战"行动，完成中心村电网改造升级 9680 个，农网户均配变容量提升至 2.6 千伏安，居中部省份第一；全面完成 6 个水电供区电网无偿接收，惠及 50 多万群众；高标准完成沿淮行蓄洪区电网改造升级；至 2020 年，全省全社会装机容量 7816.04 万千瓦，其中火电 5560.84 万千瓦、水电 473.86 万千瓦、风电 411.72 万千瓦、太阳能 1369.62 万千瓦。2020 年，全社会装机发电量 2784.63 亿千瓦时，其中水电发电量 66.21 亿千瓦时，火电 2531.5 亿千瓦时，风电 56.76 亿千瓦时，太阳能 130.16 亿千瓦时。皖电东送机组发电量 644.39 亿千瓦时。全社会累计用电 2527.5 亿千瓦时，城乡居民生活用电 407.75 亿千瓦时。

（4）网络赋能

邮政网络是国家重要的通信基础设施，为国脉所系、发展所需、民生所依。新中国成立之初，安徽自办邮政局所仅139处，且都在城镇，运邮工具仅有自行车31辆、役畜37头，火车邮路4条。1950年12月，安徽省邮电管理局成立后，邮政增加了农村和工矿的机构，运邮能力逐步提高。至1965年，全省邮电所发展到2414处，邮路总长度达129979公里。党的十一届三中全会以后，安徽邮电步入快速发展的轨道，历经七十多年的发展，目前已构建起覆盖城乡、惠及全民的邮政快递服务网络体系，全省组开邮路1528条，总里程20.59万公里，打造了县域最强物流网络平台。"十三五"收官时，全省快递园区总占地面积超过7300亩；建制村全部实现直接通邮，乡镇快递网点全覆盖，快递进村取得明显成效；合肥国际邮件互换局建成运营，国际化发展能力增强；服务能力跨越提升，全省拥有各类邮政快递营业网点1.3万处，智能快件箱增至1.2万组，末端收投模式更加多元便捷。

随着信息时代的到来，互联网经济逐步发展。安徽不断加强互联网基础设施建设，移动电话、网络设施从无到有，从有线到无线，从1G到5G。2018年年末，4G移动电话用户达3072.7万户，每百人拥有电话（含移动）近100部，光缆通达所有行政村，电子商务进农村实现全覆盖，快递服务网点实现乡镇全覆盖。随着网络覆盖越来越广，资费越来越低，网速越来越快，人们随时随地可以一键互联、一"网"打尽，信息高速路畅通了人民的幸福路，赋能全面建成小康社会。

2018年，安徽省人民政府出台《关于深化"互联网＋先进制造业"发展工业互联网的实施意见》（以下简称"实施意见"），提出：到 2025 年，建成覆盖全省各地、各行业的工业互联网网络基础设施，形成一至两个达到国内先进水平的工业互联网平台；到 2035 年，建成国内一流的工业互联网网络基础设施和平台，重点领域实现国内领先。主要任务包括：建设新型网络基础设施体系，打造广覆盖、多层次、功能强的网络平台体系；构筑充分对接新一代信息技术的智慧制造体系；构建制造业与互联网深度融合的应用体系；健全网络安全保障体系；形成促进工业互联网健康发展的生态体系等。按照实施意见，安徽加快"5G+ 工业互联网"建设，成立安徽省 5G 产业发展联盟，统筹推进 5G 建设工作。加强试点示范培育，江淮汽车、格力电器、长虹美菱、司尔特肥业等 14 家企业入选国家级工业互联网试点示范名单，六国化工、三只松鼠入围国家工业互联网优秀应用案例，涌现出科大讯飞、合力叉车等一批成长较好的工业互联网平台。工业互联网平台体系日臻完善，企业级平台、行业级平台、跨行业跨领域平台体系初步构建。全省利用工业互联网平台开展个性化定制、服务化延伸等新模式、新业态不断涌现。2020 年，共完成 5G 基站站址建设 29415 个，超额完成省政府提出的"建设 2 万个，力争达到 2.5 万个"目标，16 个地市均超额完成年度目标任务。推进"5G+ 工业互联网"创新应用，共建成国家级工业互联网示范平台 59 个，省级制造业与互联网融合发展试点企业 305 个，发布包括双跨平台、特色平台、解决方案供应商、安全服务供应商在内的工业互联网服务资源池 30 家。

经过新中国成立七十多年特别是改革开放四十多年的发展，安徽由一个落后的农业大省迈向经济强省，经济实力实现历史性进步。到全面建成小康社会的 2021 年，经济总量翻了十番多，由 1949 年的不足 30 亿元到跨越 4 万亿元，达到 42959.2 亿元。按常住人口计算，人均地区生产总值 70321 元（折合为 10900 美元），跨过 1 万美元关口。市场主体扩量提质，新登记市场主体 113.6 万户、总量达 660.9 万户，高新技术企业总数突破 1.1 万户。全年全省常住居民人均可支配收入突破 3 万元，达 30904 元，人均消费支出 21911 元。按照世界银行划分标准，安徽已由低收入水平跃上中等收入水平地区行列。安徽在全国的位次大幅跃升。经济发展格局由"总量居中、人均靠后"提升为"总量靠前、人均居中"。粮食产量位居全国前列，2021 年，粮食总产量 817.5 亿斤，实现"十八连丰"，库存充足、质量良好、储存安全、保障有力，粮食安全省长责任制考核连续五年居全国优秀等次前列。制造业高质量发展指数居全国前列，传统产业、现代服务业、战略性新兴产业产值、高新技术产业增加值连续多年超过两位数增长，经济强省建设迈出了坚实的步伐，成为安徽全面建成小康社会的重要组成部分和强有力支撑。

## （二）文化建设谱写精彩篇章

文化是一个国家、一个民族的灵魂。文化兴国运兴，文化强民族强。没有高度的文化自信，没有文化的繁荣兴盛，就没有中华民族伟大复兴。全面小康，是物质文明和精神文明协调发展的小康，既是经济实力增强，也是文化软实力提升。

新中国成立之初，安徽文化建设比较落后，全省没有像样的文化设施。各类文化事业机构只有 194 个，其中电影院 9 个，剧团 77 个（全为私营及合作剧团）、剧场 55 个，文化馆 2 个、图书馆 4

个、新华书店 47 家，从业人数几百人。随着人民政权的巩固发展和大规模社会主义建设的全面开展，文化事业取得长足进步。各级文化机构纷纷建立和发展，各类文化服务网络陆续建成和完善。群众性文化活动逐步活跃，新人佳作层出不穷，精品力作竞相问世。

20 世纪五六十年代，安徽文学界就涌现出陈登科、鲁彦周、吕宕、严阵等一批当代文学史上有影响的作家、诗人。相继成立黄梅戏剧团、徽剧团、庐剧团、歌舞团、话剧团、杂技团等，涌现了黄梅戏表演艺术家严凤英、王少舫、潘璟琍，优秀庐剧演员王本银、丁玉兰，优秀泗州戏演员李宝琴、霍桂霞，优秀曲剧演员郭立仙、蒋华池，梆剧演员郑莲馨等。安徽花鼓灯被选为参加北京庆祝"五一"专场演出的节目，黄梅戏电影《天仙配》获新中国成立五周年文化部优秀影片奖，鲁彦周的话剧《归来》获国家级演出一等奖、剧本一等奖。20 世纪 50 年代末兴起的安徽新民歌运动，涌现出姜秀珍、殷光兰等能编善唱、享誉全国的优秀民歌手。

20 世纪六七十年代，尽管受到"左"的指导思想影响，文化事业遭遇挫折，但全省群众性文化活动仍然比较活跃。提倡创作和改编现代剧目，表演多部现代戏；号召剧团上山下乡，多为农民群众演出，活跃农村文化生活。全省文艺创作和演艺活动比较活跃，经常举办摄影展、美术展、漫画创作展、诗歌创作交流会；省泗州戏剧团、梆剧团、坠子戏剧团、徽剧团等纷纷举办公演，排演了一批群众喜闻乐见的传统剧目，现代戏创作一度出现繁荣景象。

改革开放以来，特别是中国特色社会主义进入新时代，安徽文化建设获得跨越式发展，为全面建成小康社会提供了强大文化支撑。安徽实施创新型文化强省发展战略，围绕理论社科强、思想道德强、新闻出版强、广电影视强、网络舆论强、文化演艺强、文化产业强、文化开放强"八个强"的目标任务，深化文化体制改革，全面推进精神文明建设、文化精品创作、文化惠民服务、文化产业跨越、文化科技创新、优秀传统文化的传承发展，走出了一条符合社会发展要求、体现时代特征、具有安徽特色的文化强省建设之路，不断满足人民群众日益增长的多样化文化需求，极大地丰富和提升了人民群众的精神文化生活，谱写了安徽全面建成小康社会的文化篇章。

到 2020 年，全省文化及相关产业机构 16229 个，从业人员 130734 人。其中，剧团等艺术表演团体 2334 个，从业人员 39174 人；图书馆、文化馆 254 个，从业人员 3064 人。

## 1. 精神文明创建结出硕果

在全面建设小康社会的历史进程中，安徽注重物质文明和精神文明一起抓，高度重视科学理论武装，筑牢全体人民共同奋斗的思想基础；高度重视全体公民的思想道德文化建设，培育和践行社会主义核心价值观；持续开展精神文明创建活动，弘扬主旋律，高唱正气歌，传递正能量。

筑牢团结奋斗的思想根基。安徽坚持社会主义先进文化前进方向，坚持以人民为中心的工作导向，以马克思主义及其中国化的最新成果立心铸魂。改革开放以来，安徽深入推进中国特色社会主义理论体系的学习贯彻，着力抓好理论学习，切实加强理论研究，扎实开展理论宣传。精心组织宣讲团下基层宣讲，创办了安徽人文讲坛、新安大讲堂、科学发展讲坛等多个平台，广泛开展科学理论和社科知识普及活动，推进社科理论进社区、进企业、进乡村、进校园，扩大理论武装的覆盖面。特别是党的十八大以来，安徽紧扣举旗帜、聚民心、育新人、兴文化、展形象的使命任务，坚持守正创新，坚定筑牢主流意识形态阵地，严格落实意识形态工作责任制，把握正确政治方向和舆论导向，深入开展习近平新时代中国特色社会主义思想和以习近平同志为核心的党中央治国理政新理念新思想新战略等重大主题宣传，宣传中国梦和中国特色社会主义在安徽的成功实践，唱响主旋律，筑牢主阵地。坚持把网络舆论工作作为宣传思想工作的重中之重，实施网络内容建设工程，努力营造繁荣清朗的网络空间和文化环境。隆重举办庆祝中国共产党成立95周年、100周年等重大纪念活动，精心组织庆祝党的十八大、十九大召开，庆祝中华人民共和国成立70周年，庆祝改革开放40周年等重大主题宣传，实施习近平新时代中国特色社会主义思想教育培训计划，深入开展"举旗帜·送理论"专题宣讲，凝聚起建设现代化美好安徽、同心共筑中国梦的磅礴力量。

"十三五"期间，安徽坚持线上线下同频共振，努力提升理论和文化宣传的覆盖面和影响力。"学习强国"和"学习安徽"网络平台全省党员注册量达306万，实现在职党员全覆盖；乡村大喇叭等多项试点工作获中央领导批示肯定；持续举办集中宣讲活动，累计宣讲32.4万余场，直接受众2370.6万人次。2020年，在全国基层理论宣讲先进评选中，安徽夺得全部奖项、五个先进，位列全国第一。安徽会同团中央宣传部、安徽广播电视台精心打造融媒体理论节目《理响新时代》，其中第三季"中国宣讲达人大会"在线观看人次近2500万，收视率位居省级卫视理论节目第二，获评全国广播电视创新创优节目。

讲文明、扬正气、树新风。从1982年起，连续三年，安徽部署开展"五讲四美三热爱""全民文明礼貌月"群众性文化活动，促进了公民文明素质和社会风气的改善。在此基础上，安徽认真贯彻《公民道德建设实施纲要》，先后出台贯彻落实措施和重点任务分工方案等一系列文件，出版《公民道德歌》《中华三德歌》等道德教育通俗读物，举办全省公民道德建设论坛，深入开展社会主义价值观宣传教育，重点加强未成年人思想道德建设。从 2008 年 8 月起，安徽持续开展道德模范评选工作，坚持以先进典型引领思想道德建设，涌现出一大批立足本职、敬业奉献的身边榜样。截至 2021 年 11 月，安徽有 25 人当选全国道德模范。

在公民道德建设中，安徽深化拓展群众性精神文明创建活动，以服务科学发展和社会全面进步为职责，以社会主义核心价值体系建设为根本，以社会公德、职业道德、家庭美德、个人品德教育为主线，以创建文明城市、文明村镇、文明行业和文明单位为载体，覆盖所有区域、所有行业、所有人员，广泛传递崇德向善、共建文明的鲜明导向，形成了一条完整的、具有安徽特色的工作思路。

创建文明城市中，紧紧围绕公民道德、公共环境、公共秩序、公共服务、公共文化、公共关系、公益活动七个关键要素，从正面达标、负面清单两个方面量化争创任务、实化操作标准、细化规范流程；创建文明村镇中，以美丽乡村建设为主题，培育新型农民、加强环境治理、建设文明乡风，突出抓创建"星级文明户"等活动；创建文明行业中，重点突出窗口行业、执法部门的优质规范服务和整治行业不正之风，开展了"人民满意的基层站所""百城万店无假货"和"万人评行风"等活动。截至 2020 年年底，安徽拥有全国文明城市 11 个、文明村镇 61 个、文明单位 80 个，总量排在全国前列，地级全国文明城市总数居全国第二位。仅 2020 年一年，9 个市县入选全国文明城市，总数位居前列；建成新时代文明实践中心（所、站）2万多个，开展文明实践活动20余万场；17个志愿服务典型入选全国学雷锋志愿服务"四个一百"先进典型名单，创历年来最好成绩。

"中国好人"中"安徽好人"最多。在精神文明创建中，安徽加强教育引导、舆论宣传、文化熏陶、行为实践、制度保障，使社会主义核心价值观内化于心、外化于行，全民道德文化素质全面提升，"安徽好人"纷纷涌现。

2013年，安徽就在全省范围内启动"践行核心价值、打造安徽好人"主题实践活动，大力学习宣传时代楷模、道德模范的先进事迹，在全社会形成崇德向善、见贤思齐的浓厚氛围。2014年印发《关于培育和践行社会主义核心价值观的实施意见》，把践行社会主义核心价值观作为社会治理的重要内容，完善激励机制，褒奖善行义举，实现治理效能和道德提升互相促进。2015年出台《关于进一步加强社会信用体系建设的意见》，要求大力宣传安徽好人、诚信企业，建立守信激励机制，将各类模范个人表彰信息作为诚信信息录入个人信用档案。2016年以来，实施培育和践行社会主义核心价值观"实践养成""学雷锋志愿服务""文化培育"等六个专项行动；实施公民道德建设工程，打造好人安徽品牌；实施文明创建工程，推进全域精神文明建设；深化拓展新时代文明实践活动，广泛开展志愿服务关爱行动，推进垃圾分类、文明出行、制止餐饮浪费等工作；全面启动实施"好人成名人"工程，充分发挥身边典型的示范带动作用，让好人成为家喻户晓的社会名人、争相效仿的道德榜样和看齐对照的价值坐标。

在省委、省政府的主导下，安徽围绕全国"我推荐、我评议身边好人"活动，以主题实践活动为统领，评好人，学好人，当好人，做好人，形成了"人人推"的全覆盖评选机制。同时，各市、县（区）、乡镇（街道）、村（居）同步开展各级好人评选，行业部门开展各类"最美人物""岗位标兵"等评选活动，当选总数超过100万人。

在"安徽好人"评选中，越来越多的人受到表彰。自2007年中央文明办等组织开展"中国好人榜"评选表彰活动以来，安徽面孔频频亮相，"中国好人榜"安徽上榜人数自2008年以来连续十二年全国第一。截至2021年，上榜总数1610人。"安徽好人"由个体到群体，由"盆景"到"风景"，由风气到风尚，引起全国媒体的广泛关注。"安徽好人"竞相涌现的生动局面被称为道德领域的"安徽现象"。"好人安徽"业已成为安徽闪亮的道德名片，成为践行社会主义核心价值观的模范样本。安徽好人身上承载的崇高精神让社会主义核心价值观真正鲜活起来。

## 2. 文化艺术创作精彩纷呈

安徽自古文脉久远，文风昌盛。新中国成立七十多年来，每个历史时期均有精品佳作面世。党的十一届三中全会以来，随着改革开放和社会主义现代化建设的全面展开，安徽迎来了文化艺术创作的春天。广大文艺工作者欢欣鼓舞、激情澎湃，创作和演出了一大批反映时代变迁、传承优秀传统文化、讴歌真善美、鞭挞假恶丑的文化精品，极大地丰富和提升了人民群众的精神文化生活。

改革开放初期，伴随着思想上的大解放、政治上的拨乱反正和改革开放的重大历史转折，安徽文艺生产力得到了极大释放，文艺创作和展演空前活跃，呈现出初步繁荣发展的新局面。小说领域，鲁彦周的《天云山传奇》、张弦的《被爱情遗忘的角落》、祝兴义的《抱玉岩》、刘克的《飞天》、肖马的《钢锉将军》等，都是产生较大反响的精品力作。《天云山传奇》和《被爱情遗忘的角落》除分别获得全国优秀中篇小说、优秀短篇小说奖项以外，被改编成电影后还获得"金鸡奖""百花奖"等大奖。诗歌领域，1981年全国优秀诗歌评奖获奖者总共35人，安徽占6人，公刘的《沉思》、张万舒的《八万里风云录》、梁如云的《湘江夜》、刘祖慈的《为高举和不举的手臂歌唱》、梁小斌的《雪白的墙》等获1979—1980年全国中青年诗人优秀新诗奖。报告文学领域，张锲的《热流》获1977—1980年全国优秀报告文学奖，江流的《春回皖东》《凤凰展翅》、温跃渊的《风雨小岗村》等反映凤阳农村改革的报告文学均产生较大社会反响。影视领域，黄梅戏电视连续剧《女驸马》获全国第五届大众电影"金鹰奖"优秀戏剧片奖。

从1991年起，根据中宣部要求，安徽开始组织实施精神文明建设"五个一工程"，着力推动和扶持精品文艺创作。伴随着中国社会由计划经济向市场经济转型，文艺领域以大众文化为主体的文化消费市场快速形成。面对纷繁多变的社会生活，安徽文艺创作在吸收西方文艺思潮和艺术营养的同时，立足安徽一方热土，注重挖掘徽文化底蕴，逐渐形成表现历史和现实、彰显安徽特色的艺术风貌。至2002年，黄梅戏电影《徽商情缘》、黄梅戏《红楼梦》、徽剧《刘铭传》、京剧《程长庚》、电影《生死播》、电视剧《大老板程长庚》《木瓜上市》、图书《中华三德歌》等三十余部作品获中宣部"五个一工程"奖，涌现了以许辉、季宇、许春樵、潘军、陈源斌、钱念孙等一批在全国有影响力的作家和以马兰、黄新德、李龙斌、董成、韩再芬、吴亚玲、蒋建国、周媛媛、王丹红等演员为代表，获中国戏剧表演最高奖"梅花奖"的舞台新秀。《奇债情缘》

《柯老二入党》《刘铭传》《徽州女人》《孔雀东南飞》《逆火》《风尘女画家》等剧目参加中国戏曲节并获得多个奖项。将黄梅戏改编后拍摄的电视剧更是成绩喜人，不仅数量上有59部230多集，而且其中27部佳作在"五个一工程"奖和"飞天奖""金鹰奖"评奖中蟾宫折桂。

安庆再芬黄梅艺术剧院《徽州女人》剧照

21世纪的头十年，文化体制改革解放和发展了文化生产力，文艺创作和演出快速发展。安徽通过奖励、补助的形式，调动广大文艺工作者和文化生产单位的积极性和创作热情，优秀作品不断涌现，极大地丰富了人民群众的精神文化生活。现实题材话剧《万世根本》获中宣部第十一届"五个一工程"奖，入选2009—2010年度国家舞台艺术精品工程资助剧目；黄梅戏《雷雨》入选2007—2008年度国家舞台艺术精品工程"十大精品剧目"；舞蹈《花鼓敲天下》获全国"桃李杯"比赛一等奖；省歌舞剧院有限责任公司创作演出的舞剧《徽班》，入选2010—2011年国家舞台艺术精品工程年度资助剧目，一年内两度晋京演出，并深入学校、厂矿演出，受到广泛欢迎。花鼓灯艺术走上了亚运会艺术节表演舞台，徽剧被邀请参加全国纪念徽班进京200周年演出。徽韵动漫剧《黑脸大包公》《小红帽梦幻奇遇记》好评如潮。怀宁县黄梅戏演艺中心创作演出的黄梅戏《独秀山下的女人》，在第十二届中国戏剧节上荣获"优秀剧目奖"，是安徽省县级文艺院团首次在全国重大戏剧节上获得殊荣。潜山县黄梅戏剧团创作演出的黄梅戏《榴花不开盼哥回》，参加第四届全国少数民族文艺会演，在北京长安大戏院登台献艺，荣获表演金奖。国画《生死印》、油画《抗击非典》入选国家重大历史题材美术创作工程。

党的十八大以来，在习近平总书记在文艺工作座谈会上的重要讲话精神鼓舞下，以人民为中心的创作导向引领安徽文化建设进入新时代。安徽出台《关于繁荣发展社会主义文艺的实施意见》等一系列文件，坚持以习近平新时代中国特色社会主义思想武装头脑，聚焦全面建设现代化五大发展美好安徽这个中心任务，号召广大文艺工作者坚持与时代同步伐、坚持以人民为中心、坚持以精品奉献人民、坚持用明德引领风尚。大力实施文艺精品战略，每年安排一定数额的资金，扶持重点文艺项目；每年集中力量支持一批文艺、演艺、影视等精品力作；确立动态管理、滚动开发、梯次推进、持续打造的思路，以省"四个十"、市"四个一"为抓手，全力打造重点文化品牌。同时，创新文艺创作生产的组织形式，以"项目化"的方式加强组织化创作生产，充分发挥文艺基金会的作用，对文艺人才和创作项目提供经费保障。特别是在戏剧创作领域，安徽于2017年起，开始实施戏剧创作孵化计划，四年来，共投入扶持资金2570万元，确保入选孵化计划的剧目从创作到舞台顺利"生根、开花、结果"。

在政策支持和资金扶持下，安徽省各级文联上下协同、各艺术门类携手合作，组建近千支"文艺轻骑兵"，以"聚焦美好安徽扎根江淮沃土""我们的沃土　我们的梦"等为主题,"采、创、送、种"相结合,开展了近千场次采风创作和"送文化年货"到基层、"送文化"进高校、送志愿服务到农村等文化活动。尤其值得一提的是,在全国率先开展"千名文艺家下基层采风""文艺名家看安徽"活动,1500多名文艺家深入基层、深入生活,扎根人民,带着专题创作任务蹲点创作,涌现了一大批激荡时代风云、散发泥土芳香的原创性成果。精品创作呈现重点突破、整体提升的良好态势,在国家级文艺创作和展演大赛上频频获奖。2015年,曾组织7台新创精品剧目晋京展演,中央和国家有关部委领导充分肯定,业内专家学者高度评价,有力提升了安徽文艺在全国的影响力和美誉度,被业界誉为"安徽现象"。据2020年统计,32部作品荣获国家级文艺和新闻奖项,10部作品入选全国庆祝建党100周年舞台艺术精品创作工程(全国第三),4部作品入选全国脱贫攻坚题材优秀舞台艺术展演(全国第二)。

　　文艺创作方面。季宇的长篇纪实文学《淮军四十年》、中篇小说《最后的电波》,许春樵的长篇小说《屋顶上空的爱情》、中篇小说《麦子熟了》,洪放的长篇小说《百花井》、中篇小说《菩萨蛮》,潘小平、曹多勇的长篇小说《美丽的村庄》,刘鹏艳的中篇小说《红星粮店》,李云的中篇小说《伏羊咩咩》,赵宏兴的中篇小说《父亲的土地》,余同友的短篇小说《雾月的灰马》等,都是思想性和艺术性俱佳、获得普遍好评的作品。苗秀侠、曹多勇扎根淮北乡村创作的长篇小说《皖北大地》《淮水谣》,堪称"带着任务下去,载着成果上来"的丰硕成果。在2018年第七届"鲁迅文学奖"评比中,除陈先发的诗集《九章》获得大奖外,还有李凤群的短篇小说和胡竹峰的散文集分别获得提名。

文艺展演方面。安徽戏剧创作孵化计划共孵化剧目127个，一批优秀作品脱颖而出，6个剧目获国家艺术基金等项目扶持，9个剧目参加国家级展演，10个剧目获省"五个一工程"奖。全省新创舞台艺术作品500多部，舞蹈《命运》和舞剧《大禹》《石榴花开》获中国舞蹈"荷花奖"。杂技《徽风皖韵·顶板凳》《鸟巢·蹬椅子》分获第九届西班牙国际马戏艺术节"银象奖"、蒙特卡洛第九届"新一代"国际青少年杂技比赛金奖。淮北梆子戏《永远的大别山》等139个项目获得国家艺术基金资助，黄梅戏《鸭儿嫂》等60余部作品参加国家展演，黄梅戏《邓稼先》、电视剧《国家情怀》等82部文艺作品和项目入选国家级资助项目，黄梅戏《小乔初嫁》、徽剧《徽班进京》、京剧《抗倭将军戚继光》、话剧《徽商传奇》、杂技剧《雪豹王子》等，均获得较大社会反响。电视剧《黄土高天》《上将洪学智》《外交风云》《觉醒年代》等20余部作品在央视热播，并获得全国大奖。

### 3. 文化体制改革领先全国

1998年1月，安徽出台《关于进一步加快文化事业改革与发展的决定》，提出以艺术表演团体为改革重点，深化文化体制改革，建立与社会主义市场经济体制相适应的体制机制，并率先在省直六家国有艺术表演团体中试点。通过两年的不断探索，省属国有文艺院团改革取得突破性进展。

进入21世纪，在党中央启动文化体制改革试点的大背景下，安徽一马当先，把文化建设纳入经济社会发展总体规划，自主试点，以点的突破带动面上改革。从2006年6月起，全省文化体制改革试点全面展开。在中央政策框架基础上，安徽结合本省实际，摸索经验，先后出台《关于支持文化体制改革促进文化产业发展的若干规定》《关于加快建设文化强省的若干意见》等二十多个配套文件，对国资、税收、土地、社保、人员分流安置、机构编制等作出明确规定，形成操作性强、比较完善的文化体制改革政策体系。

安徽坚持把经营性文化单位转企改制作为改革重点环节，按照"创新体制、转换机制、面向市场、壮大实力"的要求，推动全省出版、发行、电影生产发行、演艺院团、重点新闻网站等经营性文化单位转企改制，并逐步由试点向全省展开，由重点突破向纵深推进。到 2010 年，安徽省属文化企业通过资产重组、上市融资、银企对接等改革措施，经济效益显著，资产规模呈现井喷式增长态势，由五年前不足 30 亿元增长到 300 多亿元。相继组建了安徽出版、新华发行、安徽日报、安徽演艺、安徽广电五大集团，成为安徽新的经济增长点和安徽发展的新亮点。与此同时，安徽 17 个市、105 个县（市、区）实现文化广电新闻出版"三局合一"；文化市

2011 年 4 月 30 日至 5 月 1 日，全国文化体制改革工作会议在合肥召开

场综合执法机构和新的广播电视台全省推进；15 家出版社、84 家新华书店、85 家电影公司、86 家电影院以及 62 家演艺院团全部转企。安徽在全国率先基本完成文化体制改革的重点任务。2011 年 4 月 30 日至 5 月 1 日，全国文化体制改革工作会议在合肥召开，会议充分肯定了安徽取得的丰硕成果，确认了安徽在文化体制改革方面的全国领先地位。

党的十八大以来，安徽不断深化文化体制改革，创新文化体制机制，成立了省委全面深化改革领导小组文化体制改革专项小组，调整充实省文化体制改革和发展工作领导小组成员，完善省、市、县文化体制改革领导体制和工作机制，认真做好顶层设计、统筹协调、督促落实、宣传引导等各项工作；相继出台《文化强省建设实施纲要》《安徽省深化文化体制改革实施方案》，颁布实施《关于促进民营文化企业发展的实施意见》《关于加快文化贸易发展的意见》《关于加快构建现代公共文化服务体系的实施意见》等一系列政策措施，进一步将文化体制改革引向深入。

深化文化管理体制改革。按照政企分开、政事分开原则，推动政府部门由办文化向管文化转变，推进文化部门理顺与所属企事业单位的关系。认真贯彻落实国务院"取消和下放行政审批事项"的政策措施，推动文化行政管理部门转变职能，省级文化部门精简行政审批事项超过 60%；健全完善国有文化资产管理体制，出台把社会效益放在首位、社会效益和经济效益相统一的实施意见；深化国有文化企业分类改革，在全国率先建立并实施"双效"业绩考核指标体系，引导国有文化企业始终把社会效益放在首位，实现社会效益和经济效益相统一。

深化经营性文化单位改革。文化体制改革的重点和难点是国

安徽出版集团

有经营性文化单位转企改制。截至2013年10月底，安徽全省文化系统106家经营服务性文化事业单位，有10家撤销，86家完成转企改制工作。对完成转企改制的文化单位，按照现代企业制度的要求，组建国有文化资本运营公司，加快公司制、股份制改造，完善法人治理结构，面向市场，壮大实力，打造具有核心竞争力的文化品牌；支持省属文化企业集团和骨干文化企业做大做强；鼓励社会力量、社会资本参与公共文化建设，发展文化产业；鼓励省属文化集团整合资源、跨界发展；支持省属传媒集团向新媒体进军；制定非公文化企业参与文化产业和演出市场的具体办法；支持中小微文化企业发展。建立省级文化产权交易平台，支持文化企业非上市股权融资和上市融资；支持重点文化企业开拓海外市场，实施皖版图书、优秀影视作品、特色演艺精品、徽派工艺品海外推广计划，扩大政府文化资助和文化采购，为文化企业稳定健康发展营造有利环境。

深化公益性文化单位改革。安徽大胆探索图书馆、文化馆、博物馆类公益性文化单位社会服务的新途径，创新服务方式和运行机制。从改革干部人事制度入手，引入竞争激励和约束机制，完善单位内部治理结构和绩效考核机制，激发干部职工的积极性；进行文化馆、博物馆、图书馆理事会试点工作，全省图书馆总分馆制全面推开，文化馆总分馆制稳步推进；基本完成非时政类报刊出版单位改革；加大新闻媒体资源整合力度，推动传统媒体与新媒体融合发展，组建了安徽新媒体集团，建设安徽日报社、安徽广播电视台等省级新闻媒体融合发展平台。

改革大大激发了全省文化体制机制的活力，解放和发展了文化生产力。"文化皖军"异军突起，文化事业蓬勃发展，文化产业势头强劲，"皖字号"文化产业增加值连续多年保持两位数增长，被誉为文化体制改革的"安徽现象"。安徽出版集团、安徽新华发行集团 11 次入选"中国文化企业 30 强"；科大讯飞入选第八届"中国文化企业 30 强"；华米科技 2018 年 2 月在美国纽约证券交易所上市，成为首家在美上市的皖籍文化企业；动漫产业快速崛起，动漫大赛成为安徽动漫产业的品牌活动。到 2020 年，列入文化产业

2020 年 10 月 28 日，安徽广播电视台文化惠民品牌节目"千村百镇唱大戏"走进金寨龙潭

省重点投资和储备计划的项目共624个，其中投资计划项目368个，储备计划项目256个，年度投资400多亿元，合肥万达文化旅游城、"讯飞超脑"关键技术研究与云平台建设、"时光流影TIMEFACE"文化生活社交平台等291个项目竣工投产。"十三五"期间，安徽文旅产业对住宿、餐饮、民航、铁路客运业等贡献超过80%，文旅从业人员占全省就业总人数的10%以上。合肥、芜湖入选国家文化消费试点城市。文化引领风尚、教育人民、服务社会、推动发展的作用得到彰显。

## 4. 文化惠民工程深得民心

安徽坚持把社会效益放在首位，坚持把维护人民群众的文化权益、满足人民群众的精神文化需求作为出发点和落脚点，把文化惠民工程作为文化强省建设的一项基础工程来抓，让人民群众的文化获得感、幸福感更加充实、更有保障、更可持续。

按照"公益性、基本性、均等性、便利性"的要求，安徽通过加大公共财政资金的投入，加强公益性文化基础设施建设，努力构建覆盖城乡的公共文化服务体系。2011年，全省建成了105个公共图书馆、120个文化馆、7个美术馆、113个博物馆、1294个乡镇综合文化站，并全部免费开放；建成文化信息资源共享工程省级中心1个、市级支中心9个、县级支中心105个、基层服务点27874个；建成农家书屋18952个，比原计划提前三年实现行政村农家书屋全覆盖目标。

党的十八大以来，为加快建设覆盖城乡的公共文化服务体系，巩固拓展公共文化服务成果，安徽在文化制度、文化设施、文化产品、文化队伍等方面均进行了有益探索，制定出台了《关于加快构建现代公共文化服务体系的实施意见》《基本公共文化服务实施标准（2015—2020 年）》《基层综合文化服务中心建设实施方案》《安徽省公共文化服务保障条例》等一系列文件，以普惠性、保基本、均等化、可持续为原则，构建覆盖城乡、结构合理、功能健全、实用高效的省、市、县、乡、村五级现代公共文化服务体系。

安徽大力实施文化惠民工程，满足人民群众精神文化生活。2020 年，全省共有图书馆、文化馆 254 个，博物馆 219 个（含民营博物馆），乡镇街道综合文化站 1437 个

自 2013 年起，为了改变村级文化建设的薄弱现状，整合文化资源，最大限度地发挥文化惠民功效，安徽在全省部署建立农民综合文化中心"农民文化乐园"。一开始，在全省选择 20 个村先行试点，典型示范，按照"一场"（综合文体广场）、"两堂"（讲堂、礼堂）、"三室"（文化活动室、图书阅览室、文化信息资源共享工程室）、"四墙"（村史村情、乡风民俗、崇德尚贤、美好家园展览墙）的规范要求，建设公共文化服务设施。全省各市还自行扩面增加了 40 个村试点。此举得到了中宣部和文化部的充分肯定，并向

全国推介安徽经验。多个省级示范点成为农民群众开展各类文体活动的重要场所，保障了人民群众看电视、听广播、读书看报、进行文化鉴赏、参与文化活动等基本文化权益。

"十三五"期间，随着经济实力大幅跃升，安徽全面加强省、市、县、乡、村五级公共文化设施建设，全省图书馆、文化馆、博物馆、美术馆面积均有大幅度增长。市级"三馆一院"（图书馆、文化馆、博物馆、剧院）基本建成，县级"两馆一场"（图书馆、文化馆、剧场）等级改造提升，乡镇综合文化服务中心和文化站实现了全覆盖。农民文化乐园覆盖率从不足30%提高到96%。到2020年年底，全省共建成1795个公共文化场馆，并实行免费开放，年服务超过1亿人次；共建成村级综合性文化中心17081个；覆盖省、市、县、乡、村五级的公共文化服务设施网络基本建成，实现宽带接入、资源共享目标。在全国率先建成安徽"文化云"，网上监管服务，更加便捷高效。基层文化队伍不断壮大，通过政府购买基层公益文化岗位，招募文化协管员（文物保护员），服务效能大幅提升。

安徽创新文化与科技的融合，加强文化的传播和利用。积极探索"互联网＋公共文化服务"，数字图书馆、文化馆、博物馆、农家书屋建设成效显著。铜陵创建"图书馆＋"模式，打造"十分钟城市阅读圈"和"铜都阅生活"，24小时自助图书馆引起全国关注。2017年7月16日，全球首家共享书店由安徽新华发行集团旗下的合肥三孝口书店打造。读者只需用手机下载"智慧书房"App，即可无限阅读。手机终端成为广阔的文化窗口。基层文化队伍不断壮大。通过政府购买基层公益文化岗位，招募2800多名文化协管员（文物保护员），发展群众文化辅导员16000多人，各类群众文艺团队 13000 多个，群众文化生活更加丰富。

在文化惠民方面，安徽最突出的成果体现在以打造广播电视村村通、农村公益电影放映、农家书屋、公共文化服务平台、优秀传统文化保护传承等服务品牌为有力抓手，大力加强农村公共文化服务体系建设，不断满足人民群众日益增长的精神文化需求。

广播电视村村通。早在 1998 年，原国家计委、广电总局联合启动实施广播电视村村通工程。从 1998 年至 2005 年，安徽先后完成 2502 个行政村、2711 个 50 户以上已通电自然村通广播电视建设任务；"十一五"期间，共完成 30404 个 20 户以上已通电自然村村村通广播电视建设任务；"十二五"期间，共完成 39712 个 20 户以下已通电自然村村村通广播电视建设任务。广播、电视人口综合覆盖率分别由 1998 年的 89.71% 和 87.01% 提高到 2014 年的 98.55% 和 98.72%，超过全国平均水平，有力地促进了全省农村经济和社会各项事业的发展，有效地提升了农民群众的生活质量和幸福指数。

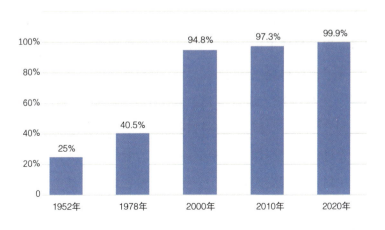

1952—2020 年安徽省广播人口覆盖率

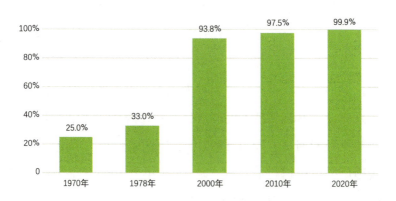

1970—2020年安徽省电视人口覆盖率

从2008年起，安徽广播电视村村通工程被列入省重大民生工程。为明确保障措施、强化管理监督、确保工程顺利推进，安徽在全国率先制定下发了《安徽省广播电视村村通直播卫星接收设备实施管理办法》，对全省"村村通"直播卫星接收设备工程的实施，从用户范围、设备招标采购、人员培训、设备发放、安装、售后服务等十个方面提出明确要求。各地严格按照公开、自愿和多予、少取的原则，让直播卫星接收设备免费发放安装到户；同时，扶持和关爱弱势群体，对贫困户、五保户等安装有线电视实行减免政策。为把广播电视村村通工程向深度拓展、向长效提升，又先后制定出台了《广播电视村村通实施办法》等多项规章制度，有效地规范了工程建设、运行维护、绩效考核、监督管理等方面的工作。2012年，在全国"十二五"广播电视村村通工程电视电话会议上，安徽作为三个先进省份之一作了经验交流发言。党的十八大以来，安徽广播电视村村通工程深入发展，全面实施整省推进广播电视直播卫星户户通工程。截至2019年年底，全省广播、电视人口覆盖率均达99.87%，走在全国前列。

农村公益电影放映。为了解决农民看电影难的问题，1998 年，原文化部、国家广电总局提出了农村公益电影放映"2131 工程"，即在 21 世纪初，在广大农村实现一村一月放映一场电影的发展目标。按照国家发改委、国家广电总局、文化部的统一部署和要求，安徽坚持"政府扶持、市场开发、社会参与"相结合的可持续发展战略，充分整合资源，加强队伍联动，开展规模放映，极大地活跃了农村电影市场，"2131 工程"取得了阶段性成果。"十五"期间，全省农村电影放映累计 60 多万场，观众超过 1 亿人次。

2007 年，农村电影放映工程被正式列入公共文化服务体系，安徽各地采取多种形式，确保完成农村公益电影放映场次，不断提高放映质量。2011 年以来，安徽平均每年超额完成年度放映任务的 6.6%，新片放映率以年均 10% 以上的速度增长。2014 年，在巩固农村一村一月放映一场公益电影的基础上，安徽大力推动农村电影放映提质增效，建成全省性的监管平台，推动组建省级农村公益电影放映公司，拨付专项资金购置更新农村数字电影放映设备，结合农时、气候条件、休闲时间和当地产业发展等实际，调整优化放映时间，真正让农民群众看到电影、看好电影。从 2018 年起，安徽又着眼改善农村群众观影环境，开始推动农村公益电影放映"由流动向固定、室外向室内转变"，加快室外固定点和室内点建设，受到群众普遍欢迎。

农家书屋。为了解决广大农民看书难、读报难问题，原国家新闻出版总署等八部委于 2007 年开始实施农家书屋建设工程。按照统一部署，安徽省农家书屋工程自 2007 年启动，2012 年提前三年实现"村村有、全覆盖"目标。从 2013 年起，农家书屋工程深入推进，重点由建设转向出版物更新补充和管理维护，保证农家书屋出版物常读常新，最大限度发挥社会效益。

农家书屋有效缓解了广大农村缺书少报现象，解决了农民"看书难、看报难"的问题，在传播先进文化、推广科技知识、改善村风民风、培养新型农民方面发挥着积极作用，保障了农民群众读书看报的基本文化权益。特别是对经济发展相对滞后、科技文化相对落后的偏远农村来说，农家书屋给广大农民送来了精神食粮，让农民群众充分享受了改革发展的红利。

## 5. 文化服务品牌丰富多彩

安徽创新服务方式，不断提升服务质量，涌现出一批有影响的文化服务品牌。产生较大影响的有安徽省艺术节、安徽省花鼓灯会、中国黄梅戏艺术节、安徽省民俗文化艺术节、中国非物质文化遗产传统技艺大展、"江淮情"慰问演出、送戏进万村、戏曲大篷车、中国农民歌会、广场舞大赛、校园大舞台、少儿文艺调演、徽风皖韵中国行、春雨工程边疆行、乡村春晚、有戏安徽、黄山书会、全民阅读、书香安徽、书香家庭评选等综合文化活动。

2014 年，安徽在全国率先采取政府购买服务的方式开展"送戏进万村"，为全省 15539 个行政村每村送上一场正规文艺演出。"送戏进万村"激发了农民群众参与文化建设的热情，各类村级文化协会如雨后春笋般发展起来，一批长期在外省走市场的民营院团也纷纷返乡参与"送戏"采购。

由文化部、农业部、安徽省人民政府主办，滁州市、省文化厅等共同承办的"中国农民歌会"以"唱农民、农民唱"为宗旨，唱响农民好声音、舞出美好新生活，已成为全国农民的年度欢乐节。

安徽支持民营文艺机构参与公共文化服务品牌建设，在全国率先出台扶持民营文艺表演团体的意见，2009—2012年曾实施"3311"计划：用三年时间，培育壮大临泉杂技、埇桥马戏、安庆黄梅戏三大特色民营演艺基地，评选出100个民营"百家院团"，培训1000名民营文艺表演骨干。通过扶持，全省民营演艺基地和团体不断发展壮大。

党的十八大以来，安徽文艺展演展示惠民乐民成效更加明显，连续举办中国黄梅戏艺术节、全省优秀新创剧目展演、全省地方戏曲会演、全省惠民巡演乡村行、全省美术书法作品联展等一系列活动，走进校园、社区、乡村，让艺术成果更多惠及广大人民群众。"十三五"期间，安徽各地开展了5900余场文艺活动，"乡村春晚"举办4000多场。"文化扶贫·携手小康"惠民巡演累计超过1万场。"送戏进万村"年均演出2万多场。"携手共圆小康梦"文化惠民活动覆盖全省32个贫困县（区），优秀国产电影主题放映近万场。开展"送文化年货"活动1.32万场，11家单位入选第七届全国服务农民、服务基层先进单位，入选数并列全国第一位。

"十三五"期间，安徽广泛开展全民阅读，实施"省直机关读书月""我是阅读推广人""皖家悦读  大家讲书"三项示范活动；开展"我的书屋我的梦"农村少年儿童阅读实践和新时代乡村阅读季系列活动，为全省1.5万余个行政村农家书屋补充图书585万册、报刊及音像制品130万份；策划组织"文化名家进高校"暨"非遗进校园"活动，先后走进9所高校；率先开展"戏曲进校园"活动，组织各类演出活动2.9万场；首创"有戏安徽"直播品牌，推动艺术与技术融合，打造"五位一体"（融剧场、电视、电脑、广播、手机于一体）传播模式，直播演出 166 场，网上点击量 1900 万次，中宣部部刊《宣传工作》头条推介，并入选全国宣传工作创新案例。

## 6. 文化遗产保护扎实推进

安徽历史文化悠久，文物古迹众多。据统计，全省有各种不可移动文物 25005 处，其中全国重点文物保护单位 175 处、省级文物保护单位 915 处、市县级文物保护单位 3000 多处。截至 2020 年年底，全省共有世界文化遗产 3 处（黄山、皖南古村落——西递和宏村、中国大运河安徽段），国家历史文化名城 5 座（亳州、寿县、安庆、歙县、绩溪），中国历史文化名镇名村 35 个，中国传统村落 400 个，省级历史文化名城 10 个，省级历史文化名镇名村 31 个，省级传统村落 754 个。安徽文物藏品以商周青铜器、文房四宝、古代书画、徽州雕刻、明清徽州契约文书等最具特色。

安徽博物院"欢欢喜喜过大年"活动中"非遗"传承人在表演吹糖人

加强文物保护和管理工作。安徽省陆续出台《关于进一步加强文物工作的实施意见》《安徽省实施中华优秀传统文化传承发展工程工作方案》《安徽省革命文物保护利用工程（2018—2022 年）实施方案》《安徽省革命文物保护条例》等文件，加强大遗址、大运河、古民居古村落、革命文物等的保护利用。全省 15 个市、66 个县（市、区）进入全国革命文物保护利用片区名单，安排革命老区红色文化保护专项资金；编制完成繁昌人字洞等 19 处大遗址保护规划及《大运河安徽段文化保护传承利用实施规划》。结合皖南国际文化旅游示范区、新型城镇化、传统古村落、历史文化名城（名镇、名村、街区）建设，积极推进呈坎、黄田国家古村落保护样板工程和含山县凌家滩、凤阳县明中都城国家大遗址公园建设；创建了国家级文化生态保护区、徽州文化生态保护区。安庆市获批成为全国首家"中国戏曲剧种传承发展基地"。全省建成各级各类博物馆、纪念馆 232 个，其中国家一、二、三级馆共有 43 个。共有国有收藏单位 394 个，共登录文物藏品 32.53 万件（套），实际数量 118.19 万件，藏品保存状况良好。

开展非物质文化遗产保护工作。全省有县级以上"非遗"5500多项，其中世界级 3 项、国家级 88 项；有县级以上"非遗"传承人 7000 多名，其中国家级 119 人；有省级"非遗"传习基地（传习所）87 个。安徽贯彻"保护为主、抢救第一、合理利用、传承发展"的方针，大力实施非物质文化遗产保护工作：完成第四批国家级、第二批省级"非遗"传承人记录工程验收工作，实施第五批国家级和第三批省级传承人记录工作，徽剧和徽州漆器髹饰技艺记录项目被评为文化和旅游部"国家级非物质文化遗产代表性传承人记录工作"优秀成果。故宫博物院驻黄山徽派传统工艺工作站实施徽州传统工艺资料搜集整理工程，开展徽派传统民居营造技艺传承人口述史记录工作；中国科学技术大学、黄山职业技术学院分别举办手工造纸技艺和茶叶制作技艺培训班，共培训浙江、江西、福建等 10 余个省 60 余名"非遗"传承人。

促进优秀传统文化传承发展。安徽多次举办"非遗"传统技艺展示活动，大别山民歌、黄梅戏、徽州三雕等 100 余项传统音乐、舞蹈、技艺类项目进入景区、社区、校园、乡村等地进行展示。元旦、春节、元宵节期间，全省还组织"非遗"小分队赴村镇、社区、学校等基层地区和场所进行慰问演出，表演传统艺术类国家级和省级"非遗"项目以及群众喜闻乐见的民俗活动，丰富了人民群众在节日期间的精神文化生活。2019 年，安徽曾举办全省"非遗"传统戏剧专项资金扶持成果展，选调黄梅戏、徽剧、庐剧、目连戏等 11 个具有代表性的经典剧目或唱段。2020 年 12 月 18 日至 23 日，省文化和旅游厅组织小分队，先后赴望江、石台、霍邱、阜南四个国家级贫困县表演徽剧、黄梅戏、太和清音、砀山唢呐、临泉杂技、大别山民歌等"非遗"项目，拉开全省"非遗过大年　文化进万家"系列活动序幕，产生较大社会反响。

安徽还以"非遗"文化资源为基础，支持各地发展工艺美术、传统戏剧、特色节庆、特色展览等产业，打造一批徽文化名片。通过挖掘、整理民俗文化遗存，建设"非遗"基地，扩大传习规模，

安徽博物院新馆

发展一村一品项目。截至 2020 年年底，已经建立多家集约化"非遗"产业园。合肥非物质文化遗产园、池州九华山大愿文化园、黄山徽文化艺术长廊、宣城中国宣纸文化产业园、亳州老子文化生态园等，采取"前店后坊"的经营模式，将徽州四雕、宣纸制作技艺等传统美术、技艺类"非遗"项目开发为体验性旅游项目，推动花鼓灯、黄梅戏、五禽戏等传统项目融入当地旅游，打造徽风皖韵的古城、古镇、古村落，助力乡村振兴。

## （三）民生建设覆盖所有领域

天地之大，黎元为先。七十多年来，安徽省委、省政府始终坚持把人民的利益放在首位，把加强民生建设、保障和改善人民生活作为重要的政治责任，根据时代新要求、经济社会发展新形势、人民新期盼，不断完善教育、医疗卫生、就业、社会保险与福利、最低生活保障等基础性、普惠性民生建设，在提升人民群众获得感、幸福感与安全感方面不断取得新的重大进展。

从 1949 年到 1956 年，安徽积极响应党中央号召，开展剿匪反霸、打击反动会道门组织，以维护社会正常秩序；消除赌博、贩毒和卖淫等丑恶现象，以净化社会环境；开展"三反""五反"和知识分子思想改造、整党整风、社会主义教育等一系列以价值观为核心的社会建设运动，使社会风气焕然一新。从 1956 年到党的十一届三中全会召开，安徽全省开展了以除"四害"为中心的爱国卫生运动；开展农村社会主义教育运动；大力普及农村合作医疗制度，建立乡村"赤脚医生"服务模式；在农村普及小学五年制教育等，在医疗卫生、基础教育、社会公德等方面取得了显著成效，创立了民生建设的基本制度框架。

改革开放后，安徽民生建设开启了新征程。凤阳县小岗村"包干到户"拉开了中国农村改革的大幕，城乡社会二元结构开始被打破。围绕社会管理体制的改革，安徽出台一系列地方性法规，在民生领域、村民自治、社会治安、农村税费改革等方面大胆探索，加快推进以改善民生为重点的社会建设，取消农业税，改善人民生活，不断推进学有所教、劳有所得、病有所医、老有所养、住有所居，促进社会和谐稳定，民生建设驶入发展快车道。

党的十八大以来，一方面，人民生活显著改善，社会治理明显改进，另一方面，人民对美好生活的向往更加强烈，对民主、法治、公平、正义、安全、环境等方面的要求日益增长。民之所盼，政之所向。安徽坚持把人民对美好生活的向往作为奋斗目标，着力补齐民生保障短板、解决好人民群众急难愁盼的问题。2016年4月，习近平总书记在安徽考察时指出，多谋民生之利，多办民生之事，多解民生之忧，让人民群众有看得见、摸得着、感受得到的获得感。安徽省委、省政府坚持以人民为中心，坚持以习近平总书记的重要指示为引领，把增进人民福祉作为发展的根本目的，聚焦"扎实增进人民群众获得感"，谋划部署"共享发展行动"，着眼在发展中补齐民生短板，不断织密织牢民生保障网；同时，卓有成效地开展社会治理的现代化探索与创新，"放管服"改革、社会服务管理信息化建设等多项改革走在全国的前列。

## 1. 用好民生工程金字招牌

安徽坚持把改善民生作为经济社会发展的出发点和落脚点，

率先实施并不断优化调整民生工程项目，久久为功，倾力打造特色品牌，形成了保障改善民生最有效的制度安排、最具特色的安徽品牌，探索出了一条用项目化手段、工程化措施解决民生问题的新路子。

率先实施民生工程，构建和谐社会。民生工程是安徽省民生建设的重要品牌和主要抓手。2006 年 10 月，党的十六届六中全会通过《中共中央关于构建社会主义和谐社会若干重大问题的决定》，强调要以解决人民群众最关心、最直接、最现实的利益问题为重点，着力发展社会事业、促进社会公平正义、建设和谐文化、完善社会管理、增强社会创造活力，走共同富裕道路。安徽省委、省政府贯彻十六届六中全会精神，坚持把有限的财力优先向民生倾斜，以组织实施民生工程为重点，扎实推进社会主义和谐社会建设。2007 年 1 月，省政府印发《关于实施十二项民生工程促进和谐安徽建设的意见》，决定从 2007 年开始，启动和实施十二项民生工程，着力提高城乡居民社会保障水平，进一步增强政府公共服务能力，让广大人民群众共享改革发展的成果。

建立农村居民最低生活保障制度。在现有农村特困群众救助制度基础上，建立全省农村居民最低生活保障制度，将家庭年人均收入低于 683 元的绝对贫困人口纳入低保范围，给予每人每年平均 260 元补助，并随着经济社会发展水平的提高，逐步扩面提标，使农村困难群众的基本生活得到稳定保障。所需资金由省与市、县财政按 7∶3 比例负担。

进一步提高农村"五保户"供养标准。农村"五保户"供养标准，将现有每人每年平均 850 元提高到每人每年平均 1200 元，使全省"五保户"达到当地农村居民平均生活水平。所需资金按照现行财政体制，61个县（市）和15个县改区由省财政负担，其他市辖区由市财政负担。

完善城镇未参保集体企业退休人员基本生活费保障机制。对城镇未参保集体企业退休人员，纳入当地城镇居民最低生活保障范围，并按当地城镇居民最低生活保障标准发给个人基本生活费。所需资金，市本级由当地政府统筹解决，县（市、区）由省与县财政按1∶1比例负担。

积极推进农村新型合作医疗制度。2007年将农村新型合作医疗试点范围扩大到全省80%的县（市、区），覆盖全省农业人口4080万人；2008年在全省全面建立新型农村合作医疗制度。实行新型农村合作医疗制度，应由地方各级财政负担的补助资金，按现行财政体制，61个县（市）和15个县改区由省与县（市、区）按15∶5比例负担；其他市辖区由市财政负担。

探索建立城镇居民基本医疗保障制度。参照新型农村合作医疗办法，探索建立城镇居民基本医疗保障制度。实行个人缴费、政府支持和社会捐助相结合的筹资机制。自愿参保居民，每人每年缴费不低于30元；省财政补助每人每年30元；当地财政给予必要补助，县级不低于10元，市级不低于30元。从2007年至2009年，用三年时间将全省城镇未参加职工基本医疗保险的居民，全部纳入城镇居民基本医疗保障范围。

逐步提高城乡医疗救助水平。进一步完善城乡医疗救助制度，将城乡低保对象、农村"五保户"、农村重点优抚对象纳入医疗救助范围。全省各级政府加大财政投入，并多渠道筹集资金，逐步提高城乡医疗救助水平，建立健全城乡医疗救助体系。

逐步建立重大传染病病人医疗救治和生活救助保障机制。进一步落实对艾滋病病人的"四免一关怀"政策，继续实施"四个一、三条线"工程，逐步加大对艾滋病病人的医疗救治和生活救助力度。对结核病人、血吸虫病人以及确诊为人禽流感、传染性非典型肺炎、霍乱等重大传染病病例或疑似病例的病人，继续按规定提供医疗救治费用。所需资金由省与市、县财政共同负担。

积极推进城乡卫生服务体系建设。从 2007 年至 2011 年，用五年时间改扩建 1230 所乡镇卫生院、10000 个村级卫生室和 2000 个城市社区卫生服务机构，在全省基本健全城乡卫生服务体系。所需资金除积极利用国家开发银行贷款和争取中央投资外，其余由省与市、县按 8∶2 比例负担。

全面实施城乡义务教育经费保障机制改革。同步推进城乡义务教育经费保障机制改革，从 2007 年起全部免除城乡义务教育阶段学生学杂费，继续对农村贫困家庭学生免费提供教科书，并补助寄宿生生活费。免费提供农村贫困家庭学生教科书资金由中央财政全额负担，补助农村贫困家庭寄宿生生活费资金继续由市、县财政负担。农村义务教育免学杂费资金由中央和地方财政按 6∶4 比例分担。地方应分担的 40% 部分，61 个县（市）和 15 个县改区由省财政负担，其他市辖区由各市财政负担。城市义务教育免学杂费资金，按现行财政体制由各地自行解决，省财政对困难的地方给予适当补助。

全面消除农村中小学危房。从 2007 年起，用两年时间完成全省 304 万平方米 D 级危房改造任务，确保全省农村中小学校舍安全。所需资金除积极利用国家开发银行贷款和争取中央补助外，其余全部由省财政筹集解决。

加速推进农村饮水安全工程建设。从 2007 年至 2011 年，用五年时间按照国家有关标准，解决全省农村饮水安全问题。所需资金除积极利用国家开发银行贷款和争取中央投资外，其余由省与市、县按 3∶7 比例负担。

进一步完善农村部分计划生育家庭奖励扶助制度。完善农村计划生育家庭奖励扶助政策，对农村只有一个子女或两个女孩的计划生育家庭，夫妇年满 60 周岁以后给予奖励扶助。奖励扶助金按每人每年 600 元的标准发放，其中只生育一个独生女的另增发 120 元。对子女死亡且现无子女的奖励扶助对象，其奖励扶助标准从每人每年 600 元提高到 1200 元，其中只生育过一个独生女且死亡现无子女的，从每人每年 720 元提高到 1320 元。所需资金，国家规定的 600 元标准部分，由中央、省、市县财政按 5∶3∶2 比例负担；省提标的 120 元及 600 元部分，全部由省财政负担。

2007 年，十二项民生工程即取得阶段性成果，累计投入 78.4 亿元，惠及 4000 多万城乡居民，推动了社会建设，促进了社会和谐。安徽率先实施并稳步推进的民生工程，走出一条解决民生问题的新路。

持续推进"33 项民生工程"，体现初心、通达民心。民生工程从 2007 年开始实施以来，项目不断更新，2008 年达 18 项，2009 年达 28 项，2010 年后稳定为 33 项，紧扣人民群众的烦心事、操心事、揪心事，明确了就业、教育、健康、社保、文化、社会治理、基础设施、污染防治和脱贫攻坚等九个方面共 53 项民生工作内容。

就业创业方面，涉及新型农民培训工程、农民工技能培训工程等 6 项；教育方面，涉及城乡义务教育经费保障、学前教育促进等 6 项；健康安徽方面，涉及提高妇女儿童健康水平、重大传染病病人医疗救治和生活救助等 6 项；社保方面，涉及城镇未参保集体企业退休人员基本生活费保障、城乡居民基本医疗保险等 11 项；公共文化方面，涉及"农家书屋"工程、乡镇综合文化站建设等 3 项；公共安全和社会治理方面，涉及城乡困难群体法律援助等 7 项；基础设施建设方面，涉及美丽乡村建设等 7 项；污染防治方面，涉

2015—2020 年安徽省民生工程投入资金情况

1981—2020 年安徽省城镇居民人均可支配收入与家庭恩格尔系数

1978—2020 年安徽省农村居民人均可支配收入与家庭恩格尔系数

及水环境生态补偿等 4 项；脱贫攻坚方面，涉及产业扶贫等 3 项。2012 年至 2017 年，全省 33 项民生工程累计投入 4350 亿元，惠及 6000 多万城乡居民，人均受益 7000 多元，在幼有所育、学有所教、劳有所得、病有所医、老有所养、住有所居、弱有所扶上取得了一系列开创性成果，让改革成果更多更公平惠及全体人民。2007 年至 2020 年，安徽民生工程资金累计投入达 9167.6 亿元，惠及全省 7000 万群众，人均受益 1 万多元。

## 2. 就业形势保持长期稳定

就业是民生之本、安国之策，关系到老百姓的"饭碗"。安徽始终把就业作为社会稳定的基石和最大的民生来抓。

成功应对三次待业高峰。新中国成立后，在国民经济恢复和对私营企业进行社会主义改造期间，一度出现失业潮，加之国民党政府遗留的为数不少的旧公职人员和官僚资本企业职工下岗，形成了安徽第一次待业高峰。党和人民政府十分关心和重视失业人员的生活和就业问题，采取介绍就业、转业训练、以工代赈、生产自救等多项措施扩大就业。从 1949 年至 1957 年，共解决 40.94 万名失业人员的安置就业和生活救济问题，基本消除了失业现象。20 世纪 60 年代初，受三年经济困难的影响，城镇大量闲散劳动力得不到安置，1959 年至 1961 年，全省城镇闲散劳动力累计有 41 万多人，形成第二次待业高峰。针对严峻形势，安徽各地动员城镇闲散劳动力到国营农场、林场、牧场、渔场安置，或将其输送到企事业单位做临时工，或组织起来从事为企业生产和居民生活提供服务的经营项目，到 1965 年，全省城镇闲散劳动力基本得到安置。1979 年，安徽调整城镇知识青年上山下乡政策，大批知青返城，全省城镇待业人员达 58.58 万人，形成全省第三次待业高峰。同年 10 月，安徽省委、省政府及时发出通知，提出发展集体所有制生产和服务事业，从城乡两个方面广开就业门路。各地认真贯彻"在国家统筹规划和指导下，实行劳动部门介绍就业、自愿组织起来就业和自谋职业相结合的方针"，积极开展就业工作。1980 年，各地注重抓第三产业的发展，拓宽了就业渠道。到 1984 年，全省实现了就业高峰的平稳过渡。

坚持实施积极就业政策。20 世纪 90 年代开始，随着我国经济体制改革的逐步深化，国有企业下岗职工基本生活保障和再就业成为首要任务。1995 年，安徽在合肥、淮南等五个城市进行再就业工作试点，第二年在全省全面推开。1997 年，安徽省人民政府下发《关于深入开展再就业工作的通知》和《关于切实做好我省企业职工解困工作的通知》，明确了全省实施再就业工程的 10 条政策和 10 条分流渠道。

2002 年以来，安徽省委、省政府不断加强就业再就业工作，坚持实施积极就业政策。从 2003 年至 2007 年，促进了百万国有、

就业帮扶专场招聘会现场

集体企业下岗失业人员实现再就业，成功解决了体制转轨和结构调整中出现的职工下岗的重大问题。2008年国际金融危机爆发后，企业经营出现严重困难，保就业成为全省各项工作的重中之重。安徽认真贯彻《中华人民共和国就业促进法》，建立健全就业政策体系，深入实施"创业扶持工程"，大力推行组织起来就业；实施"再就业百日帮扶行动"和"消除零就业家庭、零转移就业农户行动"，着力帮助困难群体就业；坚持统筹城乡就业，加快建立覆盖城乡的公共就业服务体系，农村劳动力转移就业组织化程度稳步提高。从2005年起，全省第二、三产业从业人员超过第一产业从业人员，就业结构发生历史性转变。"十一五"期间，累计新增城镇就业超过250万人，农村劳动力转移就业超过300万人，城镇登记失业率控制在4%以内，低于全国平均水平。

全力推动大众创业、万众创新。党的十八大以来，安徽深入实施就业优先战略和人才优先发展战略，瞄准就业创业，精准发力，推动大众创业、万众创新，就业规模持续扩大，就业局势长期稳定。出台《"创业江淮"行动计划（2015—2017年）实施方案》，促进创业就业；实施青年创业计划，建设青年创业园；开展创业型城市创建工作，合肥等四市被评为全国创业先进城市。统筹推进高校毕业生、农村劳动力等重点群体就业，高校毕业生总体就业率保持在90%以上，城镇登记失业率从2015年的3.14%降至2020年10月底的2.85%；实施系列人才计划，人才队伍活力不断显现。深入实施新时代江淮英才计划，加大高端领军人才选拔培养力度，创新推行"江淮优才卡"制度；全面推进技工大省建设，实施高技能人才振兴计划，推行企业新型学徒制，开展"工学一体"就业就学试点。截至2020年9月，全省技能人才总量达568.3万人，其中高技能人才157.2万人，较"十二五"期末分别增长39.4%、41.2%，获中华技能大奖1人、全国技术能手106人、江淮杰出工匠46人。

此外，安徽省还深入实施人社扶贫三年行动计划，规范认定就业扶贫车间959个，吸纳就业人口31186人，带动率36.43%。全省建档立卡贫困人口参加城乡居保364.48万人，领取待遇150.15万人。2020年，面对外部环境复杂多变、新冠肺炎疫情来势汹汹、历史罕见洪涝灾害的"三面夹击"局面，安徽统筹推进疫情防控和经济社会发展，扎实做好"六稳"工作，全面落实"六保"任务。在稳就业上，积极做好减法，着力减轻企业负担；做好加法，千方百计增加就业岗位；做好乘法，发挥创业带动就业倍增效应；强化保障，切实优化居民就业服务，确保零就业家庭至少有1人就业，劳动者就业有出路、生活有保障、权益有维护。安徽交出了一份来之不易的就业成绩单，"十三五"期间，全省城镇新增就业 342.9 万人，2016 年、2018 年、2020 年三个年度均获得国务院表扬激励。

### 3. 教育事业发生格局性变化

教育是国之大计、党之大计。新中国成立七十多年来，安徽教育事业在落后的基础上起步，在曲折中发展，在改革中前进，教育事业发生格局性变化，人民群众教育获得感明显增强。

教育事业除旧布新。近代以来，安徽教育事业非常落后。新中国成立之初，全省仅有高等学校 3 所，各类中等学校 167 所，小学 1.24 万所，各类学校的在校学生也都很少。新中国成立后，在完成对旧的文教卫生事业的接管后，全省各级党委和政府对各级各类教育进行民主改造，建立起新民主主义的教育体系。在基础教育方面，把改造旧的小学教育放在重要位置，通过废除旧的教育思想、改造旧的课本和整顿教师队伍，使这些学校的面貌焕然一新。为普及小学教育，除注重发展公办小学外，还大力发展了民办小学教育。在中学教育方面，人民政府接收了公办、私立中学和教会中学，在有条件的地方发展了师范教育。在高等教育方面，安徽刚解放时接收的只有国立安徽大学、省立安徽学院、省立淮南工业专科学校三所学校。1949 年 12 月，上海私立东南医学院迁至安徽怀远，成为安徽第一所高等医学院校，后改为公办，迁至合肥，更名为安徽医学院。从 1952 年开始，国家对高等学校进行院系调整。经过调整，全省高校在系科设置上比较好地适应了安徽的经济建设和实际需要，教育水平有了很大的提高。1954 年，安徽农学院由芜湖迁至合肥，芜湖的安徽大学本部改为安徽师范学院。1955 年，淮南煤矿工业专科学校改为合肥矿业学院，1956 年暑期由淮南迁至合肥，1958 年改为合肥工业大学。1958 年，新建合肥大学（9 月，毛泽东视察安徽期间建议改名为安徽大学，并题写校名）、蚌埠医学院等 6 所高等院校和 23 所专科学校，全省高等学校达 34 所，在校学生 1.62 万人。到 1965 年，全省全日制学校有普通高校 15 所，普通中学 665 所、中等专业学校 213 所、小学 10.58 万所、幼儿园 338 所，教育质量明显提高。

在改革中快速发展。党的十一届三中全会以后，安徽和全国一样，教育事业拨乱反正，迅速走向正轨，并快速发展。一是全面发展中小学教育。20 世纪 80 年代初，安徽省人民政府即对全省普及小学教育进行全面规划和部署，有计划压缩高中、整顿初中，合理调整布局。1983 年 6 月，安徽省委、省政府作出《关于加强和改革普通教育的决定》。1984 年 10 月，安徽省人大常委会通过《安徽省普及初等义务教育若干规定》，中小学教育在改革中得到较快发展。到 1990 年，全省拥有普通高中 600 余所，在校学生 27 万多人；普通初中 3700 所，在校学生 190 余万人；小学 3.5 万多所，在校学生 633 万余人，适龄儿童入学率达到 98.2%，巩固率达到 97.9%，毕业率达到 97.3%；幼儿园 1700 余所，在园幼儿近 50 万人。二是积极发展职业教育。全省各地把改革教育制度和改革劳动就业制度结合起来，推动形成办学育人与劳动用人一体化格局。到 1990 年，全省中等技术学校达到 90 所，在校学生 5.6 万余人；中等师范学校 45 所，在校学生 2.5 万余人；技工学校 160 余所，在校学生 4.4 万余人；农村职业高中 330 余所，在校学生 8.5 万余人；农村职业初中 220 余所，在校学生 7.7 万余人。三是大力发展高等教育。全省迅速恢复和新建了一批高校。到 1990 年，全省共有高校 37 所，在校学生 6.2 万多人。四是积极推动成人教育。1990 年，全省共有成人中专学校 134 所，在校学生 5.3 万人；成人高校 21 所，在校学生 5.1 万人；成人小学和成人中学在校学生人数分别为 56.2 万人和 2.4 万人，成人技术培训学校在校学生 32.4 万人。

科教兴皖，教育先行。科教兴皖战略是安徽在世纪之交的重要时间节点上，全面落实党中央关于科技是第一生产力思想的一项战略决策。科教兴皖，就是以科技为先导，以教育为基础，以人才为根本，以投入为保证，达到增强科技实力及其向现实生产力转化的目的。为推进教育事业优先发展，"九五"期间，安徽省委、省政府相继出台了一系列政策措施：切实加大教育投入，改善办学条件；认真实施教师安居工程，分批将农村民办教师全部转为公办教师，逐步改善教师的工作和生活条件，极大地调动了广大教师教书育人的积极性；实施基本普及九年义务教育、基本扫除青壮年文盲工程；积极推动中小学应试教育向素质教育转变，加快高中阶段教育的发展；不断扩大高等教育规模，积极优化资源配置，努力提升办学层次，重点建设安徽大学，积极推进高校后勤社会化改革。

繁昌县平铺镇新林夜校正在对青壮年扫盲学员进行成绩测试

2001 年，省属普通高校发展到 52 所，省内高校硕士点、博士点和博士学位授予单位分别达到 183 个、8 个和 3 个；安徽大学"211 工程"一期建设顺利通过国家验收；走多元化办学的路子，大力发展高等职业教育和成人教育，积极开展农民实用技术培训，不断提升职业教育层次，提高整个社会的科技文化素质。

实施教育振兴行动计划。2004 年 7 月 19 日，安徽省人民政府印发《关于实施国家 2003—2007 年教育振兴行动计划的意见》，重点推进农村教育发展与改革，重点推进高水平大学和重点学科建设，实施 21 世纪素质教育等"五项工程"，进一步振兴职业教育，构建和完善中国特色社会主义现代化教育体系。2007 年 7 月，经教育部认定，安徽已全面实现"两基"（基本扫除青壮年文盲，基本普及九年义务教育）目标。2008 年，全省农村义务教育进入全免费时代，同时，继续推进义务教育均衡发展、减轻学生课业负担、农民工子女平等接受义务教育三项改革试点，基础教育水平进一步提升。2010 年，安徽进一步加快建设高等教育强省，成为全国七个省级统筹教育综合改革试点省之一，高校办学规模不断扩大，教学质量和办学水平稳步提高。到 2011 年年底，全省共有普通高校 104 所，在校生 99.1 万人，分别是 2000 年的

岳西县步文友谊希望小学的孩子们欢聚在新建成的教学楼前

2.47 倍和 5.43 倍。安徽省委、省政府加快发展体育事业，广泛开展体育教育，群众性体育活动日趋活跃，竞技体育捷报频传。安徽体育健儿在 2008 年北京奥运会上实现了奥运夺金的新突破。

深化教育体制改革。"十二五"期间，安徽重点实施义务教育均衡发展等九项教育体制改革试点和一批重大工程，完成 829 所义务教育学校标准化建设任务，职业教育市级统筹和资源整合深入推进，高水平大学建设步伐加快，主要指标全面超过全国平均水平，教育普及程度达到新高度，教育事业改革与发展取得了显著成绩。"十三五"以来，安徽坚持把教育摆在优先发展的战略位置，跻身全国"三全育人"综合改革试点省，在全国率先挂牌成立省高校网络思想政治工作中心，打造全国第一家省级"教管服一体化智慧思政大数据平台"。教育评价改革稳步推进，唯分数、唯升学、唯文凭、唯论文、唯帽子的顽瘤痼疾初步扭转。教育督导管理体制改革进一步深化，教育督导质量和水平不断提高。基础教育课程改革不断深化。考试招生制度改革稳步推进，高质量完成国家高职扩招任务。双元制、中国特色学徒制等符合职教特点的育人模式初步建立，实践能力培养、创新创业教育、社会责任教育"三位一体"育人模式基本形成，省属高校国

安徽职业技术学院召开"三全育人"综合改革试点工作推进会

家级大学生创新创业训练计划项目立项数连续多年居全国第一，大学生学科和技能竞赛成绩居全国第一方阵。新增一批硕士、博士学位点，部分填补了安徽省学科授权空白领域。3 所高校 13 个学科入选国家"双一流"建设名单，5 所高职院校进入国家"双高计划"建设单位。高校主动服务"五个一"创新主平台建设，深度参与24 个战略性新兴产业集聚发展基地建设。在 30 所高校建立 53 个人文社科重点研究基地，支持 16 所高校建设新型智库。中德教育合作示范基地建设稳步推进，安徽大学与美国纽约石溪大学合作举办全省首个中外合作办学机构，教育对外开放日趋活跃，深度融入长三角教育高质量一体化发展。

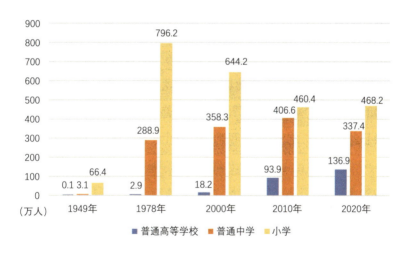

1949—2020 年安徽省在校学生情况

深化改革使安徽教育发展不平衡不充分的问题得到有效缓解，人民群众的教育获得感明显增强。截至 2020 年年底，全省共有各级各类学校 2.28 万所，在校生 1295.4 万人，专任教师 71.95 万人。学前教育毛入园率 94.9%，义务教育巩固率 95.5%，高中阶段毛入学率 92.3%。从 2018 年起，安徽高等教育毛入学率超过 50%，新增劳动力平均受教育年限由 2015 年的 13.3 年提高至 14.3 年，安徽省教育事业发展主要指标已经达到或超过全国平均水平，总体进入全国中上、中部地区前列。

## 4. 社会保障做到全员覆盖

社会保障是民生安全网和社会稳定器，是治国安邦的大问题。安徽牢固树立为人民服务的宗旨，坚持以人民为中心的发展思想，推进社会保障体系建设，走过了从无到有、从小到大、从不完善到逐步完善的历史进程。

社会保障制度逐步建立。新中国成立之初，安徽就在蚌埠市、淮南煤矿以及铁路、邮电系统建立了临时劳动保险措施。1951 年，安徽根据中央人民政府政务院颁布的《中华人民共和国劳动保险条例》，以法令形式确定了企业职工生、老、病、死、伤、残、医可以得到的政府与企业物质和资金帮助，并首先在合肥铁工厂、淮南煤矿等百人以上厂矿企业贯彻实施，同时在不实行条例的企业签订集体劳动保险合同，县以上集体所有制企业按照条例的规定执行。1959 年，安徽省人民委员会颁发施行《关于县以上工业、交通、基本建设企业劳保福利待遇的暂行规定》。1978 年，国务院颁发《关于安置老弱病残干部的暂行办法》和《关于工人退休、退职的暂行办法》，安徽在安庆市试点，并制定了暂行办法和《安徽省职工因伤因病丧失劳动能力鉴定标准（草案）》。1979 年 4 月，暂行办法在全省全面实施。1980 年 10 月，安徽执行国务院《关于老干部离职休养制度的暂行规定》。1983 年 4 月，安徽省人民政府批准《安徽省城镇新办集体经济单位劳动保险待遇试行办法》颁发，规定在以城镇待业青年为主体的新办集体经济单位中建立劳动保险基金，实行劳动保险。1984 年 11 月，安徽省人民政府颁发《安徽省合同制工人社会保险福利待遇试行办法》，对劳动合同制工人合同期、待业期、年老退养期的劳动保险待遇作出规定。社会保障制度的逐步建立和实施，实现了人民群众基本的生存权和发展权。

社会保障体系稳定发展。党的十六大以来，安徽社会保障体系建设进入稳定发展时期，养老、医疗、失业、工伤、生育保险制度基本建立，农村社会养老保险制度改革逐步深化，社会保障制度框架初步形成，社会保障网络不断延伸。

医疗保险方面，安徽省在全省 21 个城市进行医疗救助制度试点，到 2007 年，医疗保险覆盖所有城镇居民；积极推进农村新型合作医疗制度建设，探索由政府组织、引导、支持，农民自愿参加，个人、集体和政府多方筹资，以大病统筹为主的农民医疗互助共济制度。到 2010 年，进一步扩大了覆盖面，提高财政补助和农民缴费标准，规范医疗服务行为，进一步推进新农合制度的完善与发展。养老保险方面，全省开展养老保险扩面征缴工作，继续抓好未参保集体企业退休人员基本生活保障工作，2009 年启动实施养老保险省级统筹，养老保险关系可以在省内自由转移接续。在农村，全省"五保"供养对象实现了应保尽保，同时建立了被征地农民的社会保障制度；在城市，绝大多数地方实现了低保金社会化发放。工伤保险等方面，工伤保险制度日趋完善，2011 年全省参保人数 422 万人；颁布实施《安徽省职工生育保险暂行规定》；特困群众生活救助制度进一步健全起来。社会保障体系的稳步发展，有力保障了职工群众的基本生活，促进了社会的和谐稳定。

社会保障体系更加健全。党的十八大以来，全省社会保障体系更加健全完善。社会保障体系不断健全，保障服务能力显著提升。企业职工基本养老保险省级统筹全面实施，基金实现省级统收统支。建立城乡居民基本养老保险待

涡阳县新兴镇推广社会保障卡，助力全面奔小康

遇确定和基础养老金正常调整机制。机关事业单位养老保险制度改革稳妥实施，养老金计发办法落地工作全面推进，职业年金实现投资运营。工伤保险基金省级调剂制度平稳运行，工伤保险预防、补偿、康复"三位一体"制度逐步健全。实施全民参保计划，推进服务业从业人员、中小微企业职工、灵活就业人员、农民工等群体参加社会保险。"十三五"期间，企业退休人员月人均基本养老金从2015年的1953元提高至2019年的2411元，增长23.5%。城乡居保月人均待遇122.5元，与制度试点初期比，增长60.3元，增幅约一倍。失业保险金计发比例由最低工资标准的75%提高至90%，达到1281元/月，较"十二五"期末增长77%。坚决落实降费率和减免缓政策，2020年1月至10月，累计减征企业社会保险费416亿元。截至2020年年底，全省参加城镇职工基本养老保险人数为1283.5万人；城乡居民基本养老保险参保人数为3490.1万人；参加失业保险人数为564.2万人，全年为15.3万名失业人员发放了不同期限的失业保险金；参加工伤、生育保险人数分别为683.9万人和653万人；参加基本医疗保险人数为6705万人；34.4万人享受城市

居民最低生活保障，183.7 万人享受农村居民最低生活保障，农村五保供养 34.6 万人。全省社会保障事业的发展，为安徽经济社会发展作出了积极贡献。

## 5. 健康安徽托起全民健康

身心健康是幸福生活最重要的指标，健康是 1，其他是后面的 0，没有 1，再多的 0 也没有意义。安徽省委、省政府始终把人民健康放在首位，不断推进健康安徽建设。

医疗卫生事业白手起家。新中国成立前，安徽的医疗卫生事业非常落后，医院少、规模小，医疗设备简陋，技术水平低，缺医少药，无法满足群众的就医需要，更无法控制各种疾病流行，人民群众的生命健康受到严重危害。新中国成立后，全省各级政府都建立了卫生防疫和防治机构，从危害严重的传染病、地方病着手，开展卫生防疫治病工作，取得明显成效。从 1949 年到 1952 年，安徽医院数由 17 个增加到 100 个，医院床位数由 200 张增加到 4500 张，卫生技术人员由 300 人增加到 1.3 万人。

新中国成立初期，血吸虫病成为影响农村经济发展的大患，严重威胁人民健康，人民盼望尽快送"瘟神"。安徽省成立血吸虫病防治所，开展全面血防工

泾县组织春季查螺灭螺工作

作，并派出医疗队到血吸虫病严重地区为患者治疗。到 1954 年年底，全省建起 20 个血防所、站，防治人员发展到近千人，2.4 万病人得到治疗。1955 年，安徽加大防治力度，省委发出《关于加强血吸虫病防治工作的指示》，在巢县半汤设立试点组，研究血吸虫病的流行规律和防治措施，在湖沼地区推广高围、矮围和不围垦殖的灭螺方法。血防工作扎实推进、步步深入，血吸虫病的急性感染率和病死率大幅下降。

与此同时，全省开展了大规模的群众性爱国卫生运动，城乡卫生面貌得到较大改善，天花、霍乱、鼠疫、黑热病、回归热和梅毒等千百年来危害人民健康的传染性疾病基本上得到了控制，为以后的根治创造了良好的条件。

医疗卫生事业全面发展。1978 年改革开放以来，安徽卫生事业从服务大局、满足需要出发，迅速走上预防、保健、治疗全面发展的道路。全省加强防疫保健机构建设，省地（市）县先后恢复和建立卫生防疫站、妇幼保健站（院、所），乡镇建立防保组，村设防疫员，逐步形成城乡预防保健网络。到 1990 年年底，全省共有各类全民、集体所有制卫生机构 7300 余个，床位 10.8 万张，卫生技术人员 13.6 万人。自 20 世纪 80 年代以来，安徽全省开展对儿童实行计划免疫，种"四苗"（卡介苗、麻疹疫苗、脊髓灰质炎活疫苗和百白破混合制剂），防"六病"（结核、麻疹、脊髓灰质炎、百日咳、白喉和破伤风）；开展全面加强妇幼保健工作；同时加强传染病和地方病的防治工作，在全国创造出"以林带芦，灭螺防病"的控制血吸虫病的经验。

进入 21 世纪，安徽在全省范围内开展了一场以政府为主体、以广大人民群众健康利益为导向的医疗卫生体制改革。从 2003 年开始，安徽先后启动实施农村新型合作医疗和城镇居民基本医疗保险制度，减轻城乡居民的医疗负担。2008年，"新农合"覆盖全省；2012年年底，参合率100%。从2009年6月起，安徽全面深化医疗卫生体制改革，形成了"5+1"医改模式，即逐步提高基本医疗保障水平、全面执行基本药物制度、健全医疗卫生服务体系、推进基本公共卫生服务均等化、推进公立医院改革、推进中医药事业发展。各基层医疗卫生部门全面开展了管理体制、人事制度、分配制度、药品供应机制、保障制度等综合改革。在基本药物制度和公立医院改革中，针对医院药价虚高、"以药养医"的问题，安徽一方面建立药品统一招标采购平台，实行零差价销售，一方面淘汰大批非医专业人员，提高医疗机构运行效率，降低运营成本。2010年，安徽提前完成国家医改目标，实现了基本药物由省级统一招标采购，实行"零差率"销售，在全国率先实现"零差率"全覆盖，基层医疗卫生机构回归了公益性，为人民群众提供了安全、有效、方便、价廉的医疗卫生服务。

卫生健康事业高质量推进。党的十八大以来，特别是"十三五"时期，安徽医药卫生体制改革继续走在全国前列，优质高效的医疗卫生服务体系更加完善，覆盖城乡居民的基本医疗卫生制度成熟定型，疾病防治能力不断增强，新冠肺炎疫情防控取得重大战果。城市公立医院改革全面推进，破除"以药养医"机制；探索创新县域医共

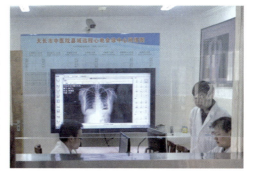

天长市中医院县域远程心电会诊中心，医生联网读取病例

体、编制周转池、乡镇卫生院"公益一类保障二类绩效管理"等多项改革经验,"天长模式"成为全国医改典型;分级诊疗路径更加清晰,建立125个紧密型县域医共体和35个紧密型城市医联体,重点人群家庭医生签约服务率达到65.5%,处于全国领先水平。"15分钟就医圈"基本形成,县域内就诊率在83%以上,次均费用低于全国平均水平,个人卫生支出占比下降到30%以下;实施疾病诊疗能力提升工程,建设一批国家级、省级临床重点专科,全省108所中心卫生院达到二级综合医院水平,常住人口8万人以上的乡镇卫生院全部达到二级医院水平,10家社区卫生服务中心被授予"全国百强社区卫生服务中心";"互联网+医疗健康"示范省建设取得阶段性成效,"智医助理"覆盖全省基层医疗卫生机构,搭建安徽省医学影像云平台,省、市、县、乡四级远程医疗服务体系逐步建立,智慧医院建设不断推进,已设立互联网医院27家。

1952—2020年卫生机构床位数及技术人员数情况

持续推进健康安徽行动,相继出台《"健康安徽2030"规划纲要》《关于进一步加强和改进卫生与健康工作的意见》《安徽省"十三五"卫生与健康规划》《关于加强安徽省健康促进与教育的实施意见》《健康安徽行动实施方案》，成立健康安徽行动推进委员会，将"健康安徽行动"列入省政府对各市政府的绩效考核，实施"健康教育进校园""师生健康·健康中国""合理膳食""科学健身""健康促进助力脱贫攻坚""健康安徽卫健先行""三减三健迈向健康"等跨部门健康促进行动，健康安徽建设扎实推进。针对社会老龄化和职业病频发的状况，注重提升重点人群、特殊人群健康服务水平。"十三五"期间，全省建设医养结合综合示范区 4 个、示范基地（园区）6 个、示范项目机构 27 个、社区示范中心 31 个；职业病防治体系不断健全，尘肺病防治攻坚行动扎实开展，职业病危害监测评价水平持续提升，重点职业病监测工作覆盖全省。

新冠肺炎疫情防控取得重大战略成果。2020 年年初，新冠肺炎疫情暴发后，安徽省委坚决贯彻习近平总书记要求，迅即启动一级响应，打响疫情防控的人民战争、总体战、阻击战。1 月 23 日至 1 月 31 日，省委、省政府连续召开 8 次专题会议，研究部署疫情防控工作，制定出台应急防控一系列政策文件，全面落实"早发现、早报告、早隔离、早治疗"要求，率先实行定点集中隔离、全面核酸筛查和全面封闭管理，用一个月时间控制住疫情蔓延，全面落实"四集中"要求，不惜一切代价救治患者。截至 2020 年年底，安徽全省累计报告本地确诊病例 991 例，治愈率达 99.4%。在做好自身防控工作的同时，坚决响应党中央号召，派出 8 批 1362 名援鄂医疗队员奔赴武汉，累计救治 3156 名患者。超额完成国家下达的防疫物资生产保供任务，先后 6 次向湖北捐献血液 292 万毫升，居全国第一。中国科大"托珠单抗"治疗方案被列入国家诊疗方案。疫情防控转入常态化以后，全面落实"外防输入、内防反弹"各项措施，防控成果持续巩固。在这场同疫情的殊死较量中，白衣天使挺身而出、逆行赴险，企业、侨胞、爱心人士采购捐献抗疫物资、解燃眉之急，中国人民解放军指战员和武警官兵、公安干警、广大民兵勇挑重担，社区工作者、基层干部、机关下沉干部、志愿者和新闻工作者坚守岗位，快递、环卫、抗疫物资生产运输人员不辞劳苦，全省人民在风雨同舟、守望相助中筑起了抗击疫情的坚固防线，以团结、拼搏、奉献的实际行动凝聚了"生命至上、举国同心、舍生忘死、尊重科学、命运与共"的伟大抗疫精神，夺取了抗疫斗争阶段性巨大胜利。在 2020 年 9 月举行的全国抗疫表彰大会上，安徽省血吸虫病防治研究所党支部书记、所长汪天平等 35 人被评为全国抗疫先进个人，安徽支援湖北第三批医疗队临时党支部等 10 个集体被评为全国抗疫先进集体。

深化医药卫生体制改革和健康安徽行动，使全体人民的获得感、幸福感、安全感进一步增强。人均基本公共卫生服务经费补助标准从 2015 年的 40 元提高到 2020 年的 74 元，基本公共卫生服务项目增加至十二大类 45 项。按照全省统一城乡居民基本医保和大病保险保障待遇政策，县域内实行 95% 基金按人头总额预付，按病种付费病种达到 422 个，占总出院人数的 46.5%，均处于全国领先水平。慢性病防控稳步实施，传染病防控有序推进，提前一年实现消除疟疾工作目标，全省碘缺乏病县继续保持消除状态，免疫规划疫苗接种率保持在 90% 以上较高水平，5 岁以下儿童乙肝发病率控制在 1% 以下，疫苗可预防传染病发病率降至历史最低水平。人民群众健康水平明显提高。全省人口平均预期寿命由 2010 年的 75.08 岁提高到 2020 年的 77.96 岁。

## 6. 扎实推进平安安徽建设

基层治理是国家治理的基石，基层强则国家强，基层安则天下安。改革开放以来，安徽先行先试，紧紧围绕村民自治、社区治理、矛盾纠纷化解、违法犯罪打击等，统筹发展与治理，深入推进基层治理现代化，建设平安安徽，让更多的改革发展成果惠及居民群众，逐步探索出一条具有安徽特色的基层治理的新路径。

探索村民自治民主改革模式。扩大农村基层民主，实行村民自治，是中国共产党领导亿万农民进行中国特色社会主义民主政治建设的伟大创造。自我国 1987 年《中华人民共和国村民委员会组织法（试行）》颁布实施以来，村民自治得以快速推广，极大地调动了农民生产积极性，推动了农村社会全面进步。安徽是农业大省，在这场规模空前的民主实践中，勇于创新实践，大胆探索村民通过村民委员会进行自我教育、自我管理、自我服务，实行民主选举、民主决策、民主管理、民主监督的新途径。蚌埠市五河县屈台村村务公开、民主管理的成功经验和做法引起广泛关注，以"屈台模式"为代表的村民自治民主改革享誉全国。

屈台村曾是五河县有名的后进村和"上访村"，村级财务不公开，群众意见大，农民多次上访到北京，村党支部曾一年内更换了四任书记也不能解决问题，工作处于瘫痪状态。1996 年，在五河县委的具体指导下，屈台村开展了村务公开、民主管理的探索实践。经过不断总结经验，逐步形成了"直选、公开、议事、转化"的屈台模式，即在村党支部领导下直接选举村民委员会和村民代表，在村民会议的授权下村民代表会议决定村里的重大事情，以公开栏等形式公开村务、财务和事务，以群众直接参与的形式制定村规民约、自治章程等民主管理制度，实现村民"自我教育、自我管理、自我服务"，进而走上了一条法制化、规范化、制度化的治理轨道。屈台村从一个"上访村"变为"皖北第一村"，探索出了村民自治的有效实现新模式。1998 年 8 月，安徽省村务公开民主管理工作现场会在五河县召开，总结推广五河的做法和经验。五河县被安徽省人民政府命名为全省村民自治示范县，1999 年、2002 年连续两次被评为全国村民自治模范县，2006 年、2009 年先后两次被评为全国村务公开民主管理示范单位。

创新社区治理多方共治机制。在探索村民自治的同时，安徽先后出台一系列文件，推动城乡社区治理、乡镇政府服务能力建设、街道管理体制改革、基层民主协商等工作，进一步完善中国共产党领导下的基层多方共治机制。合肥市将基层党建作为激活高质量发展的核心动能，统筹推进街道体制改革、社区居委会规范化建设、社区工作者管理、智慧社

铜陵市郊区坚持党建引领社区治理，让"邻里中心"成"服务中心"

区建设，推动社区治理向纵深迈进。铜陵市坚持党建引领下的多方共治体制机制，"邻里中心"建设蓬勃兴起，"15 分钟生活圈"功能更加完善。铜陵市铜官区、芜湖市和合肥市包河区先后被确定为全国社区治理和服务创新实验区。合肥市庐阳区等 5 个县（市、区）被确定为全国农村社区治理实验区。

在安徽省委、省政府的强力推动下，城乡社区多方共治机制

逐步形成和完善，社区聚焦民生保障，服务格局展现新气象。在社区综合服务设施和机构建设方面，每百户居民平均拥有社区服务用房面积超过 30 平方米。农村社区建设试点县（市）、一站式服务大厅实现全覆盖，综合服务设施面积平均超过 300 平方米；建设乡镇（街道）社会工作服务站 285 家，村（社区）社会工作服务站点 887 个，全省持证社会工作者 1.4 万人，社会工作专业人才超过 8 万人，社会工作专业服务力量依托各级社工站，在居家养老、儿童关爱保护、矛盾纠纷调处、社区矫正等方面开展广泛服务；在全国率先设立省未成年人保护工作委员会，乡镇（街道）未成年人保护工作站建设逐步铺开；以社区服务中心（站）为支撑，其他社区服务机构和设施为补充的城乡社区服务格局逐步完善，社区治理"一盘棋"格局有效构建。在社区综合服务效能提升方面，积极推进智慧化手段与社区治理深度融合，颁布实施《智慧社区建设指南》地方标准。开展四批智慧社区建设试点活动，形成铜陵市"城市超脑"、合肥市包河区"网格化 +"智慧社区、黄山市黄山区"慧力生活"等试点经验；深入推进减负增效，社区门前挂牌、社区履职事项逐步规范，以群众满意度为标准的社区考核机制日益健全；涌现出一批最美城乡社区工作者和具有安徽特色的优秀社区工作法，20 人被确定为全国抗击新冠肺炎疫情优秀社区工作者；全域网格化服务管理持续推进，城乡社区发挥贴近居民的优势，在常态化疫情防控、社区矫正、特殊人群监管等方面发挥了重要作用。在社区民主协商和自治方面，基层民主协商全面铺开。开展三批省级城乡社区协商示范创建活动，18 家单位被确认为第一批全国村级议事协商创新实验试点建设单位；扎实开展以村（居）民小组、自然村等为单元的自治试点，有效缩小自治半径，推动治理重心、管理、服务、资源进一步下移，增强居民自我管理、自我教育、自我服务意识；丰富居民议事协商形式，有效维护群众切身利益，广泛推行民主协商"六事"工作机制，不断壮大居民自治委员会、社区协商委员会、居民理事会、乡贤议事会、红白理事会、文化活动和志愿服务等队伍，探寻居民意愿和要求的最大公约数。比如：歙县通过建立健全"一约四会"，拓展自治形式，居民参与社区治理积极性、主动性显著提升。旌德县建立村（居）民遵守村规民约、居民公约的"绿币"保障体系，通过完善积分制管理模式，创新丰富基层治理载体，激活了基层治理的内生动力。

构建矛盾纠纷多元化解机制。改革开放特别是党的十八大以来，安徽紧紧围绕平安安徽建设，先后颁布实施《安徽省医疗纠纷预防与处置办法》《安徽省多元化解纠纷促进条例》等规章和法律，着力解决影响社会和谐稳定的源头性、根本性、基础性问题，积极探索矛盾纠纷多元化解的路径，建立完善、科学有效的多元化解机制，全省96%以上的矛盾纠纷在基层和一线得到了及时有效化解。

明确多元化解主体。各级党委、政府根据安徽省委办公厅、省政府办公厅出台的《关于完善矛盾纠纷多元化解机制的实施意见》，坚持把矛盾纠纷多元化解作为"一把手"工程进行谋划和部署，及时研究解决工作中遇到的困难和问题。各部门、各单位主动作为、积极配合，及时出台具体举措。各地还积极创新理念、思路，组织动员"两代表一委员"、"五老"人员、平安志愿者及"乡贤"等群众中的各类优秀代表参与矛盾纠纷预防和化解工作，形成了多方参与、各方联动的工作格局。

探索多元化解方式。各地充分发挥人民调解的独特优势，及时就地化解邻里关系纠纷、婚姻家庭纠纷等传统类型的矛盾纠纷，成功率在 98% 以上；提高行业性、专业性调解的针对性，化解非传统类型矛盾纠纷；实现"警民联调"全覆盖，将公安部门受理的适宜由人民调解员调解的矛盾纠纷交由人民调解员调解；全面加强诉讼与人民调解、行政调解的对接工作，在减轻群众诉累的同时，节约了司法资源。在实践中，安徽各地探索推出了多种灵活多样的调解方式，如宣城市探索形成自选式调解等七大调解法，桐城市将传统文化基因融入矛盾纠纷化解工作，创新推出"六尺巷"调解法。各地还进一步完善行政调解、行政复议机制，大大提高了行政调解、行政复议效能；推广"一村（社区）一法律顾问"制度，及时为群众提供法律咨询与服务，在化解矛盾纠纷中均发挥了重要作用。

建立多元化解平台。充分发挥基层综治中心第一道防线作用，主动服务基层群众，有效化解基层矛盾，努力维护基层稳定；进一步加强人民调解委员会规范化建设，全省共有人民调解委员会 2 万多个，形成遍布城乡的人民调解组织网络；充分发挥行业主管部门、人民团体、社会组织优势，建立医疗纠纷、劳动争议、交通事故、物业管理等各类行业性专业性调解组织 1000 多个；推进诉调对接平台全覆盖，加强人民法院与各部门、各单位、各类组织的无缝对接。此外，各地还积极创新建立在线调解平台、多方协同化解平台和区域协作平台等，提高了矛盾纠纷化解的工作效能。

拓宽信访化解渠道。全省信访系统传承弘扬习近平总书记亲自倡导和亲身实践的信访接待下基层、现场办公下基层、调查研究下基层、宣传党的方针政策下基层的"四下基层"，持续深化五级书记带头大走访制度。省政府信访局主要负责人带队到福建学习考察"四下基层"经验做法，省信访工作联席会议召集人多次到基层调研指导，听取基层意见建议，制定安徽省《关于开展信访工作"四下基层"的意见》，召开全省视频动员会和新闻发布会，广泛动员部署。省委、省政府主要负责人深入抗疫抗洪一线，针对社会关注的热点、群众关心的焦点、久拖不决的难点，现场办公解决问题。全省各级党政领导以实际行动践行"四下基层"，发现问题在一线、化解矛盾在一线、工作落实在一线，打通服务群众的"最后一公里"。2020 年，全省各级党政领导干部接访下访群众 16748 批 40963 人次，现场解决信访问题 10777 件，信访事项一次性化解率、群众满意率明显提升。在全省部署开展"最多投一次""最多跑一地""最多交一回""最后访一回"的信访工作"四最"改革试点，进一步深化信访制度改革，促进依法及时就地解决信访矛盾，解决群众多次投、重复投，多地跑、多头跑，集体访、越级访等问题。各地各部门把解决信访问题的过程作为践行党的群众路线、做好群众工作的过程，压实首办责任，规范办理程序，提升办理质效，对信访事项实行扁平化办理，让干部多办事、群众好办事，数据多跑路、群众少跑腿，最大限度减轻群众"访累"。试点开展以来，2020 年重复走访人次下降 41.6%，重复来信下降 31.5%，重复投诉下降 30.4%，进京重复访人次下降 20.4%，信访事项平均办理周期缩短为 15 天，效率提升 75%。试点过程中，形成了合肥市"三解工作法"、阜阳市"阜阳夜话"、宣城市"温暖星期一"等特色经验做法。贯彻落实习近平总书记"要下大气力把信访突出问题处理好，把群众合理合法的利益诉求解决好"的指示要求，开展集中治理重复信访、化解信访积案专项工作，把中央联席办交办安徽省的 10209 件重复信访事项逐案建档建册，既按照"问题属地"交办到有关市县，又按照"问题分类"交办到省直业务主管部门，推动形成上下联动、左右协动的工作合力。全年向省委、省政府及相关地方、部门报送信访专报、调研报告等90余期，推动从政策层面化解突出信访矛盾，提升信访工作治理能力，防范化解重大风险，切实维护合法权益，维护社会和谐稳定。

开展专项行动打击违法犯罪。党的十八大以来，安徽深入学习贯彻习近平法治思想和党中央关于政法工作的重大决策部署，在深入推进平安安徽建设中，在抓打基础、谋长远的同时，出重拳，以雷霆万钧之势，严厉打击各种违法犯罪活动，确保一方平安。全省社会大局持续稳定，治安形势持续好转。

安徽省持续组织开展了侦破命案、打黑除恶、打击多发性侵财犯罪、打击拐卖妇女儿童犯罪、网上追逃等专项行动，为维护全省社会治安大局稳定、促进社会公平正义、保障人民群众安居乐业作出了积

2017年2月11日，安徽省公安厅认亲仪式上，葛明强和甘立英夫妇紧紧拥抱二十多年前被拐走的女儿

极贡献。安徽公安机关开展守护平安"2015—飓风行动""2016—夏秋行动""2017—百日攻坚""2018—铁拳行动"等系列行动，科学运用好"打"和"防"的两手，打出"组合拳"；同时注重联动融合、开放共治，通过健全落实群众有奖举报制度、打造"江淮义警"等多种途径，深入推进平安安徽建设，确保全省社会治安局势总体平稳、稳中向好。全省人民群众安全感指数由2012年的91.94%提升至2019年的98.33%，实现了党的十八大以来的"七

连升"。

深入开展扫黑除恶专项斗争。紧扣集中打击到位、深挖彻查到位、依法严惩到位、专项整治到位、群众评价到位"五个到位"，强力打响破案攻坚、"打伞破网"、案件诉审、源头治理、宣传发动"五大会战"。专项斗争的有力开展和显著成效赢得了群众充分认可。在群众反映身边黑恶势力是否严重的指标中，安徽省反映比较严重的比例仅为1.3%。对专项斗争成效评价指标中，满意率达95.87%。

2020年，全省安全稳定形势进一步呈现出"四升、五降"的良好态势。与2012年相比，2020年全省抓获犯罪嫌疑人数、治安处罚数、行政拘留数、移送起诉数等四项主要打处犯罪指标分别上升45.5%、27.7%、2.6%、17.4%；与2012年相比，2020年全省刑事案件发案总数、命案发案数、八类暴力犯罪发案数、三类可防性案件发案数、道路交通事故起数分别下降28.9%、37.8%、67%、78.4%、41.3%。电信网络诈骗犯罪破案数同比上升36.51%，抓获犯罪嫌疑人数同比上升93.78%。2021年3月29日，在全国扫黑除恶专项斗争总结表彰大会上，安徽"张氏兄弟"案专案组等8个集体作为全国扫黑除恶专项斗争先进集体受到表彰。人民群众安居乐业，安全感持续上升。

## （四）生态文明建设创造安徽经验

良好生态环境是最公平的公共产品、最普惠的民生福祉。绿水青山就是金山银山。建设天蓝地绿、山清水秀的美好家园，是全面建成小康社会的必然要求，是几千万江淮儿女的共同期盼和不懈追求。改革开放以来，安徽坚持不懈贯彻落实环境保护基本国策，大力加强生态建设，不断改善生态环境。特别是党的十八大以来，安徽省委、省政府带领全省人民坚持以习近平生态文明思想为指引，开拓创新，攻坚克难，坚持不懈，久久为功，着力打造生态文明建设的安徽样板，建设绿色江淮美好家园，谱写了安徽全面建成小康社会生态文明建设的壮丽篇章。

## 1. 落实环境保护基本国策，推进生态省建设

从新中国成立到党的十一届三中全会召开前，生态文明建设的概念尚未提出，我国的环境保护工作尚处于早期探索阶段。这一时期，安徽按照党的号召和国家部署，兴修水利，植树造林，绿化祖国。20 世纪 50 年代，安徽开始了治理淮河、建设淠史杭灌区，60 年代全省兴办乡村林场和进行平原绿化，70 年代构建网带片相结合的综合防护林体系等。1972 年联合国召开首次人类环境会议后，国务院于 1973 年 8 月 5 日召开第一次全国环境保护会议，审议通过了《关于保护和改善环境的若干规定》，将环境保护纳入各级政府的职责范围。同年 12 月，安徽第一次全省环境保护会议召开，环境保护工作正式起步。1978 年改革开放以来，在党和国家工作重心逐步转移到经济建设上来的同时，生态文明建设逐渐成为中国特色社会主义伟大事业的重要组成部分。

落实环境保护基本国策。改革开放后，我国经济得到快速发展，与此同时环境污染问题日益突出。党和国家领导人明确指出：我们决不能走先建设、后治理的弯路，要在建设的同时就解决环境污染问题。1979 年，我国第一部《中华人民共和国环境保护法

（试行）》颁布，国务院作出《关于在国民经济调整时期加强环境保护工作的决定》（国发〔1981〕27号）。1983年12月31日至1984年1月7日召开的第二次全国环境保护会议，首次提出保护环境是我国的一项基本国策。国务院先后出台《关于环境保护工作的决定》（国发〔1984〕64号）、《关于进一步加强环境保护工作的决定》（国发〔1990〕165号）。党和国家逐渐明确了人口资源环境协调发展的战略思想，努力寻求经济效益、社会效益和环境效益在社会主义现代化建设中的协调统一。

安徽省贯彻环境保护基本国策，确立了环保工作的核心理念，即治理工业"三废"，在全省实施"三同时"（建设项目中环境保护设施必须与主体工程同时设计、同时施工、同时投产使用）管理制度。在组织机构上，1980年成立安徽省环境保护局。1983年5月，安徽省人民政府撤销省环境保护局、基本建设委员会和城市建设局，组建安徽省城乡建设环境保护委员会（后改为安徽省环境保护厅）。到1983年年底，省、地（市）、县都设立了环境保护机构，相关部门和重点厂、矿企业也设置了机构和专职人员。至此，全省初步形成了一支环境管理、监测和科学研究队伍。在法规制度上，除贯彻国家环保法规、制度外，还颁布了《安徽省环境管理规定》等制度。全省污染治理、生态环境保护、环境监测和科研工作等逐步开展起来。1979年和1983年，安徽先后下达了两批限期治理污染项目，涉及14个行业、73个企业、119个治理项目。城建规划部门开始把环境保护列入城市总体规划，在全省范围内开始对新建、扩建、改建和技改措施项目执行环境影响报告书审批制度。农业区划、林业"三定"（稳定山林权、划定自留山和确定林业生产责任制）、水土保持及划定自然保护区等工作起步。1982年，安徽省水土保持委员会恢复，对全省水土流失地区进行全面规划、综合治理。至 1990 年，安徽初步治理水土流失面积 1.38 万亩，全省 21 个县开展水土保持小流域综合治理试点，37 条小流域得到初步治理。

1984 年 4 月，安徽省经济环境保护会议即第二次环境保护会议召开。8 月，安徽省人民政府发出《贯彻国务院关于环境保护工作的决定的通知》，对强化监督管理工作进行具体部署。1985 年 9 月，安徽省人民政府成立环境保护委员会，负责领导和组织协调全省环境保护工作。安徽贯彻国家制定的"三同步、三统一"（经济建设、城乡建设、环境建设同步规划、同步实施、同步发展，经济效益、社会效益、环境效益统一）的环保战略方针，确立了"预防为主、防治结合、综合治理""谁污染、谁治理""强化管理"的环境保护政策。全省重点推行了以环境保护目标责任制为代表的综合整治定量考核制和污染排放许可证制度；将水污染防治列为全省环保工作重点，颁布了《巢湖水源保护条例》，制定了《关于解决淮河污染问题的意见》，多次开展淮河污染治理、巢湖水源保护、全省市区饮用水综合整治工作。特别值得一提的是，1989 年，安徽省委、省政府提出实施"五年消灭荒山，八年绿化安徽"的"五八"造林规划，吹响了全省大规模造林绿化的号角。到 1994 年年底，全省如期实现宜林荒山造林绿化的目标，受到党中央、国务院的表彰。地处淮北平原的颍上县小张庄，1991 年被联合国环境规划署授予"全球 500 佳环境奖"称号。

1990 年 12 月，安徽召开第三次全省环境保护会议，总结"七五"环境保护工作经验，提出"八五"期间在全省实施环境保护"2957"工程的目标，即治理淮河、巢湖 2 个水域，综合整治 9

个省辖市的环境，削减电力、冶金、造纸、化肥、酿造5个行业的污染物排放量，规划建设70个生态试点，改善农村生态环境。1992年6月，安徽省城乡建设环境保护厅更名为安徽省建设厅，另挂安徽省环境保护局的牌子。"八五"期间，安徽环境保护工作规划意识日益增强，《安徽省环境保护"八五"计划》制定，全省年度环保计划和计划指标分解方案首次编制。全省还开展了自然保护区用地规划工作，在此基础上拟定《安徽省自然保护区管理条例》。根据国家颁布的《水污染防治法》《大气污染防治法》和《环境噪声污染防治条例》，结合本省实际制定条例和规章。在人口资源环境与经济协调发展的战略引领下，安徽环境保护和生态建设取得了一批基础性成果：初步建立了安徽承担环境保护职能的专门机构，初步形成了一支从事环保管理、监测、法律事务和科学研究的工作队伍，农业、林业、水利等部门也承担了一部分生态环境方面的职能，环境保护工作逐步走上轨道；在全省全面推进环境管理八项制度，以资源综合利用为重点，治理"三废"污染，促进企业技术改造和工艺改革，综合利用资源能源，控制污染排放；初步搭建了安徽环境保护法规制度的基本框架，为全省生态环境保护走上法治轨道奠定基础；自然生态保护工作起步，建立了一批自然生态保护区，开展了对扬子鳄等珍稀濒危物种的保护；实施了"五八"造林规划，试点了生态村、生态农业建设，开始创办环境保护产业。这些都为此后深入开展环境保护和自然生态修复奠定了基础。

在可持续发展中推进生态省建设。20世纪90年代以后，随着乡镇企业的蓬勃发展和工业化、城镇化步伐加快，资源型的产业结构和粗放型的增长方式带来较为严重的环境污染和生态破坏，资源、生态和环境问题前所未有地突出。1992年，在联合国环境与发展大会上，我国向世界承诺走可持续发展道路，会后制定了环境与发展十大对策，其中，保护环境、实施可持续发展战略被列为十大对策之首。1994年3月，国务院常务会议讨论通过了中国可持续发展全面性融入的纲领性文件——《中国21世纪议程——中国21世纪人口、环境与发展白皮书》。这是世界上第一个国家级可持续发展战略，也是我国可持续发展的行动方案。1996年，我国《国民经济和社会发展"九五"计划和2010年远景目标纲要》发布，把实施环境保护在内的可持续发展战略作为现代化建设的一项重大战略写入纲要。同年7月，第四次全国环境保护会议召开，进一步统一了对可持续发展的深刻认识。1997年，党的十五大报告对此加以强调，并进行了重点布局。2002年，党的十六大提出：不断增强可持续发展能力，把推动整个社会走上生产发展、生活富裕、生态良好的文明发展道路确定为全面建设小康社会的四大目标之一。2003年，党的十六届三中全会提出全面、协调、可持续的科学发展观。2006年，党的十六届六中全会提出构建和谐社会、建设资源节约型社会和环境友好型社会等战略主张。2007年，党的十七大正式提出将生态文明建设作为全面建设小康社会的奋斗目标和战略任务。

安徽认真贯彻党中央、国务院重大决策部署。1996年10月24日至27日召开的省委六届二次全会，审议通过了《中共安徽省委关于贯彻党的十四届五中全会精神，制定安徽省国民经济和社会发展"九五"计划和2010年远景目标的意见》，提出了"科教兴皖""外向带动"和"可持续发展"三大战略，经济体制由传统计划经济体制向社会主义市场经济体制转变，经济增长方式从粗放型向集约型转变。战略决策、体制机制、发展方式的改变给安徽的环境和生态保护工作带来一系列实质性变化：环境质量成为考核政府主要领导政绩的一项重要内容；环境管理机构、体制建设实现重要突破，环境保护部门成为独立的机构建制，机构和队伍建设得到很大发展；执法监督力度明显加大，连续编制环境保护规划；污染防治由短期、点源整治向整体联合、广泛持续治理转变；自然生态保护取得初步成效，全省生态环境状况初步摸清；环保产业开始成为新的经济增长点；城市环境质量得到改善。由于采取了正确的战略方针和一系列政策措施，安徽在改革开放和现代化建设步伐加快的背景下，在经济快速增长给生态环境保护带来巨大挑战的压力下，没有出现生态环境质量持续急剧恶化的局面，全省环境污染和生态破坏加剧的势头得到了初步控制。

在此基础上，21 世纪初，安徽作出了坚持用近二十年时间建成基本符合可持续发展要求的生态省区的重大决策。2002 年，安徽按照国家统一部署，开始退耕还林和荒地造林建设。2003 年，安徽作为国家第一批开展森林生态效益补偿试点的十一个省份之一，开启了森林生态效益补偿基金的建立与发展。2003 年 9 月，安徽成为中西部首个生态建设试点省份，也是继海南、黑龙江、吉林、福建、浙江、山东之后我国确定的第七个生态建设试点省份。2004 年 2 月，《安徽生态省建设总体规划纲要》提出：从 2003 年至 2020 年，分起步建设（2003—2007 年）、全面建设（2008—2015年）、提高完善（2016—2020 年）三个阶段，基本实现全省经济增长方式转变取得显著成效，资源合理利用率显著提高，人口总量得到有效控制，生态环境明显改善，经济实力和生态文化底蕴显著增强，基本形成消耗资源低、环境污染少的可持续发展经济体系，使安徽成为人民生活富裕、生态环境良好、人居环境优美舒适、人与自然和谐相处、经济发展步入良性循环、社会文明进步的可持续发展省份。2004年，全省开展生态示范区建设情况调研和自然保护区评估。2005年，《安徽省生态环境保护规划大纲》制定，强化了全省生态环境及自然保护区综合监督管理。

2006年9月，第六次全省环境保护会议进一步提出了加快生态省建设的具体目标和措施，确立了"全面推进，重点突破"的工作思路，提出从源头把关解决环境问题，严格环境执法监管，让不堪重负的江河湖泊休养生息，努力促进环境与经济的高度融合，积极探索保护环境、优化经济增长的路子。在生态省建设的推动下，安徽生态文明建设的思想理念、顶层设计、实现路径、考核评价发生新的转变。安徽建立健全法律规范，制定颁布了一批生态省建设、发展循环经济、清洁生产、饮用水水源保护等方面的地方性法规制度。2009年，安徽省开展了生物多样性评价试点。2010年，完成全省生物物种资源调查，编制了《安徽省生物物种资源保护和利用规划（2010—2020）》。2010年8月21日，安徽省第十一届人大常委会第二十次会议审议通过了安徽第一部环境保护综合性地方法规——《安徽省环境保护条例》，使环保执法程序、监控管理、行政处罚、督办落实等逐步规范完善。

安徽加大财政投入，改革投资体制，建立多元融资渠道，推动生态建设和环境保护项目的社会化运作。加强环境治理，注重从产业结构调整的根源上解决环境问题。大力推进主要污染物总量减排、清洁生产制度，发展循环经济。省政府与各市签订年度总量减排目标责任书，建立健全减排项目推进工作机制，实行对污染减排的刚性管理。加强水系流域整体联防联治，强化饮用水水源地环境保护。大力实施淮河、巢湖流域水污染防治规划。同时，加强重污染支流综合整治，按照"一河一策"思路，对全省13条重污染河流逐一制定整治方案。保障城乡饮用水安全是这一阶段水污染防治工作的重中之重。2011年，安徽城市集中式饮用水水源地水质达标率为96.1%。人居环境治理从城市环境逐步延伸到城乡环境综合整治。2010年，进一步分类实施水、声、气、尘等城市污染治理，分步实施锅炉烟尘和油烟治理。普遍存在的城市油烟污染、小锅炉烟尘污染和噪声污染得到初步整治。农村环境保护围绕全省生态示范区创建逐步推进。2011年，安徽被列为全国第二批农村环境连片整治示范省，组织实施了农村环境综合整治项目。2012年2月，安徽省第七次环境保护大会明确要求，进一步强化"环保优先、绿色生产"的意识，将生态环境保护工作作为稳增长、转方式的重要抓手，把改革创新贯穿于环保工作的各个领域和环节，加快推进生态建设、环境保护和生态省建设。

2002年至2012年的十年间，安徽环境保护和生态建设取得较大成绩，主要环境指标得到不同程度改善，全省生态环境状况和生态系统总体较稳定。16个地市中4个市生态环境状况优，8个市生态环境状况良好，4个市生态环境状况一般。但资源约束趋紧、环境污染严重、生态系统退化的形势依然严峻，可持续发展的压力依然很大；水污染防治任务依然艰巨，巢湖、淮河流域水质距离水环境功能区划目标还有一定的差距；城乡环境质量有待进一步改善。

## 2. 实施生态强省战略，建设美好安徽

党的十八大以来，以习近平同志为核心的党中央高度重视生态文明建设，围绕建设美丽中国，提出了一系列新思想、新理念、新战略。2013年11月，党的十八届三中全会通过《中共中央关于

全面深化改革若干重大问题的决定》，提出"建立系统完整的生态文明制度体系"。2015 年，中共中央、国务院《关于加快推进生态文明建设的意见》《生态文明体制改革总体方案》相继出台，制定了四十多项涉及生态文明建设的改革方案，从总体目标、基本理念、主要原则、重点任务、制度保障等方面对生态文明建设进行全面系统部署。我国生态文明建设开始发生历史性、转折性、全局性的变化。安徽深入贯彻党的十八大精神，强化生态文明建设战略地位，以习近平生态文明思想为指导，落实党和国家生态文明建设基本方略，正确处理经济发展和环境保护的关系，在探索实践中创新推进新时代生态文明建设。

制定出台《生态强省建设实施纲要》。2011 年，安徽省第九次党代会明确提出"打造生态强省，建设美好安徽"的目标。2012 年 10 月，安徽省委、省政府颁布《生态强省建设实施纲要》，全面部署生态强省建设的指导思想、基本原则、目标任务和措施保障，提出力争到 2020 年全省生态竞争力综合指数比 2010 年翻一番，基本建成生态环境优美、生态经济发达、生态家园舒适、生态文化繁荣的宜居宜业宜游的生态强省。

为了加快生态强省建设，安徽强化生态文明建设的组织领导，健全各方面体制机制，实施行政首长负责制，各级政府及其部门主要负责同志为生态强省建设第一责任人，分管负责同志是具体责任人，与政府各部门共同构建工作推进机制；建立生态强省建设考核评价体系，每年根据责任分工开展目标责任考核评价，纳入政府绩效管理体系，向社会公告；建立生态强省多元投入机制，加强财政投入，完善财政补贴政策和价格、税收调节机制；建立健全生态补偿机制，推进森林、矿山、水域、自然保护区生态补偿试点和重点生态功能区转移支付制度；健全具有特色的生态强省法规体系，提高执法能力和水平，加快生态强省建设法制化步伐；加强科技创新能力和载体建设，重点建立一批生态技术创新平台。通过一系列有力措施，全面构建生态强省的七大体系，即科学开发国土，构建主体功能明确的区域发展体系；发展绿色产业，构建高效低耗的生态经济体系；强化生态保护，构建山川秀美的自然生态体系；提升资源利用效率，构建可持续的资源支撑体系；实施综合治理，构建安全稳定的环境保障体系；建设美好家园，构建宜居宜业的生态人居体系；弘扬生态文明，构建全民参与的生态文化体系。

2013 年 12 月，安徽出台第一部国土空间开发规划《安徽省主体功能区规划》，将全省国土空间划分为重点开发区域、限制开发区域和禁止开发区域，同时明确了按照不同区域的主体功能定位，实行各有侧重的绩效考评，并将各功能区的绩效考评体系与领导干部综合考评办法结合，考核结果作为地方党政领导班子调整和领导干部选拔任用、奖惩的重要依据。2016 年 3 月，《安徽省生态文明体制改革实施方案》出台，为推动建立产权清晰、多元参与、激励约束并重、系统完整的生态文明制度体系提出安徽方案。

实施生态强省建设十大工程。安徽贯彻党的十八大关于把生态文明建设"融入经济建设、政治建设、文化建设、社会建设各方面和全过程"和"节约优先、保护优先、自然恢复为主"的精神，结合建设生态强省战略部署，提出实施大气污染防治等十大工程的初期目标任务，将生态文明建设纳入安徽经济、政治、社会、文化发展的总盘子进行规划和组织实施。

一是大气污染防治。2013 年 12 月，安徽省政府召开大气污染防治工作会议，出台《安徽省大气污染防治行动计划实施方案》，与各市政府签订大气污染防治目标责任书,将大气污染防治工作纳入领导干部考核评价指标体系。该实施方案的出台,标志着国务院《大气污染防治行动计划》在安徽全面实施。之后,《安徽省大气污染防治条例》《安徽省机动车排气污染防治办法》陆续颁布施行。到 2016 年,全省共完成工业大气污染治理项目 597 个,淘汰燃煤锅炉 1236 台,完成矿山、码头、混凝土搅拌站、物料堆场扬尘整治项目 695 个,建筑扬尘整治项目 1535 个,餐饮油烟专项治理项目 1124 个,加油站、储油库油气治理回收项目 139 个,淘汰落后产能项目 26 个,重污染企业环保搬迁改造项目 7 个,完成率均达到 100%。全省共淘汰黄标车和老旧车 21.98 万辆,其中黄标车 11.27 万辆,超额完成国家下达的年度淘汰任务,完成进度居全国第一。从 2012 年 11 月 30 日起,合肥市正式发布 $PM_{2.5}$ 数据,标志着安徽迈出了 $PM_{2.5}$ 监测并正式公布的第一步。2015 年,全省所有地市开始监测 $PM_{2.5}$ 数据。2016 年,全省 $PM_{10}$ 和 $PM_{2.5}$ 年均浓度分别由上年的 80 微克 / 米$^3$ 和 55 微克 / 米$^3$ 下降到 77 微克 / 米$^3$ 和 53 微克 / 米$^3$,分别下降 3.8% 和 3.6%。全省空气质量总体呈现改善趋势。

二是水污染防治。2012 年,安徽省人民政府出台《关于重点流域水污染防治规划(2011—2015 年)的实施意见》,明确以保障群众饮用水安全为首要任务,切实加强淮河、巢湖流域饮用水水源地保护。各地组织实施重点流域水环境综合治理工程,大力推进引江济淮(巢)、淮水北调等跨流域、跨区域调水项目和引淮济阜、引淮济亳、引芡济蚌等区域性调水项目。2014 年、2015 年,安徽淮河、长江流域水质稳中向好,且水污染防治规划专项考核结果均为“好”,巢湖流域为“一般”和“较好”。2015 年 12 月,《安徽省水污染防治工作方案》出台，提出 2016 年至 2020 年安徽水污染防治目标和创新措施。从 2016 年开始，安徽按照"节水优先、空间均衡、系统治理、两手发力"原则，贯彻"安全、清洁、健康"方针，强化源头控制，系统推进水污染防治、水生态保护和水资源管理，逐步形成"政府统领、企业施治、市场驱动、公众参与"的水污染防治新机制。2016 年 9 月 30 日，安徽省第十二届人大常委会第三十三次会议审议通过《安徽省饮用水水源环境保护条例》。当年年底，全省就实现了县级及以上集中式饮用水水源地水质稳定达标。

三是农业面源污染和土壤污染防治。2012 年以来，全省大力实施规模化畜禽养殖污染防治、农村清洁、化肥农药品质提升和精准使用、秸秆还田、农林废弃物综合利用等项目；开展淮河、巢湖流域面源污染调查，针对两个区域农用化学品污染日趋严重、不合理耕作等带来农田养分流失、农业废弃物资源化程度低的污染特点，按照面源污染防治和区域可持续发展相结合、源头控制和过程阻断相结合的综合防控思路，采用不同农业技术从多个层面开展技术研究和项目试点；建立农业清洁生产模式，坚持围绕美好乡村建设和重点流域综合治理，组织开展农村清洁工程示范村建设。2016年，全省设立了 22 个农业面源污染国控监测点，探索建立了"一创两减三循环"的农业面源污染防治综合体系。同年 2 月，《安徽省土壤污染防治工作方案》出台。该方案立足安徽省情和发展阶段，以改善土壤环境质量为核心，以保障农产品质量和人居环境安全为出发点，坚持预防为主、保护优先、风险管控，提出突出重点区域、行业和污染物，实施分类别、分用途、分阶段治理，严控新增污染，逐步减少存量，逐步形成政府主导、企业担责、公众参与、社会监督的土壤污染防治体系，促进土壤资源永续利用。至此，安徽省贯彻国家大气、水、土壤污染防治三大行动计划的工作方案均出台，并进入组织实施阶段。

四是千万亩森林增长工程。2012 年 10 月，安徽省人民政府印发《关于实施千万亩森林增长工程推进生态强省建设的意见》，决定实施丘陵增绿突破、山地造林攻坚、平原农田防护林提升三大造林工程，开展森林城镇、森林村庄、森林长廊三项创建活动。自

安徽马家溪（旌德县）国家森林公园

安徽来安池杉湖国家湿地公园

2012 年启动至 2016 年收官，全省累计完成人工造林 978.88 万亩，占规划任务的 104%，造林总合格率 99.8%，创本省单个规划期和单项工程人工造林面积历史最高纪录。与此同时，全省林业改革全面深化，国有林场改革基本完成，集体林权制度改革扎实推进，林权流转有序开展，规模经营主体不断壮大，林业发展活力进一步增强。全省林业总产值由 2011 年的 1171.8 亿元增加到 2016 年的 3192.4 亿元，居全国第九位，山区林农林业综合收入年均增长 10% 以上。从 2017 年起，安徽进一步启动实施林业增绿增效行动，全面提升森林资源总量和质量，加快发展绿色富民产业，努力实现绿水青山和金山银山的有机统一。

五是生态安全提升工程。安徽大力实施江淮分水岭综合整治、饮用水水源地保护、采煤沉陷区综合治理、地质灾害防治、水土流失及小流域治理、森林防火及病虫害防治、物种种群及其栖息地保护与恢复等项目，逐渐恢复一批重要生态功能区的生态功能，保护生物多样性，防治地质灾害。全省大力推动生态保护修复工作，自 2012 年起，启动环巢湖生态示范区建设，2014 年，示范区列入首批 57 个国家生态文明先行示范区。2016 年，全省累计建设省级以上自然保护区 38 个（其中国家级 8 个、省级 30 个），总面积约 46 万公顷。

六是循环经济壮大工程。2012 年 3 月，《安徽省"十二五"循环经济发展规划》提出了以转变经济发展方式为主线，以机制创新和科技创新为动力，以提高资源产出效率为目标，加快形成节约资源和保护生态环境的产业结构、增长方式、消费模式，把安徽建设成为全国发展循环经济的示范区的目标。2012 年以来，全省实施了园区（工业园区、高新区、开发区）循环化改造、低碳园区建设、再制造、城市矿产、资源综合利用、节能环保技术产业化

等项目。秸秆禁烧和综合治理长效机制形成，综合利用率提升至
83.4%。开展省级低碳产品试点和低碳城市创建，全省循环经济和
节能环保产业有较大规模发展。2016年，安徽省"十二五"节能
考核为超额完成等级，居全国第六位，降碳考核为全国优秀等级，
均获国家通报表扬。"十三五"节能目标安排获国家倾斜支持。

七是绿道建设工程。2012年11月，安徽省印发《关于实施绿
道建设的意见》，在全国率先实施全域覆盖绿道系统建设，正式将
城市绿道建设纳入安徽省城镇化发展考核指标体系。绿道建设以扩
大绿量为重点，在省域绿色长廊基础上与千万亩森林增长工程、美
好乡村建设、旅游业态拓展、全民健身运动等有机结合，是安徽全
面推进城镇园林绿化行动的重要内容。2013年，城市绿道示范段
建设和具有生态、旅游双重功能的两条"金项链"工程环巢湖、皖
南区域景观绿道建设启动。2017年上半年，环巢湖绿道全线贯通。

八是乡村生态环境建设工程。2011年至2013年，安徽省被列
为全国第二批农村环境连片整治示范省，开展了以农村生活污水、
垃圾处理，饮用水水源地保护，非规模化畜禽养殖污染治理为主要
内容的农村环境综合整治。全省共有70个示范县（市、区）、109
个环境问题村被列入整
治试点范围，涉及141
个乡镇的756个行政村，
受益面积4216平方公
里，受益人口197.6万
人。安徽全面推进美好
乡村建设，着力打造生
态强省的新亮点。2012

乡村生态美超市

年5月，省委、省政府转发《安徽省"十二五"时期社会主义新农村建设规划纲要》，全面部署全省美好乡村建设。当年9月，围绕"生态宜居村庄美、兴业富民生活美、文明和谐乡风美"的目标，省委、省政府作出《关于全面推进美好乡村建设的决定》，同时印发《安徽省美好乡村建设规划（2010—2020年）》。2013年11月，安徽省把城乡环境整治工作作为美好安徽、生态安徽建设的重要任务，召开美好乡村建设推进会，部署开展了以"三线三边"（铁路沿线、公路沿线、江河沿线及城市周边、省际周边、景区周边）为突破口，为期三年的城乡环境综合整治。与此同时，全省开展生态创建工作，到2016年年底，全省共创建国家级生态县14个、国家级生态乡镇157个、国家级生态村21个，省级生态市1个、省级生态县（区）24个、省级生态乡镇521个、省级生态村1167个。

九是食品安全保障工程。在全省构建食品标准体系及食品安全生产、流通、消费追溯系统，提升食品监测检测能力，建设有机、绿色、无公害农产品生产基地。结合农业面源污染防治，推进有机食品生产基地建设，自2013年《国家有机食品生产基地考核管理规定》施行后，安徽连续开展国家有机食品生产基地申报。截至2016年年底，累计创建国家级有机食品基地16个，总面积1.26万公顷。全省农产品安全示范基地和知名品牌不断做大做强，食品安全监管体系进一步健全完善。

十是绿色消费工程。安徽大力实施节能与新能源汽车推广，给予政策优惠和产业扶持。合肥、芜湖、铜陵等市建立了一批新能源汽车产业集聚发展地。全省开展了水运畅通和绿色低碳交通示范、生态文化基础设施建设、生态旅游、体育健康休闲产业推广、绿色产品标准标识体系和信用体系构建等项目和全民节能行动；推动节能家电消费，2016年合肥美的冰箱家电五种型号产品入选国家效能"领跑者"产品目录。

经过全省上下的共同努力，"十二五"期间，安徽在经济总量突破2万亿元大关和工业化、城市化进程日益加快的情况下，主要污染物排放总量持续削减，全省环境质量总体保持稳定，局部有所改善，生态环境状况总体良好。

### 3. 打造生态文明建设安徽样板

2016年4月24日至27日，习近平总书记亲临安徽考察，称赞安徽"山水资源丰富，自然风光美好"，嘱咐安徽"要把好山好水保护好"，"着力打造生态文明建设的安徽样板，建设绿色江淮美好家园"。习近平生态文明思想和习近平总书记考察安徽时的重要讲话指示精神，为新时代安徽生态文明建设指明了前进方向、提供了根本遵循。2016年7月26日，安徽省委、省政府印发《关于扎实推进绿色发展着力打造生态文明建设安徽样板实施方案》，提出以习近平新时代中国特色社会主义思想和习近平总书记考察安徽重要讲话为指导，牢固树立并全面贯彻创新、协调、绿色、开放、共享发展理念，把生态文明建设放在突出战略位置，以改革创新为动力，以绿色低碳循环发展为途径，以健全生态文明制度体系为重点，以培育生态文化为支撑，着力打造生态文明建设的安徽样板，加快建设绿色江淮美好家园。方案采取定性和定量结合的方法，提出了"1+5+6"的建设目标和样板工程。"1"是一个总目标，到2020年，全省生态文明建设水平与全面建成小康社会目标相适应，资源节约型和环境友好型社会建设取得重大进展，皖江、淮河、新安江、巢湖"三河一湖"生态文明建设安徽模式成为全国示范样板。"5"是五个分目标，即国土空间开发新格局基本确立、资源利用更加高效、生态环境质量总体改善、生态文明重大制度基本确立、生态文明新风尚有效形成。"6"是打造六个样板，即强化主体功能定位，打造绿色美好家园安徽样板；创新驱动调结构转方式促升级，打造绿色转型升级安徽样板；节约集约利用资源，打造绿色低碳循环发展安徽样板；保护修复生态系统，构建绿色秀美山川安徽样板；全面推进污染防治，打造蓝天碧水净土安徽样板；弘扬生态文化，打造生态文明示范创建安徽样板。同时，还提出了加强法治建设，构建系统完整的安徽特色生态文明建设制度体系。2016年10月召开的安徽省第十次党代会和11月召开的省委十届二次全会明确提出决战决胜全面小康，加快建设五大发展美好安徽的奋斗目标，并制定实施《安徽省五大发展行动计划》，提出了"生态竞争力显著提高，加快建成生态文明建设安徽样板"的目标要求。12月，安徽省委办公厅、省政府办公厅印发实施了《安徽省生态环境保护工作职责（试行）》和《安徽省党政领导干部生态环境损害责任追究实施细则（试行）》，严格落实生态环境保护党政同责、一岗双责的要求。2017年4月，在全国率先成立了由省委书记、省长担任"双主任"的省环境保护委员会，坚决扛起生态文明建设的政治责任，积极开展中央环境保护督察反馈意见整改，认真组织实施省环境保护督察，严格执行新《环境保护法》。同时，还成立了由省政府领导任组长的省环境保护督察工作领导小组、省绿色发展行动计划专项小组、大气污染防治工作联席会议和水、土壤污染防治工作领导小组等，切实加强对生态环境保护工作的领导。2018年10月，省级机构改革中，新组建生态环境厅、自然资源厅等部门，对长期以来生态环境领域的各部门交叉职责进行了整合，生态文明建设以前所未有的力度全面统筹推进。

（1）强化主体功能定位，打造绿色美好家园安徽样板

实施主体功能区战略。国土是生态文明建设的空间承载体，实施主体功能区战略是加强生态环境保护的重要内容。《安徽省主体功能区规划》2013年12月出台后，各市根据不同区域资源环境承载能力、开发强度和发展潜力差异，以乡镇为规划单元，细化主体功能定位，统筹谋划各市未来人口分布、经济布局、国土利用、城镇化和生态安全格局，形成人口、经济、资源环境相协调的空间开发格局。2016年7月，省发展改革委等11个省直部门联合印发《安徽省"十三五"生态保护与建设规划》。依据全国生态保护与建设规划，结合自然地理特点，安徽全省划分为淮北平原生态区、江淮丘陵生态区、皖西山地生态区、沿江平原生态区、皖南山地生态区等五个区域，明确提出了各区域范围、面临的主要生态问题及生态保护与建设的方向。在区域布局的基础上，根据生态功能和生态脆弱区域分布特点，规划提出了重点构建皖西山区和皖南山区两大生态安全屏障。2018年，黄山市和太湖县、岳西县、金寨县、霍山县、潜山县、石台县、黄山区、歙县、休宁县、黟县、祁门县、青阳县、泾县、绩溪县、旌德县15个区县跻身国家重点生态功能区名单。

划定生态保护红线。这是落实主体功能区制度、实施生态空间用途管制的根本要求。2017年9月18日，《安徽省划定并严守生态保护红线实施方案》印发，明确方法、步骤和总体目标。2017年年底，安徽省划定永久基本农田7393万亩，105个县级永久基本农田数据库已通过国土资源部复核，签订永久基本农田保护责任书1.8万份，更新和新设标志牌1.2万块，"落地块、明责任、设标

志、建表册、入图库"等五项任务全面完成。2018年6月，《安徽省生态保护红线》发布。保护红线总面积为21233.32平方公里，约占全省国土总面积的15.15%，有水源涵养、水土保持、生物多样性维护三大类16个片区。其基本空间格局为"两屏两轴"："两屏"为皖西山地生态屏障和皖南山地丘陵生态屏障，主要生态功能为水源涵养、水土保持与生物多样性维护；"两轴"为长江干流及沿江湿地生态廊道、淮河干流及沿淮湿地生态廊道，主要生态功能为湿地生物多样性维护。红线区禁止开发，保护全省35.34%的森林、44.26%的草地和54.80%的湿地生态系统等。2019年1月，铜陵作为全省生态保护红线勘界定标工作试点城市，正式启动生态保护红线勘界定标工作。

合肥滨湖国家森林公园

推进绿色城镇化，加快美丽乡村建设。全省认真落实《国家新型城镇化试点省安徽总体方案》和《安徽国家新型城镇化试点省三年行动计划（2015—2017年）》，以绿色规划为引领，以资源环境承载力为基础，合理确定城市规模，构建科学合理的城镇空间开发格局，推进实施海绵城市建设，推广绿色建筑，提升城镇园林绿化等，推进绿色城镇建设。通过实施森林城市、森林城镇、森林村庄创建和城镇园林绿化提升行动，为安徽城乡发展持续增绿。至2019年，全省已有合肥、安庆、池州、黄山、宣城、六安、铜陵、芜湖、马鞍山、淮北、宿州11个市获得"国家森林城市"称号，共创建省级森林城市58个、省级森林城镇599个、省级森林村庄4606个。城镇园林绿化提升行动启动以来，全省累计新建、改造提升园林绿地面积3亿平方米以上。按照"300米见绿,500米见园"的标准，完善城市公园体系，累计建成城镇公园800余个，新增街头绿地游园1400余处，全省初步建成万里绿道网。2017年，安徽启动林业增绿增效行动，通过深度拓展国土绿化空间，到2021年，全省完成造林、封育、退化林修复、森林抚育接近3000万亩，年均增加森林蓄积量1000万立方米以上。在加快美丽乡村建设方面，全省以农村垃圾、污水、厕所专项整治环境"三大革命"为重点，全面改善农村人居环境。截至2018年年底，全省基本完成农村重点部位的垃圾集中清理，消灭了农村地区长期积存的垃圾乱堆放的突出问题，农村改厕完成了48.3万户。"十三五"期间，完成4300个建制村环境整治任务及成效评估，占全省建制村总数的30%左右。村民饮水卫生合格率、生活污水处理率、生活垃圾无害化处理率、畜禽养殖粪污有效处理且综合利用率均达到相应要求，农村环境综合整治长效机制逐步健全。

（2）全面推动调结构转方式促升级，打造绿色转型升级安徽样板

大力推进绿色发展。2017年7月，安徽省委、省政府印发《安徽省绿色发展行动实施方案》。让产业变"绿"，让"绿"变产业，

是绿色发展的关键所在。安徽坚持将绿色经济、循环经济、低碳经济作为推动高质量发展的引擎，加快推进产业转型升级，大力调结构、优布局、强产业，全链条打造绿色低碳循环发展的现代化经济体系，产业结构进一步优化。以建设战略性新兴产业集聚发展基地为抓手，推动战略性新兴产业和先进制造业健康发展。采用先进适用节能低碳环保技术改造提升传统产业。积极发展观光、休闲度假、乡村旅游等旅游产品，培育文化创意、数字出版等文化新业态。大力发展现代金融、第三方物流、科技信息、电子商务、服务外包等生产性服务业，推动发展健康、养老等消费产业。大力发展节能环保产业，突出节能、环保、资源循环利用三大重点领域，实施节能环保技术装备产业化、半导体照明产业化、节能环保汽车及家电产业升级壮大等重点工程。加快新能源汽车产业发展和推广，整车及关键零部件技术整体达到国际先进水平。

让农业变"绿"，成为安徽现代农业发展的方向。2018 年 5 月，安徽省出台《关于创新体制机制推进农业绿色发展的实施意见》，明确了推进农业绿色发展的总体要求、目标任务和保障措施，在体制机制层面作出了一系列约束与激励并重的制度性安排，提出到 2020 年，全省耕地保有量不低于 8736 万亩，耕地质量平均比 2015 年提高 0.5 个等级以上；农田灌溉水有效利用系数达到 0.535；主要农作物化肥、农药使用量实现零增长，化肥、农药利用率达到 40%；农作物秸秆综合利用率在 90% 以上；畜禽粪污综合利用率在 80% 以上，农膜回收率达到 80%。全省森林覆盖率在 30% 以上，湿地保有量 1560 万亩，基本农田林网控制率达到 95%。全省粮食综合生产能力稳定在 720 亿斤左右，农产品质量安全水平和品牌农产品占比明显提升，休闲农业和乡村旅游加快发展。截至 2018 年年底，全省绿色食品企业总数达 1273 家，产品总数 3081 个，总量约占全国的十分之一，跃居全国第二位。全省休闲农业年接待游客近 2 亿人次，综合营业收入 787 亿元。

（3）节约集约利用资源，打造绿色低碳循环发展安徽样板

强力推进节能减排。严格实施能源消费总量和强度双控制度。严格固定资产投资项目节能评估审查，开展重点用能单位节能低碳行动，实施重点产业能效提升计划，推行合同能源管理模式和能效"领跑者"制度。开展工业领域能效提升行动，制定并实施高耗能行业产品能耗限额标准体系，持续提升重点用能行业产品能效水平。实施煤电节能减排升级改造和煤炭清洁高效利用行动计划，建立完善全省节能发电调度管理系统，落实环保电价政策。加快绿色建筑建设，实施建筑能效提升工程，提高新建建筑节能标准执行率。积极发挥公共机构示范引领作用，在全省创建 500 家节约型公共机构示范单位和能效"领跑者"单位，建设全省公共机构节能降耗资源节约监管体系。2018 年，全省全年单位生产总值能耗下降 5.4%，可再生能源发电装机累计 1839 万千瓦，约占全省发电总装机的 25.9%。

着力推动低碳循环发展。主动控制碳排放，探索建立低碳发展评价指标体系，综合运用优化产业结构和能源结构、节约能源和提高能效、增加碳汇等多种手段，提高排放控制水平。积极开展低碳发展试点示范创建，形成一批各具特色的低碳城市和低碳城镇，建成一批具有典型示范意义的低碳园区和低碳社区，推广一批具有良好减排效果的低碳技术和产品，推动形成绿色低碳安徽发展模式。大力发展循环经济，推行企业循环式生产、产业循环式组合、园区循环式改造，推进生产系统和生活系统循环链接，持续培育一

批循环经济示范样板，全面推广循环经济典型模式，初步建立覆盖全社会的资源循环利用体系。持续推进省级城市生活垃圾分类收集处置和资源化利用试点、建筑垃圾处置和再生利用试点、污水再生利用城市试点。推进煤矸石、矿渣等大宗固体废弃物及秸秆等农林废弃物综合利用。2018 年，全省秸秆综合利用率为 88.97%，其中产业化利用量占利用总量的 36.14%。

　　加强资源节约集约利用。严格实施水资源消耗总量和强度双控制度，实行最严格的水资源管理制度，加强用水需求管理，坚持以水定产、以水定城，严格水资源论证制度，促进人口、经济等与水资源相均衡，建设节水型社会。严格实施建设用地总量和强度双控制度，坚持最严格的节约用地制度，实行用地规模总量控制，建立完善低效用地盘活利用激励机制，强化土地节约集约利用督查，开展模范县市创建。落实最严格的耕地保护制度，严格耕地保护责任目标考核，实施领导干部任期耕地保护责任离任审计。加强矿山土地复垦，确保矿山损毁土地复垦率达到 100%。

新安江山水画廊

### （4）以制度创新引领生态修复，构建绿色秀美山川安徽样板

党的十九大以来，安徽秉持"人与自然和谐共生"和"山水林田湖草生命共同体"的原则理念，以创新制度体制为引领，着眼森林、水域、湿地、矿山等多样生态系统的保护修复，不断推深做实生态补偿制度和林长制、河（湖）长制，形成了一批在全国有重要影响的生态文明制度创新成果。

探索形成"新安江模式"，全面推广生态补偿制度。自 2011 年起，全国首个跨省水环境生态补偿试点——新安江流域上下游横向生态补偿启动，分别于 2012—2014 年、2015—2017 年实施了第一、二轮补偿试点工作，2018 年启动第三轮试点。通过多轮试点，探索出全国首个跨省流域生态补偿机制的"新安江模式"。"新安江模式"以生态补偿为核心，以生态环境保护为根本，以绿色发展为路径，以互利共赢为目标，以体制机制建设为保障，为健全完善生态保护补偿机制积累了经验，提供了示范。在此基础上，安徽探索实施大别山区水环境生态补偿，2014 年省级设立大别山区水环境生态补偿资金 2 亿元，合肥市、六安市和岳西县共同推进大别山流域水污染防治工作。2018 年 1 月，《安徽省地表水断面生态补偿暂行办法》正式施行，标志全省建立了以市级横向补偿为主、省级纵向补偿为辅的地表水断面生态补偿机制。同年 6 月，安徽省委办公厅、省政府办公厅印发《关于全面推广新安江流域生态补偿机制试点经验的实施意见》，明确以习近平新时代中国特色社会主义思想为指导，确立"权责统一、合理补偿，政府主导、统筹兼顾，多措并举、综合施策，重点推动、全面推广"的四项基本原则，全面推广新安江流域生态补偿机制试点经验，提出到 2020 年基本实现重要区域生态补偿全覆盖。2018 年 7 月，安徽实施大气环境生

态补偿机制。至此，生态补偿在省内流域、森林、湿地、耕地、大气等多个领域普遍推开，试点经验还在全国多地复制推广、开花结果。2015年、2018年，"新安江模式"先后入选全国十大改革案例和"改革开放40年地方政府改革创新40案例"，并被写入中共中央、国务院印发的《生态文明体制改革总体方案》，成为生态文明建设的安徽样板。

率先建立林长制，创建首个全国林长制改革示范区。2017年9月，安徽省委、省政府印发《关于建立林长制的意见》，确定了分级设立林长、分级建立林长会议制度及工作职责的组织体系和加强林业生态保护修复、推进城乡造林绿化、提升森林质量效益、预防治理森林灾害、强化执法监督管理的目标任务，率先在全国实行林长制。2017年，合肥、安庆、宣城三市先行试点。2018年以来，全省全面推开、做深做实林长制，建立起以党政领导责任制为核心的省、市、县、乡、村五级林长制组织体系，确保一山一坡、一园一林有专人专管，构建了责任明确、协调有序、监管严格、运行高效的林业生态保护发展机制。截至2018年年底，全省共设立各级林长52122名。省人大常委会及时把实行林长制写入地方性林业法规和新修订的《安徽省环境保护条例》。2019年1月10日，国家林业和草原局在合肥召开全国林业和草原工作会议，总结推广安徽林长制改革经验做法。同年9月，根据国家林草局支持意见，省委、省政府印发《安徽省创建全国林长制改革示范区实施方案》，正式启动创建首个全国林长制改革示范区，建立健全护绿、增绿、管绿、用绿、活绿"五绿"协同推进的体制机制，打造绿水青山就是金山银山实践创新区、统筹山水林田湖草系统治理试验区、长江三角洲区域生态屏障建设先导区。林长制有力推进了林业治理体系和治理能力现代化。2019 年，林长制改革入选中央深改办十大改革案例，被写入新修订的《中华人民共和国森林法》。2020 年 10 月，党的十九届五中全会审议通过的"十四五"规划明确提出"推行林长制"。2020 年 12 月 28 日，中共中央办公厅、国务院办公厅印发《关于全面推行林长制的意见》，标志着安徽首创的林长制正式推向全国。

河（湖）长制改革走在全国前列。全面推行河长制是解决复杂水问题、维护河湖健康生命的制度创新。2015 年 12 月，《安徽省水污染防治工作方案》较早提出建立市、县、乡（镇）三级河长制。2016 年 12 月，中共中央办公厅、国务院办公厅印发《关于全面推行河长制的意见》后，安徽省于 2017 年 3 月出台《全面推行河长制工作方案》，以保护水资源、防治水污染、改善水环境、修复水生态为主要任务，在全省江河湖泊全面推行以党政领导责任制为核心的省、市、县、乡四级河长制。2017 年 7 月，安徽省十二届人大常委会第三十九次会议通过《安徽省湖泊管理保护条例》，在全国率先将"湖泊实行河长制管理"写入地方性法规。同年年底，安徽域内长江、淮河、新安江干流和巢湖等四个省级"一河（湖）一策"实施方案全部印发实施，为全面推行河长制工作奠定了基础。2018 年 5 月，安徽省委办公厅、省政府办公厅印发《关于在湖泊实施湖长制的

长江铜陵段市级河长公示牌

意见》。至 2019 年上半年，安徽全面建立省、市、县、乡、村五级河（湖）长组织体系，省委书记和省长担任省级总河长，全省共设立河（湖）长 52687 名，维护河湖健康生命，逐步实现"河畅、水清、岸绿、景美"的河湖管理保护目标。安徽不断完善河长湖长工作机制、建立河湖问题整改责任网、推进河湖问题整改、实施河湖水域系统治理等做法，多次受到国家有关部门的表扬。

（5）全面推进污染防治，打造蓝天碧水净土安徽样板

2017 年 10 月，党的十九大报告把污染防治列为全面建成小康社会的三大攻坚战之一。蓝天、碧水、净土是打好污染防治攻坚战的三大主战场。早在 2017 年 4 月 22 日，安徽省委、省政府就印发了《关于深入贯彻习近平总书记视察安徽重要讲话精神进一步加强环境保护工作的实施意见》，提出组织开展蓝天行动、深入推进水污染防治和全面实施土壤污染防治行动计划三大任务，明确到 2020 年，水、空气、生态环境质量持续改善，土壤环境质量稳中趋好，辐射环境质量保持良好，污染防治能力显著提升，环境风险得到有效管控的目标。2018 年 7 月 6 日，安徽省委、省政府召开全省生态环境保护大会，强调以更高站位、更实举措、更大力度打好污染防治攻坚战，着力打造生态文明建设的安徽样板。7 月 16 日，省委、省政府印发《关于全面加强生态环境保护坚决打好污染防治攻坚战的实施意见》，明确打赢蓝天、碧水、净土"三大保卫战"的时间表、路线图和总目标，结合安徽实际，提出重点聚焦打赢蓝天保卫战和打好柴油货车污染治理、城市黑臭水体治理、巢湖综合治理、长江保护修复、水源地保护、农业农村污染治理攻坚战七场标志性战役。

打赢蓝天保卫战。2018 年 9 月 28 日，安徽省政府印发《安徽

省打赢蓝天保卫战三年行动计划实施方案》，确定全省以控煤、控气、控车、控尘、控烧等"五控"为抓手，调整优化产业、能源、运输、用地四大结构。在产业结构上，优化产业布局，严控"两高"行业产能，强化"散乱污"企业综合整治，深化工业污染治理，大力培育绿色环保产业；在能源结构优化上，继续实施煤炭消费总量控制，实施"煤改气"和"以电代煤"，开展燃煤锅炉综合整治，加强散煤治理，提高能源利用效率，加快发展清洁能源和新能源；在运输结构优化上，优化调整货物运输结构，加快车船结构升级，加快油品质量升级，强化移动源污染防治；在用地结构优化调整和面源污染治理上，推进露天矿山综合整治，加强扬尘综合治理，加强秸秆综合利用和氨排放控制，持续强化烟花爆竹禁放工作。同时，实施开展秋冬季攻坚行动、柴油货车污染治理攻坚战、工业炉窑治理专项行动和VOCs（挥发性有机化合物）专项整治行动，并强化区域联防联控，有效应对重污染天气。

池州升金湖国家级自然保护区

铜陵淡水豚国家级自然保护区里的江豚

打好碧水攻坚战。安徽围绕工业、城镇、农业农村、船舶港口、饮用水水源地实施"五治",强化预警通报、定期调度等措施,全面推进水污染防治行动计划。其中,饮用水水源地保护、重点流域水质改善、农村生活污水治理、黑臭水体治理是水污染防治重难点。加强饮用水水源地保护,启动乡镇级"千吨万人"饮用水水源地排查整治工作,划定1086个"千吨万人"水源保护区,完成18个饮用水水源地设立、调整审查,设区城市集中式饮用水水源水质达到或优于Ⅲ类比例为94.9%。推动重点流域水质改善,对淮河流域、巢湖流域和新安江流域城镇污水处理厂进行提标改造,建设污水集中处理设施并安装在线监控装置。全省禁养区内的畜禽养殖场全部关闭或搬迁。全面启动巢湖新一轮综合治理。加强长江保护修复,助推水清岸绿产业优美丽长江(安徽)经济带建设。推广生态补偿机制,积极建立跨界联防联控机制,助力碧水攻坚。地表水断面生态补偿是2018年以来安徽水污染防治工作的一大创举,纳入补偿的断面基本覆盖了全省长江、淮河干流及重要支流、重要湖泊。在跨界联防联控机制上，安徽跨市、跨县与江苏、浙江、河南省等相邻市县签订跨界联防联控协议，基本实现敏感水域全覆盖。做实农村生活污水治理，全省建立乡镇政府驻地及中心村生活污水处理设施建设情况摸底核查与调度机制，农村生活污水治理设施逐年增加。加强黑臭水体治理。早在 2016 年，安徽就公布了 225 条地级及以上城市建成区黑臭水体清单。在污染源调查、环境条件调查和水质监测的基础上，坚持"一水一案"，按照"控源为先、生态为辅、水岸同治、内外兼修"的治水理念，采用截污纳管、面源控制、环境整治、清淤疏浚、调水引流、生态修复等多种措施开展治理。2018 年以来，多部门联合开展城市黑臭水体定期监测，对问题水体实施挂牌督查督办，并将县城黑臭水体治理工作完成情况纳入省政府对各市政府目标管理绩效考核体系。安徽通过明责任、重监测、建机制等措施，建立长效机制，实施河长制、湖长制，定期开展水质监测和公众满意度调查，深化政府与社会资本合作等方式治理城市黑臭水体，推行水环境治理市场化、社会化，建立绩效考核与付费挂钩机制，形成主管部门定期考核、专业管护单位具体负责的水环境管理模式。

推进净土持久战。2016 年 12 月，《安徽省土壤污染防治工作方案》印发，全省全面实施土壤污染防治行动计划，突出重点区域、行业和污染物，有效管控农用地和城市建设用地土壤环境风险。强化土壤污染管控和修复，推进土壤污染状况详查，严格管控重度污染耕地，严禁在重度污染耕地种植食用农产品，建立污染地块联动监管机制。强化固体废物污染防治，深入开展长江（安徽）经济带固体废物大排查活动，严厉打击危险废物非法跨界转移、倾倒等违法犯罪活动。2018年，以固体废物污染为重点排查内容的皖江环境污染突出问题专项整改、"清废行动2018"等多个专项行动雷霆出击，对皖江固废危废污染案件启动问责，依法查处。公安部、最高检、生态环境部督办的案件全部告破，实现全环节、全链条打击。多轮排查整治中，全省共完成1600多个涉固体废物问题整改。为建立固废污染防控长效机制，出台专门意见，构建闭环管理链条，按照"控源头、奖举报、查输运、堵落地、严打击、重追责"总体思路，建立覆盖省、市、县三级的固体废物监管平台，对涉固废环境违法行为"露头就打"。同时，加快推进垃圾分类处理，2020年实现所有城市和县城生活垃圾处理能力全覆盖，县城生活垃圾无害化处理率在95%以上，合肥市和铜陵市基本建成生活垃圾分类处理系统。

（6）弘扬生态文化，打造生态文明示范创建安徽样板

创建"三河一湖一园一区"生态文明示范区。2016年11月，安徽省委十届二次全会审议通过的《安徽省五大发展行动计划》提出，实施绿色发展行动，以"三河一湖一园一区"生态文明示范创建为引领，大力发展绿色循环低碳经济，完善环境保护体制机制，加快建设绿色江淮美好家园。"三河一湖一园一区"包括安徽境内长江、淮河、新安江、巢湖、黄山、大别山区的广大区域，是安徽重要的生态资源。2017年年初，《安徽"三河一湖一园一区"生态文明示范创建工程方案》出台，明确提出高水平建设皖江生态文明建设示范区、淮河生态经济带、新安江生态经济示范区、巢湖流域生态文明先行示范区、大黄山国家公园和大别山绿色发展示范区，为全国大江大湖综合治理和区域可持续发展提供典型示范。2017年9月21日，宣城市、金寨县、绩溪县跻身第一批国家生态文明

建设示范市县行列，旌德县被命名为第一批"绿水青山就是金山银山"实践创新基地。截至 2017 年年底，全省累计创建国家生态县（区）14 个、乡镇 157 个和村 21 个。此外，合肥高新区成为中西部首批、安徽省首个"国家生态工业示范园区"，合肥、芜湖、马鞍山三市经开区获批开展国家生态工业示范园区建设。

打造长江经济带安徽段绿色发展样板。为了贯彻落实习近平总书记关于把修复长江生态环境摆在压倒性位置，共抓大保护、不搞大开发，走生态优先、绿色发展新路子的重要指示要求，安徽省委、省政府出台《关于全面打造水清岸绿产业优美丽长江（安徽）经济带的实施意见》，明确把全面打造美丽长江（安徽）经济带作为全省生态文明建设的"一号工程"。以实现"水更清、岸更绿、产业优"为主要目标，安徽在沿江 1 公里、5 公里、15 公里岸线划定"1515"三道防线，实施分级管控措施，开展"禁新建、减存量、关污源、进园区、建新绿、纳统管、强机制"七大行动。2019

巢湖湿地

年 3 月，安徽省委、省政府印发实施《长江安徽段生态环境大保护大治理大修复强化生态优先绿色发展理念落实专项攻坚行动方案》，聚焦长江经济带生态环境警示片反映的安徽省 23 个突出生态环境问题，推进深入开展生态环境问题"大起底"，建立"23+N"整改责任清单，全面推进问题整改，着力加强长江生态保护修复。4 月，启动长江干流入河排污口现场核查，通过拉网式排查，摸清排污口底数，建立排查、监测、溯源、整治等工作规范体系，一体推进大保护、大治理、大修复，使安徽长江流域突出生态环境问题得到全面整改。2019 年 9 月，长三角一体化发展生态保护重点工程安徽推进行动全面启动。11 月，长江经济带生态环境突出问题整改现场会暨推动长江经济带发展领导小组全体会议在安徽马鞍山召开。安徽以实施五大发展行动计划为总抓手，以推进绿色发展为主线，积极探索全面打造美丽长江（安徽）经济带的科学路径，走出了一条生产发展、生活富裕、生态良好的"三生共赢"之路。在 2020 年度污染防治攻坚战成效考核中，安徽获全国优秀等次，公众生态环境满意率达 93.4%，创历史新高。

2020 年 8 月，习近平总书记再次考察安徽，来到马鞍山薛家洼生态园，对长江岸线整治和生态环境改善给予充分肯定，并叮嘱安徽爱护长江、保护长江，早日重现"一江碧水向东流"的胜景。安徽省委、省政府和全省人民牢记总书记的殷殷嘱托，积极践行"绿水青山就是金山银山"理念，持续深入打好污染防治攻坚战，大力加强生态文明建设，不断改善生态环境质量，一幅更新更美的安徽画卷正在徐徐展开。

# 三、全面小康惠及安徽全体人民

全面建成小康社会，更重要、更难做到的是"全面"，体现实现共同富裕的社会主义本质要求，是覆盖城乡、惠及全体人民的小康。在全面建成小康社会的历史进程中，安徽不让一个人掉队，不让一个区域落下。七十多年来，安徽凝心聚力、顽强拼搏，全力打赢脱贫攻坚战，历史性地解决了绝对贫困问题；打破城乡分割，加快城乡融合发展，着力解决城乡差距问题；坚持优势互补、齐头并进，推进区域协调发展，着力解决地区发展不平衡问题，全面小康的阳光普照江淮大地的每一个角落。

## （一）解决贫困群众脱贫

"小康不小康，关键看老乡。"全面建成小康社会、实现第一个百年奋斗目标，农村贫困人口全部脱贫是一个标志性指标。没有农村的小康，特别是没有贫困地区的小康，就没有全面建成小康社会。党的十八大以来，以习近平同志为核心的党中央把贫困地区的脱贫攻坚作为全面建成小康社会的突出短板、底线任务和标志性工程，摆在治国理政的突出位置，组织开展了声势浩大的脱贫攻坚人民战争。

作为全国扶贫开发任务较重的省份之一，安徽省委、省政府始终高度重视扶贫开发工作。从新中国成立后完成社会主义革命，消灭一切剥削制度，迈进社会主义社会，到改革开放以来，持续向贫困宣战，实施大规模扶贫开发行动，安徽的贫困人口大幅度减少，贫困群众生活水平显著提高，贫困地区面貌发生了根本变化。特别是党的十八大以来，安徽始终坚持把脱贫攻坚作为重大政治任务和第一民生工程，以贫困不除愧对历史的责任担当、不获全胜绝不收兵的坚定意志，举全省之力，攻克了一个又一个贫中之贫、坚中之坚，建档立卡 484 万贫困人口全部脱贫，3000 个贫困村全部出列，20 个国家级和 11 个省级贫困县全部摘帽，大别山等革命老区、皖北地区和沿淮行蓄洪区区域性整体贫困问题彻底解决，让贫困人口和贫困地区同全省人民一道进入全面小康社会的庄严承诺如期兑现。

## 1. 农村经济发展直接减贫

1978 年 9 月，《全国民政工作会议纪要》提出："规划扶贫是帮助困难户改变贫困面貌的正确途径，应该努力做好这一工作，通过试点，取得经验，逐步推广。"第一次将扶贫工作从农村救济中分离出来，真正意义上的农村扶贫工作拉开了序幕。20 世纪 70 年代末，由于实行二十多年的人民公社管理体制的制约和十年"文化大革命"的影响，中国农村经济发展缓慢。"文化大革命"结束时，全国还有 2.5 亿人口没有解决温饱问题。

作为农业大省的安徽，农村经济形势更是不容乐观。加之

1978 年安徽遭受百年不遇的大旱，正常的农业生产无法开展，农民生活极度贫困。据当时统计，全省贫困人口有 1200 多万人，贫困发生率达 29%，贫困县有 17 个（其中中央确定的有 9 个）。从地域来看，贫困人口主要分布在大别山区、沿淮行蓄洪区、江淮分水岭丘陵易旱地区及江南部分地区，其中皖西革命老区大别山区最为贫困。

为了抗旱救灾，确保秋种正常进行，安徽省委创造性地出台"借地度荒"的决定。这个为战胜自然灾害而作出的决定，不仅调动了农民的生产积极性，而且引发了包产到户、"大包干"等联产承包责任制在各地破茧而出。联产承包责任制在坚持土地公有制的前提下，完全克服平均主义，以家庭经营为基础，以联产承包为核心，从根本上解决了生产"大呼隆"、分配平均主义的问题，农村生产力得到极大解放，农民生产积极性空前高涨。1979 年，最早实行"大包干"的凤阳县粮食生产实现大丰收。随着包干到组、包产到户的推行，如何在不断完善农业生产责任制过程中帮助贫困户解决生产和生活上的困难，以改革促进农村经济的发展，成为这一时期扶贫工作的重点。1981 年，省政府要求各地、市、县组织各有关部门帮助农村困难户尽快改变贫困状况，并于同年 9 月成立省扶贫工作领导小组，全力以赴进行农业扶贫。主要做了以下几方面扶贫工作：

一是建立干部包户扶贫责任制。为明确责任、帮扶到户，安徽省积极探索建立干部包户扶贫责任制，取得一定成效。如来安县对困难户实行在政治上帮助、生产上互助、经济上支持、技术上指导的方法。全县普遍采取领导和群众相结合的办法，对困难户进行摸底登记，确定扶助对象。在此基础上，实行干部包干到户、责任到人的办法。全县 1924 名干部都有自己的包户对象，并把干部包户扶贫作为考核干部的重要内容。民政部和国家农委曾向全国推广来安县的扶贫经验。

二是发放专项农业贴息贷款。1981 年至 1985 年，安徽省特别要求专项农业贴息贷款只限用于贫困县中的贫困乡和贫困户，主要用于发展千家万户能干的种植业和养殖业，建立和发展原材料生产基地，适当支持贫困乡、村兴办企业。据统计，仅 1983 年，全省有 74 个县（市）3127 个乡（公社）开展专项农业贴息贷款扶贫，占全省乡（公社）总数的 93.35%，累计扶贫 21.98 万户近 100 万人。

三是制定实施惠农政策。这一时期，安徽省制定实施了系列惠农政策，如对金寨、霍山、岳西、太湖、潜山及沿淮行蓄洪区的最贫困乡镇，免征农业税三至五年，对扶贫户和以扶贫为主兴办的各种企业和经济实体，凡从业贫困户人数达到 60% 者，酌情减免工商税、所得税三至五年。此外，全省还大力实施科技扶贫。据统计，1987 年全省有科技扶贫示范户 14900 户，其中 6700 多户当年脱贫。

在党的正确路线和政策的指引下，随着家庭联产承包责任制的不断推广，农村生产力持续获得释放，为反贫困提供了强劲的动能。全省农村形势逐渐转好，农民生活得到较快改善。1978 年至 1985 年，全省人均农业总产值、人均粮食产量、农民人均纯收入分别由 152 元、317 公斤、113 元，增加到 386 元、423 公斤、369 元，年递增 14.2%、4.7%、18.4%。贫困人口由 1980 年的 1000 万人，下降到 1985 年的 600 余万人。

## 2. 开发式扶贫促进减贫

1986 年 5 月，国务院成立贫困地区经济开发领导小组。同年

6月，国务院办公厅转发《国务院贫困地区经济开发领导小组第一次全体会议纪要》，提出要彻底改变过去那种单纯救济的扶贫办法，实行新的经济开发方式，确定开发式扶贫方针。按照当时的国家标准，安徽省金寨、霍山、六安、霍邱、寿县、岳西、潜山、太湖、颍上、阜南10个县被列入国家重点扶持贫困县。

按照国务院决策部署，安徽开始利用贫困地区的有利资源，进行开发性生产建设，即从单纯依靠资金输入，向资金、技术、物资、培训相结合输入和配套服务转变，将资金分散投放改为突出重点，将封闭式扶贫开发转变为开放式扶贫，不断增强贫困地区自我发展的能力。为了加强组织领导，各地各部门特别是各贫困县均成立了专门的扶贫开发领导小组。除认真贯彻中央的各项扶贫政策外，安徽还结合实际制定了一系列优惠政策，如坚持分类指导、扩大支柱产业政策，扩大山区生产、经营和分配自主权政策，对贫困地区实行减免农业税、免缴所得税、免购国库券、粮价补贴优惠政策，对库区实行水电费返还、建立开发基金政策，对沿淮行蓄洪区实行重点扶持政策等。

1991年，安徽遭受百年不遇的特大洪涝灾害，广大农村地区的经济遭受严重损失，全省夏秋两季农作物受灾面积超过8700万亩；全年粮食减产109亿公斤，油料减产4.5亿公斤；全省各项经济损失达275.3亿元，比整个"七五"期间全省财政收入的总和还多。许多地方的破坏是毁灭性的，全省有重灾民1800多万人，特重灾民1400多万人。大批已经脱贫的农户重新返贫，绝对贫困人口也由1990年的406万人猛增到1241万人。面对严峻形势，安徽省委、省政府及时调整部署，实行救灾工作与扶贫工作有机结合、恢复生产与发展经济并重，加大对贫困地区的扶持力度。1991年

9月，安徽省委下发《关于进一步做好灾民生活安排和恢复生产重建家园工作的通知》，明确依靠群众、依靠集体，生产自救、互助互济，辅之以国家必要的救济和扶持的救灾工作方针。加大对受灾最严重的沿淮六县（临泉县、阜南县、颍上县、凤台县、霍邱县、寿县）的重点支持。中国人民银行每年扶持资金6000万元，每个县1000万元，省里配套资金3000万元到4000万元，主要支持六县的基础设施、工业发展和农业开发，大力发展乡镇企业，以工补农。省辖市重点扶持一至两个重灾县发展工业。省直各部门对自己帮扶的贫困县给予积极扶持和帮助，在原料、资金等方面给予照顾和倾斜。各受灾贫困县因地制宜，用好用足优惠政策，发动群众大搞养殖、捕捞、采集、编织、加工、运输以及其他副业，努力增加受灾贫困户的收入。同时，加大对水毁公路、水利工程的修复和倒塌房屋的修建，有计划地实行以工代赈，多渠道、多形式筹集资金；县和县以上劳动部门有计划、有组织地做好劳务输出，帮助受灾贫困户渡过难关。经过多措并举的灾后恢复与发展，全省因灾受损的工农业生产迅速恢复正常，整个经济形势超出预期。据统计，1991年，全省工农业总产值达到1083亿元，比上年增长1.6%；工业总产值766亿元，增长10.6%；农业总产值317亿元，下降15%。1993年，安徽省委、省政府将安徽省革命老区贫困地区工作领导小组更名为安徽省脱贫致富工作领导小组，统一负责贫困地区扶贫开发工作。通过这一时期的开发式扶贫，全省贫困地区农村经济实力明显增强，人民物质生活水平不断提高，社会面貌发生重大变化。1993年，全省贫困人口减少到360万人。

### 3. 八七扶贫攻坚聚力减贫

1994 年 2 月，中共中央召开第一次全国扶贫开发工作会议，全面部署 20 世纪最后七年的扶贫开发工作。4 月 15 日，国务院印发《国家八七扶贫攻坚计划》，"八七"的含义就是对当时全国农村 8000 万贫困人口的温饱问题，用七年时间（从 1994 年到 2000 年）基本解决。这是新中国历史上第一个有明确目标、明确对象、明确措施和明确期限的扶贫开发行动纲领。按照当时国家新的扶贫标准，安徽省金寨、岳西、寿县、临泉等 17 个县被确定为国家级贫困县。

在党中央、国务院的统一部署下，安徽省委、省政府作出以减少并消除绝对贫困人口为导向，以贫困村为主战场，以贫困户为对象，以改善基本生产生活条件和发展种养业为重点，主攻深山区、库区脱贫的决定。1994 年 6 月，安徽省委、省政府下发《关于进一步加快山区经济发展的意见》，实行扶贫开发工作重大战略转移，决定由区域经济增长向农户收益转移，由沿淮地区向山区、库区转移，集中力量、攥紧拳头，基本解决深山区、库区贫困人口温饱问题。

这一时期，中国农业在发展过程中出现了新的困难和问题，主要是乡镇机构膨胀，公共支出过大，农民负担过重，广大农村普遍出现了增产不增收的现象，农民的生产积极性受到挫伤，许多地方出现大面积的农田抛荒和弃耕现象，农村和农业发展再次陷入滞缓状态。安徽创造性地先行一步，探索开展农村税费制度改革，切实减轻农民负担。从 1994 年开始，安徽在部分地区开展了减轻农民负担的试点工作，先后在太和县、阜阳市推行"税费合并、统一征收、统一管理、分开使用"的模式，在五河县推行

"农村公益事业建设税"模式，在来安县、怀远县、濉溪县、望江县推行农村税费征收新模式。2000 年 3 月，中共中央、国务院发出《关于进行农村税费改革试点工作的通知》，安徽成为全国唯一一个以省为单位进行农村税费改革试点的省份。试点当年，农民负担就明显减轻，人均现金负担减少 33.9 元，减幅达 31%。农民人均纯收入达 1934.6 元，较 1995 年增长 48.5%。从安徽开始试点的农村税费改革是我国农村改革的又一次重大创举，为全面取消农业税奠定了基础。安徽再一次勇立潮头，堵住了加重农民负担的"口子"，实现了对农业从"取"到"予"的根本转变，在新中国农村发展史上添上浓墨重彩的一笔。

安徽在实行农村税费改革时，向农民发放政策"明白袋"，使农民明白政策，免遭乱收费，切实减轻了农民负担

在推行农村税费改革、切实减轻农民负担的同时，安徽省委、省政府还加大对贫困地区的投入力度，大力实施"白色扶贫工程"，从财政和以工代赈中拿出专项扶贫资金，采取政府采购、招标竞价的形式购置地膜，直接发放到农户，扶持农户发展地膜覆盖、大棚种植等开发性农业项目，受益贫困户约 20 万户，贫困人口年人均增收 100~300 元。与此同时，加大对扶贫开发的资金投入。这一时期，中央财政在安徽累计投入扶贫资金 61.87 亿元，省级财政配套 3.75 亿元，银行及省直有关部门配套 20.1 亿元，市、县配套 1.8 亿元，合计投入扶贫资金 87.52 亿元。17 个国家重点扶持贫困县生产总值达到 412 亿元，比 1993 年增长 1.8 倍，工业总产值和农业总产值分别增长 64% 和 188%，农民人均纯收入由 587 元增加到 1545 元，增长 1.6 倍。全省农村贫困人口从 1993 年年底的 360 万人减少到 2000 年的 126 万人。

### 4. 整村推进扶贫、全面减贫

进入 21 世纪，我国农村贫困人口分布逐渐从国家扶贫开发重点县区域向村级区域集中。基于这一现状，2001 年、2011 年，中共中央、国务院先后颁布《中国农村扶贫开发纲要（2001—2010 年）》《中国农村扶贫开发纲要（2011—2020 年）》，将国家扶贫开发工作重点转向村级贫困区域，实施整村推进扶贫，确定以片区为主战场，尽快解决少数贫困人口温饱问题，进一步改善贫困地区的基本生产生活条件，提高贫困人口的生活质量和综合素质，加强贫困乡村的基础设施建设，改善生态环境，逐步改变贫困地区经济、社会、文化的落后状况，为达到小康水平创造条件。安徽省先后出台《安徽省人民政府关于实施扶贫开发整村推进工程的意见》《安徽省农村扶贫开发"十一五"规划纲要》《关于继续实施扶贫开发整村推进工程的意见》等文件，重点实施基本农田建设、通村公路、人畜饮水、移民搬迁、草危房改造、农技推广培训、扶贫助学、乡镇卫生院改造、劳务培训输出、旅游扶贫等工程，在19个国家扶贫开发工作重点县，每年安排500个左右重点村实施整村推进工程。经过艰苦努力，"十一五"时期，安徽基本解决现有农村绝对贫困人口的温饱问题。

2009年8月，安徽省委、省政府出台《关于进一步加强扶贫开发工作的意见》，把稳定解决扶贫对象温饱、进而实现脱贫致富作为首要任务，大力实施"552"扶贫行动计划：主攻皖北地区、大别山等革命老区、沿淮行蓄洪区、皖南深山区和江淮分水岭地区五个重点区域；突出整村推进、产业扶贫、"雨露计划"、社会扶贫和移民搬迁五项重点工作；明确提出把增加农民收入、减少贫困人口作为扶贫开发的重要目标。"552"扶贫行动计划实施以来，全省累计投入财政专项扶贫资金37.43亿元（其中中央财政发展资金24.5亿元、以工代赈资金9.69亿元、省财政专项扶贫资金3.24亿元）、扶贫贷款29.8亿元；运用多种扶贫手段，千方百计改善贫困地区生产生活条件，增加扶贫对象收入。扶贫对象自我发展能力得到不断提高。

2012年3月，为贯彻落实科学发展观，统筹城乡、区域发展，缩小发展差距，加快贫困地区全面建设小康社会、构建社会主义和谐社会步伐，安徽省人民政府办公厅印发《安徽省"十二五"农村扶贫开发规划纲要》，确定开发式、开放式、开拓式扶贫的工作方针。安徽采取多种扶贫方式并举，加强专项扶贫、行业扶贫、社会扶贫、政策支持扶贫，逐步改善贫困地区基本生产生活条件，培育特色产业；加强重点县社会事业建设，提高贫困地区社会保障水平，进一步提升扶贫对象的自我发展能力。

## 5. 精准扶贫、精准脱贫

党的十八大以来，习近平总书记亲自部署、亲自指挥、亲自督战，在重要场合、重要会议、重要时点反复强调脱贫攻坚，先后主持召开 7 次中央扶贫工作座谈会，开展 50 多次调研扶贫工作，走遍全国 14 个集中连片特困地区，提出一系列新思想、新观点，作出一系列新决策、新部署。2013 年 11 月，习近平总书记在湘西考察时首次提出"精准扶贫"理念。同年 12 月，中共中央办公厅、国务院办公厅印发《关于创新机制扎实推进农村扶贫开发工作的意见》，对精准扶贫相关政策体系进行顶层设计。2015 年 11 月，中共中央、国务院印发《关于打赢脱贫攻坚战的决定》，标志着扶贫脱贫工作进入攻坚战阶段。

习近平总书记一直十分关心关注安徽的扶贫脱贫工作，先后两次亲临安徽考察，不倦足迹深深印入安徽贫困地区的山山水水，殷殷嘱托深深温暖着贫困地区的广大干部群众。2016 年 4 月，习近平总书记考察安徽期间，第一站就到贫困地区金寨县花石乡大湾村了解脱贫攻坚情况，叮嘱安徽省委、省政府"咬定青山不放松，苦干巧干加实干，确保到 2020 年全面实现'人脱贫、村出列、县摘帽'"。2020 年 8 月，习近平总书记再次亲临安徽考察，第一站也是到贫困地区阜南县王家坝和蒙洼行蓄洪区，走进扶贫车间，慰问受灾群众，强调"脱贫攻坚越到最后越要紧绷这根弦，越要落实精准要求"。总书记关于扶贫工作的重要论述和重要指示批示，为安徽打赢脱贫攻坚战提供了强大思想武器，指明了前进方向，注入了强大动力。全省上下始终牢记总书记考察安徽时的谆谆教诲和殷殷嘱托，认真贯彻落实党中央、国务院关于精准扶贫、脱贫攻坚的重大决策部署，大力弘扬伟大脱贫攻坚精神，在思想上对标对表，在行动上紧跟紧随，在执行上坚定坚决。

（1）拓宽思路，建立精准扶贫工作机制

安徽坚持以精准扶贫、精准脱贫为基本方略，创新扶贫工作机制，不断提升精准识别、精准帮扶、精准施策、精准脱贫质量，切实把扶贫扶到点上、扶到根上。

一是坚持精准识别，解决"扶持谁"问题。全省持续抓实建档立卡工作，着力扣好精准扶贫的"第一粒扣子"。2014 年对 20个国家级贫困县和 11 个省级贫困县 3000 个贫困村 484 万贫困人口进行建档立卡，2015 年组织开展"回头看"，2016 年实施精准核查，每年开展扶贫对象动态调整，坚决杜绝"该进来的没有进来、该出去的没有出去，不该进来的进来了、不该出去的出去了"的"两该两不该"现象，不断提高识别精准度。

二是坚持精准施策，解决"怎么扶"问题。开对了"药方子"，才能拔掉"穷根子"。安徽建立健全脱贫攻坚项目库，完善到村到户扶贫清单，因村、因户、因人、因致贫原因施策，实行"一村一规划、一户一方案、一人一措施"，对症下药、靶向治疗，确保帮扶措施与脱贫成效挂钩，全面提高帮扶措施的精准性、针对性和实效性，让贫困群众得到实惠、真心认可。

三是坚持精准帮扶，解决"谁来扶"问题。全面落实"省负总责、市县抓落实、工作到村、帮扶到户"工作机制，建立健全"定点帮县、驻村帮扶、联系帮户"机制，由省级负责同志定点包保 31 个贫困县，对每个贫困户落实帮扶责任人，做到在贫困村和扶贫任务较重的非贫困村派驻扶贫工作队全覆盖。工作队在落实脱贫攻坚政策、建强基层组织、为民办事服务等方面发挥了重要作用，打通了精准扶贫"最后一公里"。

四是坚持精准脱贫，解决"如何退"问题。建立健全贫困退出机制，严格落实贫困县、贫困村、贫困人口退出标准和程序，制定脱贫滚动规划和年度计划，严格实施考核评估，组织开展脱贫攻坚督查巡查、市际交叉考核、扶贫资金绩效评价、省直帮扶单位考核等，杜绝数字脱贫、虚假脱贫。在全国率先对当年拟出列贫困村、拟脱贫户进行第三方监测评估全覆盖，确保脱贫成效经得起实践和历史的检验。同时，保持摘帽县、出列村、脱贫户帮扶政策总体不变，对摘帽县制定并落实后续帮扶计划和巩固提升措施，对贫困村实施贫困村提升工程，对脱贫户制定并落实针对性帮扶措施，不断提升脱贫质量。

（2）瞄准目标，全力推动贫困对象稳定脱贫

始终紧盯"两不愁三保障"和饮水安全核心指标，坚定不移地落细攻击点位，

安徽省"十三五"脱贫时限图

着力提高脱贫质量，确保"人脱贫、村出列、县摘帽"。

一是确保贫困户稳定脱贫。安徽省认真贯彻习近平总书记关于"脱贫攻坚的标准，就是稳定实现贫困人口'两不愁三保障'"的重要指示，坚持把解决"两不愁三保障"和饮水安全突出问题作为关键环节，制定实施意见和部门实施方案，采取定标准、定任务、定时间、定责任、定成效"五定"工作举措，确保义务教育"有学上"、群众患病"有医靠"、贫困群众"有安居"、安全饮水"有保证"。教育扶贫方面，坚持分类制定实施多元化扶持与资助政策，认真落实建档立卡贫困家庭学生资助和"雨露计划"职业教育补助政策，实现贫困家庭经济困难学生资助全覆盖。2016 年至2020 年，全省累计资助建档立卡家庭学生 514 万人次、61.6 亿元；重点高校定向招收贫困地区学生近 5 万名，帮助贫困学子圆了重点大学梦；支持贫困地区新建、改建、扩建公办幼儿园项目 1259 所，

萧县龙城镇小学生在阅读捐赠书籍

建设 30 所省级示范特色学校 109 个省级示范专业，为贫困地区招聘特岗教师 1.5 万人，培养"一专多能"的全科型乡村教师 1.5 万名。健康扶贫方面，健全完善"三保障一兜底一补充"综合医疗政策体系，实行分级诊疗、优化服务流程，全省贫困人口共计 484.4 万人次享受基本医保、大病保险、医疗救助等政策，累计报销住院费用 330.63 亿元，1978.32 万人次享受门诊慢特病综合医保报销待遇，累计报销 72.48 亿元；组织 26 家省、市三级医院"组团式"对口帮扶 31 个贫困县县级医院，累计选派 1649 名管理人员和医疗专家驻点帮扶；深入实施"百医驻村、千医下乡、万医轮训"工程，从省、市三级医院选派 113 名医疗人才驻村帮扶两年，使 161 个村卫生室"空白点"全部消除，贫困地区基层医疗卫生服务能力全面提升，让困难群众常见病、慢性病看得起，得了大病、重病后生活过得去。住房保障方面，全面摸排鉴定贫困地区农户房屋质量，因地制宜采取多种方式保障贫困人口基本住房安全，严格执行农村危

亳州市丰水源社区开展健康扶贫体检活动现场

房改造面积标准，累计完成 34.1 万户贫困户危房改造，贫困人口
居住条件得到全面改善；坚持具备条件和群众自愿原则，实施贫困
群众易地搬迁计划，全面摸排搬迁对象，加强安置点配套设施和产
业园区、就业扶贫车间等建设，持续做好搬迁群众产业就业、公共
服务等后续扶持工作，全面完成 8.5 万贫困人口易地扶贫搬迁任务，
实现搬得出、稳得住、逐步能致富。饮水安全方面，开展贫困人口
饮水安全问题排查，加强农村供水水质净化消毒和监测工作；健全
农饮工程长效管理机制，推进城乡供水一体化和区域供水规模化，
贫困人口饮水安全问题得到全部解决，有效应对了 2019 年部分地
区四十年来最严重干旱和 2020 年百年未遇洪涝灾害。与此同时，
坚持因人因户施策，推深做实产业扶贫、就业扶贫、保障性扶贫等
措施，确保贫困户实现稳定脱贫。

　　二是确保贫困村高水平出列。明确贫困村出列标准，加大资
金投入和项目支持，深入推进百村培强、千村扶优、万村提升的
"百千万"工程，加强贫困村"双基"建设和农村人居环境整治，
因地制宜发展特色产业。探索实施资产收益扶贫，把中央财政专项
扶贫资金和其他涉农资金投入设施农业、光伏、乡村旅游等项目
形成的资产，折股量化到贫困村，推动产业发展，增加群众收入，
破解村集体经济收入低的难题，全面消除无经营性收入的空壳村。
全省 3000 个贫困村通过资产收益扶贫累计实现增收 7.01 亿元，于
2019 年全部实现出列，村均集体经济收入由 2013 年年底的 1.76 万
元增至 2020 年年底的 33.83 万元，增长 18.2 倍；3000 个贫困村实
现村村发展有特色产业，村村有稳定集体经济收入，村村通宽带和
自来水，基本实现村民组通硬化路，村内基础设施建设和基本公共
服务水平明显改善。

三是确保贫困县高质量摘帽。坚持把大别山等革命老区、皖北地区和沿淮行蓄洪区作为全省脱贫攻坚主战场，对 20 个国家级贫困县和 11 个省级贫困县在政策上倾斜、资金上保障、项目上聚焦，农民人均可支配收入增幅高于全省平均水平，基本公共服务和基础设施水平明显提升；出台关于确保高质量退出的实施方案，成立贫困县退出工作组和办公室，坚持分级负责、质量优先原则；对标贫困县退出标准，完善规范操作、公开透明、责任清晰的退出机制，着力提升识别精准度、退出精准度、群众认可度，强化政策落实、资源整合、问题整改、后续规划，31 个贫困县摘帽零漏评、零错退，实现高质量摘帽。岳西县入选全国贫困县退出典型案例县。

（3）聚焦重点，全力攻克贫困堡垒

2017 年 6 月 23 日，习近平总书记在深度贫困地区脱贫攻坚座谈会上的讲话中指出，"攻克深度贫困堡垒，是打赢脱贫攻坚战必须完成的任务"。加快推进深度贫困地区脱贫攻坚，要"以解决突出制约问题为重点，以重大扶贫工程和到村到户帮扶措施为抓手，以补短板为突破口，强化支撑保障体系，加大政策倾斜力度，集中力量攻关，万众一心克难，确保深度贫困地区和贫困群众同全国人民一道进入全面小康社会"。安徽牢记总书记指示，聚焦靶心重点，制定出台《关于聚焦深度贫困集中力量攻坚的实施意见》，聚力大别山革命老区、皖北地区、沿淮行蓄洪区等深度贫困地区脱贫攻坚，持续加大政策倾斜和资金支持力度，集中火力攻克深度贫困堡垒。

一是加大投入力度。2018 年，省级财政安排 9 个省定深度贫困县专项扶贫资金 7.98 亿元，比 2017 年的 4.68 亿元增加 3.3 亿元，增长 71%；9 个省定深度贫困县整合财政涉农资金 52.29 亿元，比

2017 年整合的 36.01 亿元增长 45.2% ; 1360 家单位（含中直单位）定点扶贫 9 个省定深度贫困县，直接投入帮扶资金 4.15 亿元，帮助引进资金 5.6 亿元；向 9 个省定深度贫困县选派省级科技特派员 135 人次，引导市县选派科技特派员 925 人次；帮扶贫困人口就业超过 4 万人。

2016—2020 年安徽省财政专项扶贫资金投入情况

二是确立首位重点。安徽省认真落实习近平总书记考察金寨县大湾村时作出的"全面建成小康社会，一个不能少，特别是不能忘了老区"的重要指示，安徽省委、省政府坚持把革命老区脱贫攻坚摆在更加突出位置，作为工作首位重点，在已有政策基础上，制定出台《关于进一步加强大别山等革命老区脱贫攻坚的实施意见》《关于脱贫攻坚期倾斜支持贫困县和革命老区县有关政策的通知》《大别山片区区域发展与扶贫攻坚规划》，深入实施"抓金寨促全省"战略，引导资源要素聚焦，加大政策倾斜和扶贫资金整合力度。从 2019 年起，省级新增财政专项扶贫资金 50% 用于贫困革命老区。大湾村脱贫"账本"显示：2016 年脱贫 18 户 63 人；2017

被誉为安徽"最美公路"和"大别山最美旅游环线"的马鬃岭旅游扶贫公路

年脱贫 31 户 105 人；2018 年脱贫 86 户 200 人，实现"村出列"；2020 年，贫困人口全部脱贫。

三是抓好难中之难。针对沿淮行蓄洪区的脱贫攻坚难点，安徽省委、省政府确立"奔小康、促振兴"两步走基本思路和"减总量、优存量，建新村、分步走"总体要求，制定出台《关于进一步加强沿淮行蓄洪区脱贫攻坚工作的若干意见》，编制了沿淮行蓄洪区安全建设、基础设施、基本公共服务、农村环境、适应性产业、劳务对接等一揽子规划和方案，形成支持沿淮行蓄洪区脱贫攻坚政策的"组合拳"。173 万人口的阜南县既是人口大县，也是"贫困大县"，是皖北贫困地区、大别山连片特困地区和沿淮行蓄洪区 三区叠加。截至 2013 年年底，全县建档立卡贫困人口 6.38 万户 19.78 万人，贫困村 90 个，贫困发生率 12.45%。尤其是在承担了淮河蓄洪功能的蒙洼地区，自新中国成立以来已 16 次蓄洪，当地群众"舍小家为大家"，经济损失严重。在省、市的坚强领导和大力支持下，阜南县因地制宜、因户施策，通过发展劳动密集型产业和适应性农业，盘活了经济，带旺了产业，富裕了百姓，年均脱贫

3.2 万人以上，于 2020 年 4 月正式退出贫困县序列。

四是攻克坚中之坚。深入实施皖北地区脱贫攻坚计划，出台《关于进一步推动皖北地区高质量发展的若干意见》，进一步加大对皖北地区改革创新、主导产业发展、新型城镇化、基本公共服务、重点基础设施建设、要素保障等支持力度，推动皖北六市发展质量效益稳步提升。临泉县是安徽省第一人口大县，脱贫攻坚任务重。脱贫攻坚主战场上，该县涌现出一大批能人和企业家，不仅在全省率先成立县级扶贫基金会，搭建起扶贫事业公益平台，而且有 260 多家企业主动投身脱贫一线，滚动实施了 640 多个产业扶贫项目，带动 8616 户贫困户顺利脱贫。

"中国柳编之乡"安徽阜南柳条编织脱贫致富路

（4）合力攻坚，提升精准帮扶实效

安徽坚持社会动员，凝聚各方力量，营造合力攻坚的浓厚氛围。注重发挥政府和社会两方面力量作用，建立"单位包村、干部包户"帮扶机制，构筑专项扶贫、行业扶贫、社会扶贫"三位一体"大扶贫格局，调动各方面积极性，引领市场、社会协同发力，形成全社会广泛参与脱贫攻坚的局面。

在中直和省直单位定点帮扶上。16 家中直单位定点帮扶安徽省 19 个国家级贫困县，选派近 200 名干部到市、县、乡、村四级挂职帮扶，投入和引进帮扶资金 61.11 亿元，实施和帮助引进帮扶项目 895 个。省内 9077 家单位全面履行帮县帮村帮户职责，落实

"六扶"工作要求，坚持"前方打仗、后方保障"，打造与驻村扶贫工作队的责任共同体，全力支持驻村帮扶。2014年至2020年，安徽累计投入和引进帮扶资金216.62亿元，实施和帮助引进帮扶项目14.16万个，广泛组织单位干部联系包户，安排帮扶责任人71.8万人。

在驻村干部定点帮扶上。落实"选硬人打硬仗"要求，向3000个贫困村派驻扶贫工作队，将驻村帮扶力量延伸至大部分非贫困村和村民组。党的十八大以来，安徽共派驻扶贫工作队11327支、驻村帮扶干部32039人。驻村帮扶干部发挥脱贫攻坚生力军作用，打通政策落实"最后一公里"，扶出内生动力、扶出稳定脱贫、扶出均衡发展、扶出乡村振兴。安徽驻村帮扶工作受到党中央、国务院的充分肯定，宿州市委组织部、5名驻村帮扶干部分别获"全国脱贫攻坚奖"组织创新奖和贡献奖。

在县域之间结对帮扶上。组织省内20个经济相对发达的县（市、区），"一对一"帮扶20个国家级贫困县，统筹推进战贫、战疫、战灾互助合作，走出了一条优势互补、合力攻坚的帮扶路径。结对双方以政策引导、主体带动、技术支持强化产业合作，以搭建线上线下"两个平台"、用好县内县外"两个渠道"、抓住扶业扶技"两个关键"强化劳务协作，以干部、资金、项目"三个援助"强化要素支持，以民生改善、消费扶贫、志愿服务、招商引资"四个助力"强化社会参与。2017年至2020年，20个帮扶县投入帮扶资金12.83亿元，实施帮扶项目2268个，产业就业类项目受益贫困人口12.62万人。

在动员社会力量扶贫上。广泛发动社会各方力量参与脱贫攻坚，形成"民主党派同心聚力脱贫攻坚""跟着劳模去扶贫""巾帼脱贫行动""青春建功脱贫攻坚""残疾人脱贫奔康"等社会扶贫品牌，营造人人皆愿为、人人皆可为、人人皆能为的社会扶贫浓厚氛围。深入开展"千企帮千村"精准扶贫行动，11017家民营企业帮扶6831个村（含3000个贫困村），投入帮扶资金61.01亿元。2014年至2020年扶贫日期间，全省认领扶贫项目23109个，折合资金37.85亿元，社会认捐11.75亿元。发挥中国社会扶贫网作用，全省注册用户488.4万人，物品需求对接成功42.2万个，对接成功率91.9%，资金需求对接成功2.3万个，对接成功率91.3%，贫困地区累计接受捐赠资金1074.7万元。

（5）从严从实，推进作风问题整改

脱贫攻坚，从严从实是要领。安徽全面落实党中央关于加强作风建设的决策部署，聚焦省、市、县、乡、村五级责任主体，将作风建设贯穿脱贫攻坚全过程、各环节，对照"四个意识"、政策落实、责任落实等8个方面36个小项进行全面梳理排查，集中开展扶贫领域作风问题专项治理，确保脱贫工作务实、过程扎实、结果真实。

一是抓住领导干部这个关键少数，在全省县处级以上领导班子和领导干部中开展"三查三问"。一查政治上是否做到"两个坚决维护"，重点对政治巡视巡察中发现的突出问题严肃问责；二查工作上是否坚决贯彻落实党中央及省委重大决策部署，重点对落实打好"三大攻坚战"决策部署中存在的突出问题严肃问责；三查作风上是否严格落实中央八项规定精神及安徽省实施细则，重点对"四风"特别是形式主义、官僚主义问题，以及乱作为、不作为、慢作为等突出问题严肃问责。

二是以脱贫实效为导向，建立最严格的考核评估体系。每年开展市级交叉考核和督查巡查、暗访等，实行第三方监测评估全覆盖。由省委、省政府负责同志对成效考核综合评价"一般"和"较差"或存在突出问题的市、县（市、区）主要负责人或分管负责人进行约谈，倒逼责任落实、政策落实、工作落实。

三是坚持把中央专项巡视、国家考核和督查巡查等反馈问题整改结合起来，一体推进、一体整改、一体解决。建立整改包保责任制，省级党政负责人根据各自分工确定包片任务，片对片、面对面、点对点进行督导，解决各地在巡视整改和脱贫攻坚中存在的突出问题。创新"基本＋"问题排查模式，将反馈共性问题整改作为"基本"任务，具体问题整改作为"＋"的部分，举一反三，全面排查，确保不留死角。

四是持续深化扶贫领域作风问题专项治理。组织实施全方位、立体式的扶贫领域作风问题专项治理，深入开展专项巡视巡察，实现 70 个有扶贫开发任务的县巡视全覆盖、3000 个贫困村以及所涉及的 1067 个乡镇巡察全覆盖，并对省、市、县扶贫开发领导小组成员单位开展以脱贫攻坚为重点的专项巡视巡察。深入开展扶贫领域"两项目两资金"和信访件"三清三度"专项行动，深化扶贫领域专项治理，做到跟进监督、精准监督、全程监督，扶贫领域腐败和作风突出问题得到有效遏制。

（6）开拓创新，闯出安徽特色的脱贫之路

在脱贫攻坚的伟大历程中，安徽大力弘扬改革创新、敢为人先的小岗精神，主动作为，敢闯敢试，勇于探索具有安徽特色的精准扶贫之路。

一是创新实践"四带一自"产业扶贫模式。针对产业特色不突出、组织化程度低、带动模式单一等问题，出台《关于全面推广

"四带一自"产业扶贫模式的指导意见》《关于创新完善机制着力打造产业扶贫升级版的实施意见》，全面推行各类园区带动、龙头企业带动、农民合作社带动、能人大户（家庭农场）带动和贫困群众自我调整种养结构发展产业的"四带一自"产业扶贫模式；通过"育主体、强联结、促融合"，解决产业扶贫"谁来带、怎么带、带什么"问题，培育壮大特色主导产业，建立了紧密型利益联结机制，有力带动贫困群众稳定增收。截至 2020 年年底，全省累计发展且仍在发挥效益的到村产业扶贫项目 2.66 万个，实现 3000 个贫困村全覆盖，村均项目 8.87 个，累计发展且仍在发挥效益到户的产业扶贫项目 300.15 万个，到户项目覆盖率 77.8%，户均项目 1.84个，建成产业扶贫园区 5108 个，2.9 万个新型农业经营主体与 41.7万户贫困户建立紧密型利益联结机制，通过产业发展带动脱贫增收。

二是创新实践"三业一岗"就业扶贫模式。坚持把就业扶贫作为贫困群众增收致富的重要举措，实行以发展生态友好型产业、发展劳动密集型产业、组织外出打工就业以及开发公益岗位"三业一岗"为主线的就业扶贫模式。针对山区、库区、林区以及皖北平原不同地域特点，发展不同类型的就业扶贫车间，多措并举解决不同类型贫困劳动力的稳岗就业问题，帮助实现一人就业、

望江县申洲针织服装公司扶贫车间先后吸纳 3200 多名建档立卡贫困户就业，人均月收入超过 3000 元

全家脱贫。2016 年至 2020 年，全省累计帮扶贫困劳动力就业 69.11 万人，累计跨省就业 75.6 万人，省内就业 21.4 万人，就地就近就业（县内）82.1 万人，认定就业扶贫车间 971 个，带动贫困劳动者 1.17 万人，带贫率 36.04%，累计开发居家就业岗位 69.94 万个，累计开发公益岗位 28.53 万个，吸纳 26.95 万名贫困劳动者就业，招募就业扶贫基地 5544 个，组织开展技能脱贫培训 19.07 万人次。

三是创新实践"一自三合"扶贫小额信贷模式。创新推出"户贷户用自我发展、户贷户用合伙发展、户贷社管合作发展、户贷社管合营发展"的"一自三合"扶贫小额信贷模式，坚持贫困户的主体地位、主体利益第一位，通过合伙、合作、合营，聚合政府有形之手、市场无形之手和群众勤劳之手，精准发力，有效破解一系列难题，累计发放扶贫小额信贷 411 亿元，惠及 108 万户，实现从"贷得到"到"贷得准"再到"用得好"的转变，走出一条具有安徽特色的"金融＋产业"融合发展、带贫减贫之路，被评为中国扶贫小额信贷优秀案例，并入选首届全球减贫最佳案例。

阜阳市颍州区花园村贫困户借助扶贫小额贷款扩大养殖规模

四是创新实践光伏扶贫模式。在全国率先实施光伏产业扶贫。在光伏扶贫电站建设模式、资金筹措、质量监管、数据接入、运行维护、电站确权、收益分配、综合利用等环节上实现全程创新，光

金寨县依托荒山建设的 100 兆瓦集中式光伏扶贫电站

伏扶贫电站装机规模、受益人数均位居全国前列。全省累计建成并网发电光伏电站装机容量达 242.3 万千瓦，年发电收益 24 亿元左右，带动 2871 个贫困村 47 万户贫困户增收。在全国率先实施光伏扶贫的金寨县，荣获 2018 年"全国脱贫攻坚奖"组织创新奖。

五是创新实践驻村帮扶模式。为进一步提高帮扶实效，2017 年 4 月，在原有驻村扶贫干部的基础上，对未出列的 1923 个贫困村增派 1 名副处级以上党员干部担任第一书记兼扶贫工作队队长，在全国率先实现处级干部担任贫困村第一书记（扶贫工作队队长）全覆盖。宿州市、亳州市等地为行政村配备扶贫专干、为自然村配备扶贫小组长，增强基层帮扶力量，有效打通了脱贫攻坚的"神经末梢"。

六是创新实践"一二三四五"扶贫项目库建设模式。在全国率先开展县级脱贫攻坚项目库建设试点，按照"一个池子"筹措资金、"两个规划"引领项目、"三级公开"全面覆盖、"四道关卡"严格流程、"五项举措"科学管理的工作思路，规范项目储备、筛选、实施、资金拨付、监管等五大流程，形成全流程动态管理模式，提高扶贫资金使用效益。

七是创新实践建档立卡数据质量监管模式。对建档立卡数据坚持"每月一清洗"，对梳理出的疑点数据"每月一反馈"，对建档立卡数据质量"每季一通报"，确保"账账相符"。每年结合脱贫攻坚第三方监测评估，对脱贫户及抽查贫困户的基本信息、致贫原因、帮扶措施等进行反复比对，做到线上、线下一致，确保"账实相符"。2019年至2020年，安徽数据质量连续八次位居全国第一位。

八是创新实践"志智双扶"模式。在开展"技能扶智行动""文化扶贫行动"和建设"新时代文明实践中心"等基础上，大胆进行"爱心超市""孝道扶贫""扶贫夜校""党员联帮带动""医疗护理养老一体化""扶贫互助"等系列探索，推动贫困群众物质和精神双脱贫，有效激发了贫困群众脱贫的内生动力。

九是创新实践脱贫攻坚第三方监测评估模式。2016年，在全国率先实行脱贫攻坚第三方监测评估，出台《安徽省脱贫攻坚第三方监测评估办法》。每年年底组织省属高校，组建第三方评估队伍，对当年拟脱贫户和拟出列贫困村实行全覆盖监测评估；全省累计监测评估70个县6000个村162.5万农户，累计考核约谈14个市、53个县和18家省直单位。通过独立、公正、客观的监测评估，确保脱贫成果真实可靠，也为高校师

"扶贫扶智"添动力——黟县"文化惠民工程"送戏进村

生深入贫困乡村参与脱贫攻坚提供了平台。

十是创新实践疫情灾情有效应对模式。建立"五防"风险防范机制，定期分析应对疫情灾情对脱贫攻坚的影响，组织开展决战决胜脱贫攻坚"抗疫情、补短板、促攻坚"专项行动，采取有力举措，全力降低疫情灾情对脱贫攻坚的影响，防止因疫因灾致贫返贫，切实巩固脱贫攻坚成果。

## 6. 脱贫攻坚战取得全面胜利

在习近平新时代中国特色社会主义思想指引下，安徽省委、省政府带领全省上下经过八年艰苦卓绝的不懈奋斗，脱贫攻坚战取得全面胜利。

一是目标任务全面完成，绝对贫困和区域性整体贫困问题彻底解决。在全面建成小康社会之年，安徽省委、省政府向党中央、国务院签订的脱贫责任书目标任务全面完成，484万贫困人口全部脱贫（经过历年动态调整，累计脱贫523.11万人），全部实现不愁吃不愁穿，全面实现义务教育、基本医疗、住房安全和饮水安全有保障，人民群众的获得感、幸福感显著增强。全省3000个贫困村全部出列，20个国家级和11个省级贫困县全部摘帽，大别山等革命老区、皖北地区和沿淮行蓄洪区区域性整体贫困问题彻底解决。

二是贫困群众发展能力全面增强，整体收入水平大幅提高。贫困群众积极参与产业发展和务工就业，家庭收入结构中工资性收入和生产经营性收入占比稳步上升，转移性收入占比逐年下降，自主脱贫能力稳步提高。贫困地区农村居民人均可支配收入由2013年年底的6787.5元增至2020年的14763元，翻了一番多；建档立卡贫困人口人均纯收入由2013年年底的2132元增加到2020年年底的 11659 元，增长 4.5 倍。贫困群众生活发生了翻天覆地的变化。全省农村平均低保标准从 2014 年的 2896 元提高到 2020 年的 7670元，超过国家扶贫标准，惠及 106.6 万贫困人口。

三是贫困地区基础条件全面改善，乡村面貌和贫困群众精神风貌焕然一新。在全国率先实现村村通动力电，贫困村全部通宽带，村村都有卫生室和村医，基本实现较大村民组通硬化路，提前三年实现县域义务教育基本均衡目标，贫困地区基础设施条件和农村人居环境显著改善，基层基本公共服务主要领域指标达到全国平均水平，长期困扰贫困地区群众的出行难、用电难、上学难、看病难、饮水难、通信难等老大难问题得到历史性解决，脱贫主体意识得到充分激发，实现从"要我脱贫"到"我要脱贫""我能脱贫"的蜕变。

四是贫困地区综合实力全面提升，经济社会发展明显加快。坚持以脱贫攻坚统揽贫困地区经济社会发展全局，推深做实产业就业扶贫、电商扶贫、光伏扶贫、乡村旅游扶贫、消费扶贫和生态扶贫，刺激消费，拉动内需，经济和社会呈现出蓬勃的发展势头。党的十八大以来，31 个贫困县地区生产总值年均增长 8%，2020 年达到 9953.3 亿元，占全省的 25.7%；固定资产投资年均增长 17%，高于全省平均增幅 4.5 个百分点；社会消费品零售总额年均增长12.7%，2020 年达到 5661.6 亿元，占全省 30.9%，高于全省 0.4 个百分点，经济活力和发展后劲明显增强。

五是基层组织建设全面加强，贫困治理能力不断提升。深入开展农村基层党建"一抓双促"工程，在脱贫攻坚中锤炼、检验干部，农村基层党组织的战斗力和凝聚力明显增强。基层干部通过开展精准扶贫、精准脱贫，群众工作能力明显提高，涌现出李夏、曾翱翔、刘双燕、焦凤军等一大批先进典型。2020 年是安徽历史上极不平凡的一年，在战贫、战疫、战汛三场硬仗中，基层党组织战斗堡垒作用充分发挥，广大基层干部经受住了严峻考验，乡村治理能力和管理水平得到进一步提升。

六是脱贫攻坚体制机制全面完善，乡村振兴迈出坚实步伐。脱贫摘帽不是终点，而是新生活、新奋斗的起点。脱贫摘帽后，安徽在全国率先制定出台巩固拓展脱贫攻坚成果同乡村振兴有效衔接的实施意见，将脱贫攻坚中建立形成的省、市、县、乡、村五级书记抓脱贫攻坚的领导体制，"省负总责、市县抓落实、工作到村、帮扶到户"的工作机制和健全完善的政策、责任、工作、投入、监督、考评、帮扶、社会动员等攻坚体系借鉴应用到乡村振兴中，推动减贫战略和工作体系平稳转型；切实抓好财政投入、金融服务、土地支持、人才智力支持和社会帮扶等主要帮扶政策落实，积极构建与乡村振兴有效衔接的政策体系，确保支持力度与衔接要求相匹配，扎实推进巩固拓展脱贫攻坚成果。

安徽脱贫攻坚战的全面胜利，使贫困地区群众生活水平得到前所未有的提升，贫困乡村整体面貌得到前所未有的改善，农村基层基础得到前所未有的夯实，脱贫群众发展生产、建设美丽家园的内生动力得到前所未有的释放，为乡村振兴、促进全体人民共同富裕迈出了坚实的一步。脱贫攻坚目标任务的全面完成，补齐了全面建成小康社会最突出的短板，使贫困地区、贫困人口受益，实现全面小康路上一个都不掉队，在安徽全面建成小康社会的历史上写下了光辉一页。

## （二）加快城乡融合发展

全面小康是覆盖城乡的小康，是城乡融合发展的小康，在全面建成小康社会的路上，城市和乡村相互促进，一个都不能少。新中国成立以来，从城市优先发展到统筹城乡发展，再到城乡融合发展，经历了艰辛的探索历程。安徽是传统农业大省，随着改革开放的不断深化，城乡分割的局面逐步被打破，城乡联系显著加强，城乡发展差距不断缩小，城镇与农村双轮驱动、相辅相成、齐头并进。

### 1. 国民经济调整推动乡村发展

新中国成立初期，经济基础比较薄弱，农村生产力落后，为巩固新生的人民政权、促进生产力发展，党中央提出通过"城乡互助"来实现"城乡兼顾"，迅速恢复遭受严重破坏的国民经济，为向社会主义转变进而实现国家工业化准备条件。

安徽根据党中央统一部署，从 1949 年到 1957 年，经过土地改革、互助组、合作化，农业生产力得到大解放，农副产品的商品率有较大提高，村镇建设获得了必要的物质条件，农村开始出现市场繁荣、购销两旺的势头。安徽大力组织城乡物资交流，活跃城乡经济；促进商品、资金和劳动力等要素在城乡之间自由流动，形成了城乡互助互惠、互动交流的良好关系。在实施"一五"计划和工业化的初始阶段，由于城镇和工矿区迅速扩张，商品粮的需求量急剧增加，安徽根据政务院统一安排，曾实行粮食统购统销政策，基本取缔粮食自由市场，在不高的水平上基本满足了工业化初期对粮食的需要。尽管工业品和农产品价格存在较大的剪刀差，但这实际上是农业为工业提供积累的一个重要来源，是农村为城镇建设和国家工业化作出的重大贡献。1958 年 1 月，我国第一部具有法律意义的户籍制度《中华人民共和国户口登记条例》颁布，严格区分农业与非农业户籍，并逐步形成与户籍制度相联系的一整套制度，工业与农业、城市与乡村发展出现不平衡状况，城乡二元结构形成并固化。

20 世纪 50 年代末到 60 年代初，由于受"大跃进""人民公社化"运动的影响，加上严重自然灾害，国家出现三年经济困难，集镇上除国营商店、供销社、食品站、粮站外，集市贸易基本上停止。面对严峻形势，1960 年 11 月，党中央发出《关于农村人民公社当前政策问题的紧急指示信》，要求全党用最大努力坚决纠正"共产风"等"左"的错误；1961 年 1 月，党的八届九中全会决定对国民经济实行"调整、巩固、充实、提高"的八字方针；1961 年 3 月，中共中央出台《农村人民公社工作条例（草案）》（简称"农业六十条"）。

安徽认真贯彻党中央重大决策部署，特别强调把发展农业放在整个国民经济的首位，要求各行各业以农为本，面向农村，从人力、物力和财力方面支援农业。通过推行"责任田"、贯彻"农业六十条"以及增加农业劳动力、农业生产资料、农业投资等，使广大农民得以休养生息，致力于农业生产；一些新的农业科学技术的应用和良种推广，较大地提高了农村生产力水平；新修的水利工程对恢复和发展农业生产发挥了重要作用。与此同时，省委发出《关于进一步节约劳动力，加强农业第一线的指示》，通过缩小基本建设规模，裁并部分厂矿，精减一部分职工回农村，增加农村劳动力。到 1965 年年底，安徽农村劳动力比 1960 年增加 208 万人，对恢复农村生产力起到了重要作用。经济结构的调整，进一步加强了农业的基础地位，改善了农业生产条件，农村经济得到较快恢复和发展，工业和农业、城镇和乡村发展不平衡状况得到缓解。按当年价格计算，1965 年全省农业总产值达 37.7 亿元，比 1957 年增加 2.5 亿元。农业总产值占全省工农业总产值的比重由 1960 年的 34.7% 增加到 1965 年的 54.2%。全省工业、农业总产值之比由 1960 年的 62.1 : 37.9 调整到 1965 年的 45.7 : 54.3，农业基础地位得到加强，工业总产值比重出现下降，工业和农业与轻工业和重工业比例关系趋向合理，农业在国民经济中的基础地位被重新确立。

## 2. 城乡统筹与社会主义新农村建设

1978 年党的十一届三中全会之后，随着农村生产方式的变革，农民获得了自主经营土地和进入市场的权利，城乡之间要素交流的范围和规模开始扩大，城乡关系开始逐步改善，农业农村发展获得了前所未有的广阔空间。安徽是中国农村改革的发源地，随着联产承包责任制的普遍推行和人民公社体制的解体，农民生产积极性被极大地调动起来，农业生产快速发展，城乡二元经济结构开始被打破。据 1982 年统计，全省农业总产值由 1978 年的 71 亿元（按当年价格计算）增加到 129 亿元，全省粮食总产量由 1978 年的 148.25 亿公斤增加到 193.3 亿公斤。农村改革走在前列，农村经济率先发展，为城乡统筹发展创造了条件。

乡镇企业异军突起。1984 年，党中央、国务院提出发展商品生产和调整农村生产结构的要求，鼓励农民兴办企业，明确了发展乡镇企业的方向、目标、政策以及乡镇企业的地位和作用。同年 7 月，安徽省人民政府出台《关于加快发展乡镇企业若干问题的暂行规定》。当年年底，安徽乡镇企业总数已有 36 万多个，比上年增长 4 倍，总产值猛增到 46.9 亿元。至 1990 年，全省乡镇企业总产值占农村社会总产值比重由 1985 年的 24% 上升到 43%，在全省社会总产值中由 14.8% 上升为 26.4%。1992 年 4 月，安徽省人民政府作出《关于加快发展乡镇企业若干问题的决定》，强调必须把发展乡镇企业作为振兴农村经济和富民、富县乃至富省的突破口来抓，并且在人才和资金方面制定了 12 条政策措施予以扶持。经过几年的快速发展，乡镇企业总量不断扩大，整体实力明显增强，素质不断提高，涌现出了一大批骨干企业和企业集团，创造了一批在全国有一定影响的名牌产品。

　　**小城镇建设蓬勃兴起。**1982 年 3 月，安徽省委召开小城镇建设座谈会，提出加强小城镇建设是一项具有战略意义的大事，要积极发展小城镇经济，使其成为改变农村面貌的前进基地。

发展乡镇企业的排头兵——宁国市

1984 年，安徽省委、省政府作出《关于小城镇建设若干问题的暂行规定》，对小城镇建设提出明确要求。经过近十年的努力，到 20 世纪 90 年代初，全省建制镇发展到 771 个（不含县城关镇和市辖镇），其中 1 万至 2 万人口的建制镇达到 140 个，2 万人口以上的建制镇达到 70 个，镇区面积在 1 平方公里至 2 平方公里的建制镇达到 244 个，2 平方公里以上的建制镇达到 213 个。

1991年12月，安徽省人大常委会颁布《安徽省村镇规划建设管理条例》，明确将小城镇建设和管理纳入法制化轨道，小城镇建设步伐进一步加大。1995年12月，全省农村小城镇建设工作会议要求，把小城镇建设作为实施跨世纪战略的一项重要内容，使之在未来十五年里有一个突破性的发展。次年1月，省委、省政府作出《关于加快农村城镇化建设的决定》，加快农村城镇化建设步伐，提高城镇化水平，加速城乡一体化进程。1999年6月，全省小城镇工作会议在叶集改革发展试验区召开，明确全省小城镇建设与发展的任务。7月13日，安徽省委、省政府印发《关于进一步加快我省小城镇发展的若干意见》。2001年11月，省政府印发《安徽省城镇化发展纲要（2001—2010年）》。到2010年，全省城镇化率达到40%。

鉴于农业农村发展不充分、城乡发展不平衡的现状，2002年，党的十六大报告第一次提出要"统筹城乡经济社会发展"、全面繁荣农村经济和建设现代农业，把解决好农业、农村和农民问题作为全党工作的重中之重。从2004年起，中央每年都印发有关"三农"问题的"一号文件"，坚持"多予、少取、放活"的方针，增加农民收入，并把统筹城乡发展作为全面建设小康社会的根本要求。此后，安徽和全国一样，城乡关系进入以工促农、以城带乡的发展阶段，"三农"领域发展迅速，城乡差距逐渐缩小。

为发展农村经济，安徽先后实施科技兴农战略、小城镇带动战略，实行乡镇企业改制，开展商品粮油基地建设等，积极探索农业综合开发基础设施管护制度改革以及与农村城镇化战略相配套的户籍制度改革，加速农村产业结构的调整优化。经过艰苦努力，城乡统筹发展取得明显成效。"十一五"时期，全省城镇居民人均可支配收入达15788元，年均增长13.3%；农民人均纯收入达5285元，年均增长 14.9%，增速位居全国第一。

2006 年 3 月，安徽省委、省政府贯彻《中共中央、国务院关于推进社会主义新农村建设的若干意见》，全面启动新农村建设，促进农业和农村经济再上新台阶。安徽加快推进现代农业建设，大力实施小麦高产攻关活动、水稻产业提升行动和玉米振兴计划三大行动，粮食生产稳定发展，粮食总产量连创新高；相继实施了农业产业化"121 强龙工程"和"532 提升行动"；启动省级城乡一体化综合配套改革试点；加快农村基础设施和公共事业建设速度，基本建成了城乡一体化现代流通体系；整村推进扶贫开发成效明显；积极稳妥开展农村土地整治整村推进试点和农村危房改造试点；江淮分水岭治理取得显著成效。为加大对农村的支持力度，2006 年、2009 年，安徽实施了两批"千村百镇示范工程"。2012 年 9 月，为指导美好乡村建设，构筑分区、分类、分步骤的美好乡村建设路径，实现"生态宜居村庄美、兴业富民生活美、文明和谐乡风美"的总体目标，省政府印发《安徽省美好乡村建设规划（2012—2020年）》，大力开展美好乡村建设工作，农村基础设施建设取得重要进展，农民"吃水难、行路难、上学难、看病难"等问题不断得以解决。同时，启动现代农业产业技术体系建设，以农民增收为核心，加快构建现代农业产业体系；在全国率先完成基层农技推广体系改革，提高了农业增产增效的潜力。农业财政投入、小型农田水利建设资金大幅增加，农业可持续发展能力不断增强，为全面建设小康社会打下了坚实基础。

## 3. 以新型城镇化推进城乡一体化

2012 年 11 月，党的十八大提出，解决好农业、农村、农民问题是全党工作的重中之重，城乡发展一体化是解决"三农"问题的根本途径。要加大统筹城乡发展力度，增强农村发展活力，逐步缩小城乡差距，促进城乡共同繁荣。12月，中央经济工作会议提出，要积极稳妥推进城镇化，着力提高城镇化水平。2014年3月，《国家新型城镇化规划（2014—2020年）》正式发布。

作为农业大省，安徽省坚持工业反哺农业、城市支持农村和"多予、少取、放活"的方针，加大强农惠农富农政策力度；弘扬改革创新、敢为人先的小岗精神，加快完善城乡发展一体化体制机制；坚持以人民为中心，抢抓新型城镇化加快发展的历史机遇，促进城乡要素平等交换和公共资源均衡配置，形成以工促农、以城带乡、工农互惠、城乡一体的工农、城乡关系。

2014年年底，安徽被列为国家新型城镇化试点省，率先探索城镇化关键制度改革，以提高城镇化质量、水平和可持续发展能力。安徽省委、省政府坚持以人的城镇化为核心，以加快提高户籍人口城镇化率为主要目标，统筹规划，总体布局，出台实施《国家新型城镇化试点省安徽总体方案》，进一步增强农业人口进城落户的意愿和能力，提升城市吸引力和承载力，完善新型城镇化保障机制。之后，安徽又相继出台了《安徽国家新型城镇化试点省三年行动计划（2015—2017年）》《安徽省人民政府关于深入推进新型城镇化试点省建设的实施意见》《安徽省新型城镇化发展规划（2016—2025年）》《关于进一步推进户籍制度改革的意见》《关于进一步做好为农民工服务工作的实施意见》《关于开展城镇规划建设管理六项行动的实施意见》等一系列政策及配套文件，围绕"人、地、钱、规划、建设、管理"六个方面，积极促进大中小城市和小城镇协调发展，着力解决好农业转移人口市民化问题，全面提高城镇化的质量。

2017 年年底，安徽省新型城镇化试点工作基本完成，探索形成的安徽八条经验被国家发改委发文向全国推广，具体主要包括合肥市降低城市落户门槛、设立城市公共集体户口的经验，滁州市深化"人地挂钩"改革的经验，芜湖市允许农业转移人口缴存住房公积金的做法，天长市推进农村股份合作制改革的经验，金寨县探索宅基地复垦腾退建设用地指标在省内有偿使用和建立宅基地节约集约利用激励机制、捆绑叠加宅基地退出与易地扶贫搬迁政策等经验。经过试点，安徽新型城镇化工作取得突破性进展。

一是户籍制度改革深入推进。全面放开建制镇和小城市落户限制，除合肥市实行就业满两年、购买社保满一年的落户政策外，其他 15 个地级市基本实现入户零门槛。允许租赁房屋的常住人口在城市公共户口落户，解决有落户意愿但无房产人群的落户问题。在全省范围内开展户口一站式无证迁移工作，凡具有安徽省户籍的居民，在省内办理户口迁移时，只需凭相关材料直接到迁入地派出所"一站式"办结，不用再"两证两地跑"，进一步方便了农业转移人口落户城镇。2015 年至 2020 年，累计 700 万农业转移人口落户城镇。同时，健全居住证制度，使流动人口在劳动就业、子女教育、证照办理、社会保障等多领域享受市民化待遇。

二是农业转移人口"五有并轨"工作取得积极成效。切实解决就业难题，组织实施以农业转移人口为重点的就业技能提升计划，加大农业转移人口职业技能培训力度；切实解决住房难题，明确将在城镇有稳定就业且符合条件的农业转移人口纳入住房保障范围，将公租房配租给新就业无房职工和在城镇稳定就业的外来务工人员；切实解决子女上学难题，制定以居住证为主要依据的农业转移人口随迁子女入学政策，切实保障农民工子女和城镇学生"一样就读、一样入学、一样免费"，统一城乡义务教育经费保障机制，实现"两免一补"和生均公用经费基准定额资金随学生学籍流动可携带；切实解决养老难题，制度名称、政策标准、经办服务、信息系统"四统一"的城乡居民养老保险制度已在全省范围内建立；切实解决看病难题，积极推进跨省异地就医直接结算工作；重点做好被征地农民的社会保障工作，截至 2019 年年底，全省纳入社会保障的被征地农民共计 144.74 万人，总体参保率为 99.5%，其中 96.32 万人领取被征地农民社会保障养老金。

三是进城落户农民"三权"维护和自愿有偿退出机制有序建立。通过开展农村资产确权登记、推进农村集体经济组织成员认定等工作，有效维护了进城落户农民在农村的合法权益。土地流转交易市场建设日益完善，全省共建成 90 个市、县农村产权流转交易市场。农村承包地"三权分置"制度进一步完善，农村土地各项权能作用充分发挥，承包地确权成果在土地经营权抵押、征地补偿、有偿退出等方面得到广泛应用。金寨县农村宅基地改革试点稳步推进，全县自愿退出宅基地 4.4 万余户，腾退复垦宅基地 4.85 万亩。合肥市推进农村集体经营性建设用地建设租赁住房试点深入开展，利用存量集体建设用地 263.43 亩，建设租赁住房 3937 套。

四是城乡发展质量稳步提升。推进合肥、马鞍山、宣城、蚌埠、界首城市设计全国试点及淮北、黄山"城市双修"（生态修复、城市修补）全国试点。启动长江流域城镇污水处理厂提标改造，已累计建成 5 个。"城中村"、老旧小区改造有序推进，累计改造各类棚户区住宅 135.81 万套、老旧小区 2870 个。超过 20% 城市建成区面积达到海绵城市建设要求，231 个城市建成区黑臭水体全部

完成治理。全省 22 个
城市开工建设地下综合
管廊项目，形成廊体规
模 193 公里。合肥建成
运营城市轨道交通 4 条、
在建 11 条，总里程达
343 公里；芜湖轨道交

安徽特色小镇——霍山县陡沙河温泉小镇

通 1 号线、2 号线建成运营。城市治理水平显著提升，分级分类推
进新型智慧城市建设，建设城市空间基础地理信息数据库，加快推
进"互联网＋政务服务"、智慧城市公共信息平台和应用体系、数
字城管平台建设。城乡公共资源配置进一步优化，50% 的贫困地
区义务教育小规模学校智慧学校建设完成，128 个紧密型医共体成
功组建。农村一、二、三产业融合发展体系加快构建，全省家庭农
场和农民合作社超过 10 万个，特色小镇、农产品加工园区等城乡
产业协同发展平台建设取得较好成效。

经过努力，以新型城镇化推进城乡一体化取得积极成效。
全省常住人口城镇化率由 2015 年的 50.97% 提高到 2020 年的
58.33%；户籍人口城镇化率由 2015 年的 27.6% 提高到 2020 年的
37.24%。

### 4. 通过城乡融合发展推动乡村振兴

党的十九大提出，通过城乡融合发展政策体制的建立健全，
推动乡村的逐步振兴，最终实现全面建成小康社会和社会主义现代
化建设的伟大目标。习近平总书记在 2017 年年底召开的中央农村
工作会议上指出，农业强不强、农村美不美、农民富不富，决定着

亿万农民的获得感和幸福感，决定着我国全面小康社会的成色和社会主义现代化的质量。走中国特色社会主义乡村振兴道路，必须重塑城乡关系，走城乡融合发展之路；推动新型工业化、信息化、城镇化、农业现代化同步发展，加快形成工农互促、城乡互补、全面融合、共同繁荣的新型工农、城乡关系。2018年1月，中共中央、国务院印发《关于实施乡村振兴战略的意见》。同年9月，《乡村振兴战略规划（2018—2022年)》印发。这是我国出台的第一个全面推进乡村振兴战略的五年规划。该规划按照产业兴旺、生态宜居、乡风文明、治理有效、生活富裕的总要求，对实施乡村振兴战略作出了阶段性谋划。

对安徽来说，农村改革四十年取得了举世瞩目的成就，但农业"大而不强"的状况没有彻底改变，农村还是全面建成小康社会的短板，农民还是最大的低收入群体。可以说，没有乡村的全面小康，就没有安徽的全面小康。党的十九大以来，安徽持续推动农村改革再出发，实现新突破。2018年2月，安徽省委农村工作会议在凤阳县小岗村召开，全面部署乡村振兴工作。随后，省委、省政府相继印发《关于推进乡村振兴战略的实施意见》《安徽省乡村振兴战略规划（2018—2022年)》，以实施乡村振兴战略为总抓手，对标安徽全面建成小康社会"三农"工作必须完成的硬任务，集中力量抓重点、补短板、强基础，坚持质量兴农、绿色兴农，建立健全城乡融合发展体制机制和政策体系，大力开展农村人居环境整治三年行动，以供给侧结构性改革为主线，加快构建现代农业产业体系、生产体系、经营体系，提高农业创新力、竞争力和全要素生产率，加快实现由农业大省向农业强省转变。

2019年4月，安徽省委在凤阳县小岗村召开深入学习贯彻习近平总书记农村改革座谈会重要讲话精神暨推深做实"一抓双促"工程座谈会。会后，在全省部署以实施抓基层党建、促脱贫攻坚、促乡村振兴工程为抓手，深入开展农村党员本领、新型集体经济、扶贫领域作风建设、乡村治理"四提升行动"，推动各级党组织扎实有效加强自身建设，打造坚强战斗堡垒，走出了一条农村基层党建与农村改革发展相融共进的路子。2020 年 2 月，安徽省委、省政府印发《关于抓好"三农"领域重点工作确保如期实现全面小康的实施意见》，部署 35 项重点工作，确保脱贫攻坚战圆满收官，农村同步全面建成小康社会。2021 年 2 月，安徽省委、省政府出台《关于全面推进乡村振兴加快农业农村现代化的实施意见》《关于加快实现巩固拓展脱贫攻坚成果同乡村振兴有效衔接的实施意见》，提出 2021 年及"十四五"时期安徽"三农"工作的目标任务和思路举措。同年 5 月 28 日，安徽省乡村振兴局正式挂牌成立，负责巩固拓展脱贫攻坚成果，统筹推进实施乡村振兴战略的相关具体工作。

通过一系列重大政策措施的落实落地，安徽农业农村现代化的步伐加快，全省农业综合生产能力迈上新台阶，农村改革持续深化，乡村振兴跑出"加速度"。2020 年，全省粮食总量站上 800 亿斤台阶，排名由 2015 年全国第六位上升到 2020 年全国第四位，2000 多万农村居民饮水安全问题得到解决，8000 多个美丽乡村中心村提档升级，乡村振兴的"皖"美画卷正在江淮大地上绘就铺展。

推动农业提质增效。安徽紧紧抓住农业供给侧结构性改革这一主线，推动农业提质增效，着力实施科技强农、机械强农、"两强一增"工程，强化农业农村"双招双引"，走土地规模化、组织企业化、技术现代化、经营市场化、服务专业化"五化协同"发展路径，培育新型农业生产经营主体，转变农业增长方式，大力发展十大千亿级绿色食品产业；通过实施农产品加工业"五个一批"工程，全省农业产业化龙头企业总数达 1.6 万家，各类农业产业化联合体 1941 家；建立"农业科研＋农技推广＋农民培训"试验示范实训基地，全省有全国示范基地 8 个、省级示范基地 80 个；10812个村实施"三变"改革，覆盖率达到 68%；2200 个村纳入集体经济"百千万"工程扶持范围，村级集体经济持续发展壮大，村均经营性收入达到 28 万元；农业科技进步贡献率、主要农作物耕种收综合机械化率均全国领先；截至 2021 年 3 月，全省已培训新型农民 23.55 万人，形成了一支有文化、懂技术、善经营、会管理的高素质农民队伍，高素质农民发展指数为 0.6259，位居全国第一，为乡村振兴提供了有力的人才支撑；启动种业强省建设，完成农业种质资源调查任务；新建高标准农田 560.34 万亩，总面积达 5510 万亩，占耕地面积的 62.4%；高质高量推动数字农业发展，农业农村部评价报告显示，全省农业生产信息化水平并列全国第二位，县域农业农村信息化发展总体水平居全国第四位，高于全国平均水平11.1 个百分点。

安徽歙县三阳梯田

推进乡村宜居宜业。安徽加大农村基础设施建设力度,农村水电路气房等基础设施条件日益完善,农村环境整治、美丽乡村建设稳步推进,农村面貌和环境明显改观。通过开展以"三线三边"(铁路沿线、公路沿线、江河沿线及城市周边、省际周边、景区周边)为突破口的城乡环境综合治理行动,一体化推进农村垃圾、污水、厕所专项整治"三大革命",有效解决农村环境脏乱差问题。全省1180个乡镇政府驻地累计建成生活污水处理设施1188座,实现了所有乡镇政府驻地全覆盖的目标任务;建成省级美丽乡村中心村生活污水治理设施4992座,累计整治非正规垃圾堆放点289个,全面完成整治任务,农村生活垃圾基本得到有效回收,无害化处理率达75%。完成自然村改厕253.64万户,建成农村改厕乡镇管护站1242个,基本实现乡镇全覆盖。实施农村人居环境整治五年提升行动,推进水、电、路、气、网、物流等基础设施往村覆盖、往户延伸,推动基本公共服务向农村倾斜,省财政每年拿出10亿元投入美丽乡村建设,积极发展农产品加工业,优化产业布局。至2021年6月,全省已建和在建美丽乡村中心村8290个,已认定省级美丽乡村示范村1612个、重点示范村544个,一批徽风皖韵新农村展现在世人面前。

庐江县万山镇长冲村美丽乡村致富路

促进农民富裕富足。安徽多措并举，深挖农业内部增收潜力，拓宽农民增收渠道，农民收入快速增长，生活质量明显提高，住房条件不断改善，饮用水更加安全，做饭取暖使用能源更加清洁，卫生设施条件明显改善，广大农民的获得感、幸福感显著增强。各地深入实施扶持壮大村级集体经济"百千万"工程，经营性收入50万元以上的集体经济强村达1900个，3000个贫困出列村村均集体经济收入44.42万元，比2020年增长31.3%。农村居民人均可支配收入由2015年的10821元增加到2020年的16620元，从全国第十八位上升到第十一位。在脱贫攻坚战取得全面胜利后，全省重点开展"投入促、产业强、就业稳、主体带、光伏助、消费帮、救助兜、政策添、改革推、防控保"等十项增收举措。2021年，全省农村居民人均可支配收入18368元，增长10.5%。

## （三）推进区域协调发展

全面小康是所有区域的小康，实施区域协调发展是新中国成立后，特别是改革开放以来国家重大发展战略之一，是全面建成小康社会的必由之路。20世纪90年代，党中央提出把缩小地区差距作为一条长期坚持的重要方针，实施西部大开发战略。进入21世纪，又提出振兴东北老工业基地战略、中部崛起战略等。党的十八大以来，以习近平同志为核心的党中央提出并重点实施"一带一路"建设、京津冀协同发展、长江经济带发展、粤港澳大湾区建设、长三角区域一体化等一系列重大区域发展战略。实施区域协调发展成为贯彻新发展理念、构建新发展格局、促进高质量发展的重要内容。安徽充分发挥长三角区域一体化、共建"一带一路"、长江经济带发展、促进中部地区加速崛起四大国家战略叠加的优势，主动服务和融入国家区域发展战略，高质量推进"一圈五区"建设，促进全省区域协调发展向更高水平和更高质量迈进，加快形成统筹有力、竞争有序、绿色协调、共享共赢的区域协调发展新机制和各展所长、区域联动的发展新格局，谱写了全面建成小康社会区域协调发展新篇章。

## 1. 区域发展融入国家发展战略

### （1）融入"中部崛起"战略

2006 年 4 月 15 日，中共中央、国务院印发《关于促进中部地区崛起的若干意见》，按照"三基地一枢纽"的定位，促进中部地区在发挥承东启西和产业发展优势中崛起。2016 年，国务院批复同意《促进中部地区崛起"十三五"规划》，对中部地区提出了"全国重要先进制造业中心、全国新型城镇化重点区、全国现代农业发展核心区、全国生态文明建设示范区、全方位开放重要支撑区"的战略定位，推动中部地区崛起再上新台阶。2021 年 3 月 30 日，中共中央政治局召开会议，审议《关于新时代推动中部地区高质量发展的指导意见》，推动中部地区加快崛起，在全面建设社会主义现代化国家新征程中作出更大贡献。

安徽和山西、江西、河南、湖北、湖南中部六省属于"中部崛起"战略实施范围。作为中部地区重点省份，安徽自觉把发展放在党和国家工作大局、中部地区发展"一盘棋"中进行前瞻性思考、系统性谋划。2011 年 11 月，《〈促进中部地区崛起规划〉安徽省实施方案》印发，按照"一年开好局，五年大发展，十年新跨越"的战略步骤，加快合肥经济圈、皖江城市带、皖北等重点地区发展，经济社会发展取得重大成就。党的十八大以来，安徽把"在中部崛起中闯出新路"鲜明地写在安徽发展的旗帜上，锚定"保持中部领先、位居全国前列"的目标，落实主体责任，健全推进机制，加强工作协同，着力构建以先进制造业为支撑的现代产业体系，建设绿色发展的美丽中部，推动内陆高水平开放，增强城乡区域发展协调性，提升基本公共服务保障水平，奋力在新时代推动中部地区高质量发展中闯出新路。

（2）融入"一带一路"倡议

自2013年国家发出"一带一路"倡议以来，处于"一带一路"重要节点的安徽，积极参与"一带一路"建设。加大培育外贸企业力度，支持各类外贸企业扩大进出口贸易；扎实推进与"一带一路"沿线国家经贸合作，在中德两国总理来皖期间达成八项经贸、金融、教育合作重要成果；发挥省内钢铁、建材、家电、装备等行业优势，支持有条件的企业"走出去"，加快推进海螺集团、丰原集团、奇瑞汽车等重点企业境外项目和省级境外园区建设；坚持实施"千企百展"国际市场开拓行动，加快"一带一路"市场开拓步伐。2020年5月29日，安徽江淮汽车集团与德国大众汽车集团战略合资合作协议签署暨启动仪式在北京人民大会堂举行，大众集团注资10亿欧元、总投资130亿元的新能源汽车生产基地和研发中心总部落户安徽，这是安徽融入"一带一路"倡议、推进制造业高质量发展的重要成果。

与此同时，安徽不断创新开放模式，实现内外联动、双向开放，对外通道建设快速推进，更加有效地促进结构调整、产业升级。2020年安徽实际对外投资14.4亿美元，其中对"一带一路"

沿线国家和地区投资 2.5 亿美元。截至 2021 年年底，合肥中欧班列已开通 38 条线路，直达 11 个国家（地区） 36 个节点城市，贯通阿拉山口、霍尔果斯、二连浩特、满洲里、绥芬河五大铁路进出境口岸，形成西、中、东三条通道，实现了"中欧去回程 + 中亚去回程"和"双线双向"的结构化布局，成为服务国内国际双循环、畅通中欧（亚）贸易以及连接"一带一路"沿线国家最为紧密的高效便捷的陆路进出口运输大通道。

（3）融入长江经济带发展战略

2016 年 6 月，党中央印发《长江经济带发展规划纲要》，提出"共抓大保护、不搞大开发""生态优先、绿色发展"的战略思想。长江在安徽境内流域 416 公里，素有"八百里皖江"之称。作为长江经济带承东启西的重要节点省份，安徽把保护修复长江生态摆在突出位置，把打造水清岸绿产业优美丽长江（安徽）经济带作为生态文明建设"一号工程"，相继印发《安徽省推动长江经济带发展实施规划》《关于推进长江经济带生态优先绿色发展的实施意见》《关于全面打造水清岸绿产业优美丽长江（安徽）经济带的实施意见》，明确提出推动长江经济带安徽段发展的"水更清、岸更绿、产业优"三大目标，纵深推进生态修复和环境保护，着力构筑长江流域重要生态屏障和重要经济增长极。省委主要负责同志多次明察暗访，从长江安徽段起点到终点，走盲区、查死角、补漏洞，督促问题整改。坚持重点突破，积极推进沿江城镇污水垃圾处理、化工污染治理、农业面源污染治理、船舶污染治理和尾矿库污染治理等"4+1"工程，加快建立垃圾分类投放、收集、运输和处理体系，提高垃圾焚烧处理率。经过系统治理，长江安徽段生态修复、环境保护、绿色发展等工作取得重要阶段性成效。

2019 年，安徽省委、省政府启动长江安徽段生态环境"大保护大治理大修复、强化生态优先绿色发展理念落实"的专项攻坚行动。聚焦长江经济带警示片反映的问题、中央及省级生态环保督察反馈问题，举一反三大排查，形成了生态环境突出问题清单，建立"点对点""长对长""面对面"整改责任网，挂图作战、对账销号，还一江碧水、保两岸青山，梳理出的 1747 个突出生态环境问题陆续完成整改。

2020 年 8 月，习近平总书记在安徽马鞍山薛家洼生态园考察时强调，要增强爱护长江、保护长江的意识，实现"人民保护长江、长江造福人民"的良性循环，早日重现"一江碧水向东流"的胜景。12 月，省委常委会会议审议通过《关于贯彻落实习近平总书记在全面推动长江经济带发展座谈会上重要讲话精神加快建设新阶段现代化美丽长江（安徽）经济带的意见》，随后，深入开展以"严整改、重质量、促转型"为主要内容的新一轮专项攻坚行动，系统推进长江生态环境保护修复，全面建设美丽长江（安徽）经济带。

随着长江经济带战略的不断推进，长江安徽段生态修复、环境保护、绿色发展等取得阶段性成效。野生江豚群再度出现，曾是污染严重的生产岸线如今已经成为美丽如画的生活岸线、景观岸线。2020 年，长江流域安徽段水质优良率达 90%，比 2015 年提高了 13.3 个百分点，为有监测记录以来的最高水平。释放岸线复绿71.7 公里，造林增绿 375 万亩，沿江五市成功创建国家森林城市。

（4）融入长三角一体化发展战略

2019 年 5 月，中共中央、国务院颁布《长江三角洲区域一体化发展规划纲要》，明确安徽全域纳入长三角，标志着安徽省在全国发展格局中地位显著提升，为安徽发展带来了新机遇。2020年8月20日，习近平总书记在合肥主持召开扎实推进长三角一体化发展座谈会并发表重要讲话，赋予长三角地区三大历史使命，并从七个方面作出具体部署，指明长三角一体化发展方向。

安徽全面贯彻落实习近平总书记重要讲话精神和党中央的决策部署，紧扣"一体化"和"高质量"两个关键词，充分发挥创新活跃强劲、制造特色鲜明、生态资源良好、内陆腹地广阔等优势，积极担当作为。2019年7月，印发《安徽省实施长江三角洲区域一体化发展规划纲要行动计划》，系统部署9个方面重点任务30个工程216项具体工作举措，涵盖了区域协调发展、创新能力建设等10个方面。2020年9月，省委聚焦习近平总书记赋予长三角地区的三大历史使命，提出加快打造具有重要影响力的科技创新策源地、新兴产业聚集地、改革开放新高地和经济社会发展全面绿色转型区"三地一区"的重点任务。12月，省委专门印发《关于贯彻落实习近平总书记在扎实推进长三角一体化发展座谈会上重要讲话精神的意见》，明确提出深入实施扎实推进长三角一体化发展专项行动，坚决推动习近平总书记重要讲话精神在安徽落地见效。

在一体化战略的推动下，安徽区域经济发展势头强劲，跨省区、跨城镇的产业合作步伐加快。2020年以来，阜阳市与上海市徐汇区和松江区、淮南市与上海市闵行区、马鞍山市与上海市长宁区、铜陵市与常州市、黄山市休宁县与浙江省温州市龙港市等分别签订战略合作协议。合肥、芜湖、宣城与G60科创走廊其他六城市开展深度合作，成立了物联网、生物医药、环境产业、机器人、汽车零部件5家长三角G60科创走廊产业合作示范园，以及新能源和网联汽车、环境产业、机器人、通航产业、新能源5家产业联盟；沪苏浙资本和龙头企业纷纷涌入。长鑫电子与沪苏浙相关企业签署总投资 2200 亿元的晶圆制造合作基地。2020 年，沪苏浙在皖投资在建亿元以上项目 3493 个；2019 年，长三角一体化发展生态保护重点工程安徽推进行动全面启动，长江、淮河、洪泽湖生态廊道，皖西大别山、皖南、浙西、浙南绿色生态屏障、环巢湖生态示范区启动建设；新安江—千岛湖生态补偿试验区建设扎实推进，新安江流域生态补偿机制"十大工程"加快实施。此外，"轨道上的长三角"加速建设、政务服务"一网通办"协同推进、公共卫生合作机制建立健全、文化和旅游合作统筹推进、"信用长三角"平台共建共享等，江淮大地迸发出强劲发展活力。

## 2. 高质量建设合肥都市圈

合肥都市圈位于长江中下游沿江长三角西端，包括合肥市、淮南市、六安市、滁州市、芜湖市、马鞍山市、蚌埠市、桐城市。区域面积占全省的 40.6%，人口占全省的 43.2%。都市圈以合肥为中心，着力打造合滁宁、合芜马、合淮、合六、合安宜产业发展带，建设具有较强影响力的国际化都市圈。

合肥都市圈始建于 2006 年省会经济圈。2006 年 10 月，安徽省第八次党代会提出以合肥为中心，六安、巢湖为两翼，建设"省会经济圈"的战略构想。2008 年 5 月，《安徽省省会经济圈发展规划纲要》出台，正式启动"省会经济圈"建设。2009 年 8 月，安徽省委作出加快合肥经济圈建设的战略决策，出台《关于加快合肥经济圈建设的若干意见》；11 月，《合肥经济圈城镇体系规划》公布实施，形成"一核四翼五带"的空间发展格局。2016 年，安徽省政府工作报告中提出要推动合肥都市圈一体化发展，创建国家级合肥滨湖新区，加快建设合肥长三角世界级城市群副中心，形成全国有重要影响力的区域增长极；国务院批准《长江三角洲城市群发展规划》，将合肥都市圈纳入长三角城市群。2020 年 2 月，《合肥都市圈一体化发展行动计划（2019—2021 年)》发布，明确提出合肥都市圈将着力推进基础设施、科技创新、产业发展、开放合作、生态文明、公共服务、城乡统筹、市场体系等八大领域一体化，加快都市圈同城化步伐，深化与长三角都市圈协调联动，意在"建设具有较强影响力的国际化都市圈和支撑全省发展的核心增长极"。

合肥都市圈各城市崇尚创新，厚植开放。合肥综合性国家科学中心、量子信息科学国家实验室是圈内重要创新载体，中国科学技术大学先进技术研究院、清华大学公共安全研究院等创新平台为圈内创新发展提供重要支撑。滁州经济技术开发区中国家电研究院安徽分院与合肥工业大学等合作，建成智能家居展示体验评测中心等高端平台。合肥滨湖科学城拉开框架，合肥市全社会研发投入占全省生产总值比重在 3% 以上，入选全球科研城市 50 强。芜湖市机器人及智能装备、新能源汽车、航空等战略性新兴产业快速发展，万人有效发明专利拥有量超过 31 件。蚌埠市生产的超薄电子触控玻璃领先世界，掌握聚乳酸上下游产业生产技术，建成世界首条千吨级聚乳酸纤维生产线。高纯氧化锆、维生素系列产品分别占全球市场份额的 55%、25%，均居世界第一位。安徽省四个国家级"双创"示范基地均落户圈内城市。经过多年发展，都市圈业已形成以新型显示、集成电路、软件、量子通信、云计算、大数据、电子专用设备、数字音视频等为重点的世界级电子信息产业集群、中国具有较大影响力的创新型都市圈。

都市圈各城市各扬所长、同频共振。围绕智能家电、新型显示及电子信息、智能语音及人工智能、新能源汽车等领域，加快高端要素集聚和综合服务，加强优势产业协作，着力打造若干国家级产业集群；同时，进一步激发"圈群"效应、壮大"聚合"力量，共下"一盘棋"、共推"一体化"，不断提高自主创新能力和城市核心竞争力。全省成立了都市圈工业产业（链）联盟，圈内各市 186 家主导产业企业成为联盟成员。合肥、六安等市联合上海嘉定区，共同申报国家氢燃料电池汽车示范应用；滁州新江玻璃与合肥海尔以及六安玻璃制造企业，合作共建产供销合作链；合肥安凯客车与明天氢能公司合作研发的安徽省首批氢燃料电池城市客车在六安市公交线路投入试运行；合力（六安）高端铸件及深加工研发制造项目签约实施；合肥与寿县、霍邱、定远、桐城、和县、湾沚区等都市圈 9 个县（市、区）签订合作协议，新建供肥蔬菜基地项目 42 个。2020 年，合肥都市圈编制印发《合六经济走廊发展规划（2020—2025 年）》《合淮产业走廊 2020 年重点项目及合作事项计划》，联手推进基础设施共联、园区合作共建、公共服务共享等重点领域建设；安徽自由贸易试验区正式获批，合肥、芜湖、蚌埠三个片区全面启动建设；合肥中欧班列陆续开辟"合新欧＋滁州""合新欧＋芜湖"等都市圈城际定向班列，开通"江淮号""奇瑞号""马钢号"等定制专列。到 2020 年年底，合肥都市圈聚集各种类型开发区 64 个，占全省的一半，其中国家级 16 个，占全省 80%。

合肥都市圈强化交通设施联通，推进共享。都市圈内各城市从轨道交通、高速公路、航空航运等方面，着力构建"水陆空铁"衔接联动的立体交通网络，打造"都市圈 1 小时通勤圈"。到 2020 年，商合杭和合安高铁通车运营，合肥与芜湖、桐城实现高铁互通，"一环八线"高等级公路网不断完善，由合肥出发的高速公路覆盖都市圈内所有市、县，芜宣机场校飞结束，蚌埠民用机场获国家批准。交通设施建设推动都市圈向更高水平、更深层次、更广领域开拓发展。

　　经过五年多的发展，合肥都市圈已经成为安徽省经济最发达、最具发展活力、综合实力最强、开放性最高的区域，在全省经济社会发展格局中的战略地位突出，是全省经济发展的重要引擎。2020年，合肥都市圈实现生产总值24499.9亿元、财政收入3490亿元、社会消费品零售总额11120.7亿元，分别占全省的63.3%、61.4%和60.7%。随着经济的快速发展，居民收入和生活水平稳步提高，城乡差距进一步缩小，特别是交通等基础设施显著改善，民生投入逐年加大，惠及千万城乡居民，统筹城乡发展取得积极成效。

## 3. 稳步发展合芜蚌国家自主创新示范区

　　早在2008年，安徽省就启动建设合芜蚌自主创新综合试验区，先后赋予合肥、芜湖、蚌埠三个城市开展企业股权和分红激励等重大政策试点。经过七年多的努力，试验区建设取得丰硕成果，新兴产业蓬勃发展，产业创新中心加速形成。到2015年，高新技术企业总数达1701家，占全省的53.9%；上市公司数达49家，占全省的55%。建有科技企业孵化器47家，其中国家级10家，孵化面积112.3万平方米；建立众创空间19家。万人发明专利拥有量达到11.3件，高出全省7.02件。2015年，合、芜、蚌三市生产总值增幅均居全省前三位，分别增长10.5%、10.3%和10.2%，以占全省16.8%的土地面积创造了全省42.4%的经济总量，为建设国家级的合芜蚌自主创新示范区奠定了坚实基础。

　　2016年6月，在国务院常务会议上，合芜蚌自主创新综合试验区正式获批建设国家自主创新示范区。12 月，安徽印发《合芜蚌自主创新示范区建设实施方案》，明确把自主创新作为最大政策，把创新驱动战略运用到各领域、各行业，把示范区正式定位为科技体制改革和创新政策先行区、科技成果转化示范区、产业创新升级引领区、大众创新创业生态区。2017 年，示范区建设的第一年就取得显著成效。示范区研发资金使用额 352 亿元，占全省的 62.3%，拉动全省增幅 11.4 个百分点，贡献率达 60.2%；共获发明专利授权 7972 件，占全省的 64%，万人发明专利拥有量达 19.8 件；输出技术合同成交额 214.95 亿元，吸纳技术合同成交额 172.98 亿元，分别占全省总量的 85.6% 和 63.9%。2018 年，示范区建设的第二年，按照"多元化投资、市场化运行、研发产业化、管理现代化"的运作方式，示范区有 17 个单位被认定为首批省级新型研发机构。其中，中科大先研院建设联合实验室 52 个，累计汇聚创新人才 602 人，签订技术合同 1.74 亿元，孵化企业 233 个；合工大智能院组建科技研发与成果转化平台 19 个，累计引进创新团队 60 多个，签订技术合同 4456.1 万元，孵化企业 68 个；中科院合肥创新院组建工程技术研发中心 13 个，累计引进创业团队 61 个，签订技术合同 4636 万元，孵化企业 65 个。积极引进大院大所创新资源，建立产学研协同创新平台。其中，北航合肥创新研究院组建完成量子精密测量、微纳科学与技术等 10 个研究中心，通航产业技术研究院与军民融合研究院等两个分研究院，形成 39 人属地化科研团队。

2019 年 7 月，安徽省统计局发布的"合芜蚌国家自主创新示范区建设十周年发展情况分析"指出，示范区自 2008 年成立试验区以来，依托区位、资源、先行先试政策等优势，不断深化体制机制改革，提升自主创新能力，综合实力显著增强。经过十年发展，示范区贡献了全省四成以上生产总值和财政收入、五成以上的科技成果以及六成以上的进出口，充分发挥了示范区在全省经济社会发展中的引领带动作用。示范区拥有同步辐射光源、全超导托卡马克、稳态强磁场、聚变堆主机研究设施4个国家重大科技基础设施；拥有高新技术产业基地14个，其中国家级8个；拥有高新技术企业3709个，占全省总数的55.9%；拥有省级"一室一中心"24家，占全省总数的85.7%。2008—2018年，示范区获国家级科技奖励109个，占全省的84.5%。

据统计，"十三五"期间，安徽在量子科技、热核聚变、铁基超导、智能语音、高端装备、超薄玻璃等领域取得的一批国际一流、国内领先的重大科技成果，绝大部分来自合芜蚌地区。安徽区域创新能力名列中部地区第一位。示范区在创新驱动、全面培育核心竞争力上不断发力、闯出新路、引领辐射，为安徽全面建成小康社会提供了有力的科技支撑。示范区基础设施建设明显改善，相继建成一批重大项目工程。如：合肥"米"字形高铁初具雏形，地铁1、2、3、4号线开通；芜湖长江二桥建成通车，轨道交通1号线和2号线一期等项目稳步推进；蚌埠"两横三纵一联"高速公路网逐渐形成；农村道路畅通工程实施，乡村出行更便利；农村电网升级改造，提高农村生活便利水平，城乡居民的获得感进一步增强。

## 4. 不断提升皖江城市带承接产业转移示范区

2010年1月，国务院正式批准实施皖江城市带承接产业转移示范区规划。规划范围为安徽省长江流域，包括合肥、芜湖、马鞍山、铜陵、安庆、池州、滁州、宣城八市全境和六安市金安区、舒城县，共59个县（市、区），辐射安徽全省，连接上海市、江苏省、浙江省。示范区在承接国内外产业转移中，承担起合作发展的先行区、科学发展试验区、中部地区崛起的重要增长极以及全国重要的先进制造业和现代服务业基地的重任。

示范区招商引资、主动作为。快速启动江北、江南产业集中区建设，坚持把招商引资作为工作重点，示范区的品牌效应和抢滩效应加速显现。2010年，示范区建设的当年，新增国家级经济技术开发区2个、出口加工区1个、对外开放口岸1个；沪、苏、浙、皖共同推进皖江示范区建设合作框架正式建立，合肥、马鞍山成为长三角城市经济协调会成员，将合肥纳入沪、宁、杭一并规划、重点建设的"1~2小时交通圈"。示范区招商引资工作取得重大突破。新批内外资项目9782个，其中新批内资项目9585个，比上年增长21.8%；合同引进省外境内资金9064亿元，增长61%；实际利用省外境内资金4867亿元，增长47.2%。新批外资项目197个，合同利用外资20.03亿美元，增长3.07倍；实际利用外资38.72亿美元。2010年，示范区实现生产总值8224亿元，比上年增长16.3%，增幅比全省平均水平高1.8个百分点，对全省经济增长贡献率达66.8%。示范区规模以上工业实现增加值3639亿元，增长23.8%，占全省比重65%左右；社会消费品零售总额2420亿元，增长19.4%，高于全省平均水平0.2个百分点；全部财政收入1309亿元，增长31.8%，占全省比重超过63%；固定资产投资8581亿元，增长34.5%，高于全省平均水平0.9个百分点，占全省比重72%。到2016年，示范区地区生产总值接近翻一番，达到16025.5亿元，占全省的66.4%。

示范区改革创新、敢为人先。各市县和集中区用足用活先行先试权，创新管理体制和工作机制。合肥市突破行政区划界限，推进国家级和省级开发园区整合、扩容、转型升级，建设合肥承接产业转移集中示范园区；宣城市率先出台了《关于加快"飞地经济"发展的意见》，创新园区合作模式和利益分配机制，推动区域联动发展；安庆市优化政务环境，深化行政审批制度改革，简化审批手续；马鞍山市将示范区所在乡镇村划归示范区托管，清理和规范行政许可，实行示范区内行政事业性收费全免、经营性收费降低 20% 等。示范区建设快速推进，基本实现了"一年打基础"的目标。此后，经过多年发展，示范区依托已有产业基础，发挥区位和资源优势，以沿长江一线为发展轴、合肥和芜湖为双核、滁州和宣城为两翼，构筑了"一轴双核两翼"的产业分布新格局。进入新时代以来，示范区承接产业转移的质量不断提升，开放合作持续深化。2020 年 4 月，江南、江北产业集中区更名为江南、江北新兴产业集中区。江南新兴产业集中区位于池州、铜陵之间，坚持特色化、集群化、高端化产业定位，重点发展机械电子、新型材料、大健康三大主导产业，初步形成铝基材料产业基地、现代纺织产业基地和三个新兴产业园。江北新兴产业集中区位于芜湖市鸠江区境内，重点承接布局电器及电子信息、智能汽车、高端装备制造等产业，着力推进制造业和现代服务业融合发展，提升产业基础能力和产业链水平。到 2020 年年底，江南、江北新兴产业集中区在建亿元以上省外投资项目实际到位资金达到 9093 亿元，占全省 64.5%，外商直接投资达 136 亿美元，超过全省 74%。

示范区稳步发展、效益显著。2020 年，示范区完成地区生产总值达到 25564.5 亿元，占全省的 66.1%，同比提高 0.4 个百分点；人均地区生产总值达到 8.27 万元，为长三角平均水平的 77.3%，同比提高 1.1 个百分点；一般公共预算收入超过 2000 亿元，同比增长 3.4%，高于全省 2.4 个百分点；城镇化率达到 63.6%，同比提高 1.1 个百分点；三次产业结构比例由上年的 5.4：43.1：51.5 调整为 2020 年的 5.6：42.3：52.1，服务业比重提高 0.6 个百分点。传统产业转型升级加快，海螺集团、铜陵有色跻身世界 500 强，马钢宝武战略重组。新兴产业发展势头强劲，合肥集成电路、新型显示器件、人工智能和铜陵先进结构材料入选首批国家战略新兴产业集群。随着经济的快速发展，基础设施建设加快推进。至 2020 年，皖江"两横两纵"（合宁合武客专、宁安城际铁路，商合杭高铁、合安高铁）快速客运铁路网基本形成，池黄、宣绩高铁及巢马城际等加快建设，马鞍山郑蒲港铁路及铜陵、池州、安庆等港口铁路专用线开工建设。合肥作为全国重要综合性交通枢纽的地位进一步提升，形成七个方向对外辐射通道。长江过江通道、高等级航道建设加快推进，港口、集装箱吞吐量分别超过 5 亿吨、170 万标箱。新桥国际机场旅客吞吐量突破 1200 万人次。示范区内，合肥、芜湖成为安徽自贸试验区的重要组成部分，合肥中欧班列开行 568 列，增长 35.2%。

示范区建设以来，皖江地区经济社会发展明显加快，地区生产总值和城乡居民收入大幅增加，基本公共服务水平不断提高；人居环境更加良好，长江、巢湖水质改善，生态环境优美，与长三角分工合作、优势互补、一体化发展，成为安徽全面建成小康社会的先行区和重要推动力量。

## 5. 大力推进皖北地区全面振兴

皖北地区是指淮北、亳州、宿州、蚌埠、阜阳、淮南六市以及沿淮的明光市、凤阳县、定远县、霍邱县。皖北地区国土面积 5.3 万平方公里，常住人口 2956 万人，分别占全省的 37.8% 和 48.4%。皖北资源丰富，地上有粮、地下有煤、区位优越、交通便利，加上拥有充足的劳动力资源，是安徽区域发展的重要板块。但由于历史等多种原因，皖北整体经济总量偏小，人均水平靠后，发展基础薄弱，一直是安徽区域经济发展的短板。

没有皖北的高质量发展，就没有安徽全域的高质量发展；没有皖北的全面小康，就没有安徽全境的全面小康。早在 21 世纪初，安徽就开始谋划部署皖北经济发展，2001 年和 2010 年，先后出台两个关于加快皖北地区发展的指导性意见、多个关于加快皖北和沿淮地区经济和社会发展的政策性意见，明确了皖北加快发展、加速崛起的主攻方向和重点任务，并在投资、财政、金融、税收、审批权限、干部激励、土地保障、基础设施建设、重大项目布局、特色产业发展等方面制定了一系列优惠政策。经过多年的探索实践，到"十一五"时期，政策效应逐步显现，皖北地区逐渐进入快速发展阶段，后发优势日益彰显。五年间，皖北地区固定资产投资累计完成 6979 亿元，年均增长 29.4%；经济结构由传统农业主导向工业化、城镇化加速转变，其中规模以上工业企业数占全省的 25.4%，比 2005 年提升 4.8 个百分点；财政收入年均增长 23.9%，金融机构各项贷款年均增长 17.8%，增幅分别比"十五"时期高出 11.7 个和 9.4 个百分点，比全省平均水平分别高出 3.7 个和 0.4 个百分点。

党的十八大以来，皖北地区坚持夯实基础、以点带面、重点突破的思路，加快工业化、城镇化、农业现代化进程；加强基础设施建设，持续用好政策红利，努力探索符合本地区实际的科学发展之路。2012 年 11 月，皖北地区的宿州市、淮北市、阜阳市、亳州市、蚌埠市和淮南市凤台县、潘集区纳入中原经济区范围，整体进入国家级战略层面，承担着以沿淮经济带、现代产业园区和美好乡村建设为载体，建设皖北"三化"（新型城镇化、工业化和农业现代化）协调发展先行区的重要任务。皖北地区迎来了新的重大发展机遇。2013年12月，安徽省出台《关于建设皖北"四化"协调发展先行区的意见》，进一步提出要推动信息化和工业化深度融合、工业化和城镇化良性互动、城镇化和农业现代化相互协调，促进"四化"同步发展。随着皖北振兴战略的深入实施，皖北地区各项事业发展加速推进，主要指标持续向好，经济社会发展发生格局性变化、历史性进步。

2020年，皖北地区再次迎来了历史性的发展机遇。2020年8月，习近平总书记考察安徽，首站来到皖北王家坝，看望慰问皖北干部群众，为皖北地区发展把脉问诊。同年9月，经国家推动长三角一体化发展领导小组同意，国家发展改革委印发《促进皖北承接产业转移集聚区建设的若干政策措施》，为皖北地区量身定制了"24条"专属政策，在江淮大地引起强烈反响。安徽省委、省政府及时制定《皖北承接产业转移集聚区建设实施方案》《落实国家促进皖北承接产业转移集聚区建设若干政策措施任务分工方案》，在省级层面成立了加快皖北地区发展领导小组，以集聚区建设为突破口，启动"6+2+N"产业承接平台体系建设，举全省之力支持皖北发展，打造全省高质量发展强劲动力源。

党和国家领导人的关怀以及密集出台的支持政策，极大鼓舞了皖北干部群众的发展干劲，为皖北发展注入新的动力，各项工作顺利推进，取得阶段性成效。淮北市和江苏省徐州市结对共建，亳州市谯城区和浙江省温州市龙湾区对口合作，萧县经开区与上海张江高新区开展省际产业园区合作……皖北地区以五个"战略区块链接"为牵引，聚焦增强高质量发展新动能，探索合作新路径，拓展合作新空间，推广合作新模式，大力开展"双招双引"，全方位对接沪、苏、浙，省际毗邻地区新型功能区、省际产业合作园区，城区对口合作、城市结对共建等取得积极进展。截至 2020 年年底，全省 14 个省辖市与沪、苏、浙相关市（区）签订 26 个战略合作协议，涉及皖北地区的有 11 个协议，22 个城区与沪、苏、浙相关城区达成战略合作协议，涉及皖北 10 个，全省首批 18 个省际产业合作园区涉及皖北 8 个。

2020 年，皖北地区生产总值达 11195.2 亿元，增长 3.6%，其中一、二、三产业分别增长 2.6%、4.2% 和 3.3%。从地市看，亳州增速领先六市，为 4.1%，居全省第四位；宿州增长 3.9%，与全省持平。皖北地区规模以上工业增加值增长 4.5%，固定资产投资增长 2.8%，社会消费品零售总额增长 2.3%，全社会用电量增长 4.5%。除淮北外，皖北各市城镇常住居民人均可支配收入增速高于全省平均水平（5.1%）0.1~0.5 个百分点，其中蚌埠为 39116 元，增长 5.6%，收入绝对量及增速均居皖北六市首位，分别居全省第六和第七位。皖北六市农村常住居民年人均可支配收入增速均高于全省平均水平（7.8%），其中阜阳、宿州、亳州、淮北分别增长 9%、8.8%、8.5% 和 8.3%，居全省第二、第三、第五和第七位，蚌埠为 18016 元，增长 8.1%，收入绝对量居皖北六市首位、全省第六位。

## 6. 加快振兴皖西大别山革命老区

皖西大别山区是土地革命战争时期鄂豫皖革命根据地的重要组成部分，是著名革命老区，创造了二十八年红旗不倒的奇迹。

2015 年 6 月，经国务院签批，同意《大别山革命老区振兴发展规划》。安徽省六安市（含现淮南市寿县）、安庆市（含现铜陵市枞阳县） 18 个县（市、区）全部纳入规划范围，总面积 3.34 万平方公里，规划发布时常住人口 1110.1 万人，分别占全省的 24.0% 和18.2%。规划对于推动皖西大别山片区跨越式发展、与全省同步实现全面建成小康社会奋斗目标意义深远。

2016 年 2 月，《安徽省贯彻落实大别山革命老区振兴发展规划实施方案》出台，明确了加快新型工业化、信息化、城镇化和农业现代化进程，推动产业结构优化升级，推进城乡发展一体化，加强基础设施建设，促进基本公共服务均等化，加强生态建设与环境保护，推进扶贫攻坚，推动老区加快发展等基本思路；明确了皖西老区与全省同步实现全面建成小康社会的奋斗目标。方案实施以来，在安徽省委、省政府的强力推动下，各有关部门和皖西革命老区相关市、县，认真贯彻落实发展规划，扎实开展脱贫攻坚工作，有力促进了皖西革命老区经济社会发展。

皖西大别山区落后的交通基础设施是经济社会发展的一块"绊脚石"。安徽围绕增强区域发展支撑能力，积极推进重大基础设施建设，加快构建内联外畅的综合交通网络，使得区域内交通运输状况发生根本性变化，以高铁、高速为骨架的立体交通网将山区与外界紧密相连。据统计，"十三五"期间，六安市交通基础设施建设累计完成投资 360.5 亿元，新开工高速公路项目 3 个 144 公里，建成农村公路畅通工程、扩面延伸工程 16456 公里。全市公路通车总里程 25087 公里、农村公路通达里程 22227 公里，均位居全省第一。六安"三纵三横三联"高速公路网和"七纵八横九连"国、省干线公路网正在加快形成。原本为大别山、长江阻隔的安庆市及各县区，与全国交通网络全面对接。随着宁安高铁、合安高铁等一批重大交通项目相继建成投入使用，安庆成为国家"八纵八横"高铁网的重要节点城市；岳武高速、望东长江大桥建成通车，实现了县县通高速。安庆市国、省道里程位列全省第二，"内联外畅"的综合交通网络初步形成。

老区振兴必须产业振兴。产业是支撑经济发展的"脊梁"，促进产业结构优化升级是《大别山革命老区振兴发展规划》中提出的重点任务之一。2020年，安徽省人民政府安排"三重一创"专项资金6962万元，支持皖西老区新建一批重大新兴产业工程和专项，实施亿元以上重点技术改造项目178个，完成投资164亿元；支持创建六安大学城科技园等省级服务业集聚区6个、安庆市迎江区东部新城中央商务区等省级服务业集聚示范区2个。

六安市利用自身优势，加快发展特色农业，培育形成了优质蔬菜、茶叶、畜禽、中药材等8个特色产业集群，综合产值超过350亿元，绿色产品认证数位居全省第一；构建了"一心一廊一谷一带一岭一库"六大发展平台，其中六安茶谷规划总面积约6100平方公里、人口160万，建设范围涉及5个县区、49个乡镇、5个水库；西山药库则充分利用六安的1866种中药材品种，种植中药材24.6万亩，科学布局中药种植业、加工业、商贸流通业和大健康产业，培育、拓展和壮大中药全产业链，将全市生态环境优势和中药材资源优势转化为经济发展的新动能。与此同时，六安抓住红色、绿色这两大特色，大力发展文化旅游产业。"十三五"期间，打造AAAA级以上景区26家，其中AAAAA级景区2家，霍山县、金寨县被评为国家级全域旅游示范区。全市累计接待游客约2.3亿人次，实现旅游综合收入约1800亿元。经过多方努力，到2020年，六安市多项主要经济指标增幅位居全省前列：生产总值增长 4.1%，居全省第四位；固定资产投资增长 8.7%，居全省第三位；一般公共预算收入增长 5.3%，居全省第四位；规模以上工业增加值增长 7.7%，居全省第三位；建筑业产值增长 13.5%，居全省第四位；工业用电量增长 28.2%，居全省第一位。

安庆市出台《关于加快推进首位产业发展的实施意见》，首次明确了首位产业的发展目标、系统性工作举措、"十个一"的重点任务等内容和要求，着力推进一批质量高、效益好、动力强的首位产业建设，持续优化产业结构。2020 年，全市产业首位度达到 51.9%，培育超百亿产业集群 10 个，创建了 6 个省级县域特色产业集群。安庆地处大别山区及周边，有着特殊的自然资源优势，具有发展特色农业的深厚基础。安庆立足资源优势，围绕粮油、生猪、茶叶、瓜蒌、蓝莓、油茶、家禽、水产、果蔬等优势特色产业，编制了"一县一策"任务清单，着力推进"一县一业""一县一特"全产业链发展。此外，安庆还积极培育壮大农业新业态，促进农村一、二、三产业融合发展，打造面向全国的优质农产品生产、加工、供应基地。2020 年，全市规模以上农产品加工企业个数达 448 家，总产值占全省的 7.9%。安庆充分发挥生态优势，以绿色为动能，促进以高山蔬菜、养生养老、健体康体为特色的生态产业不断做大，天柱山生态养生游、司空山禅宗文化、岳西石关滑雪乐园以及乡村游、农家乐等一批旅游项目纷纷兴起，取得了明显的社会效益和经济效益。

作为全省重要的生态屏障，党的十八大以来，皖西大别山片区以河长制、林长制为抓手，深入推进国土绿化提升行动，建立起市、县、乡、村四级责任体系，守护"绿水青山"。到 2020 年，大别山片区完成造林 3.19 万公顷，完成率 119.5%。其中，人工造林 1.27 万公顷，封山育林 1.91 万公顷，创建省级森林城镇 19 个、省级森林村庄 188 个；完成农村环境综合整治任务 230 个、省级美丽乡村中心村生活污水治理设施建设任务 224 个；老区集中式饮用水水源水质基本达到或优于Ⅲ类，地表水国家考核断面水质优良率均达 100%。六安市被列为国家级生态示范区、生态环境监察试点市、环保部绿色 GDP 2.0 试点市、全国低碳试点城市。金寨县成功创建全国首批生态文明示范县。太湖县被授予"第四批国家生态文明建设示范县"称号，霍山县被定为第四批国家"绿水青山就是金山银山"实践创新基地。霍山县、舒城县成为国家生态县。

## 7. 高标准建设皖南国际文化旅游示范区

皖南地区区位条件优越、生态环境优美、文化底蕴深厚、旅游资源富集，是全国乃至世界上有重要影响、特色鲜明的文化旅游区域。2009 年 7 月，安徽省人民政府批准设立"皖南国际旅游文化示范区"。2014 年 2 月，经国务院同意，《皖南国际文化旅游示范区建设发展规划纲要》颁布实施。示范区范围包括黄山、池州、安庆、宣城、铜陵、马鞍山、芜湖等 7 市 47 个县（市、区），国土面积 5.7 万平方公里。其中，黄山市、池州市、安庆市和宣城市为核心区。示范区围绕把皖南建设成为安徽旅游文化产业发展的试验区、中国区域旅游文化合作的示范区、全球知名的旅游文化展示区的发展目标，开展旅游项目建设，培育新兴旅游业态，扩大旅游产业规模，推进旅游资源整合，培育旅游市场主体，增强旅游业核心竞争力。

早在 1979 年，邓小平视察并游览黄山，发表了著名的"黄山谈话"，提出"把黄山的牌子打出去"，揭开了黄山乃至皖南文化旅游发展的序幕。黄山作为中国现代化旅游业发展的策源地、中国旅游的驰名品牌，名垂青史。黄山原本是一个以林茶经济为主的偏僻山区，"黄山谈话"以后，迅速开启了以旅游经济为主导产业的"破冰之旅"。经过多年的发展，黄山旅游产业从无到有，产业经济从小到大，一跃成为安徽旅游龙头，进入全国旅游"第一方阵"。1996 年 3 月，安徽"九五"计划提出重点发展以黄山、九华山为中心的皖南旅游区，把黄山建成世界级的旅游胜地，加快开发以天柱山为重点的皖西南旅游区，打好"黄山牌"，唱响黄梅戏，做好"徽文章"。经过"九五"时期的发展，整个安徽南部，包括皖南、皖江、皖西南地区的旅游经济快速发展，特别是以黄山、九华山、太平湖为代表的"两山一湖"地区旅游产业规模不断壮大，旅游总收入占全区生产总值的比重逐年上升。到 21 世纪初，安徽出台多份关于加快"两山一湖"旅游经济发展的意见、规划、纲要，明确了"两山一湖"旅游经济发展的奋斗目标、主要任务、主要政策措施等；特别是 2003 年省委、省政府部署全面建设小康社会起步阶段重点建设任务时，把"两山一湖"旅游大开发纳入"861"行动计划，强力推进。2006 年 9 月，安徽省发改委、旅游局编制了"十一五"旅游发展规划，再次提出以黄山为龙头，以"两山一湖"地区为重点，打造大皖南国际旅游区。三十多年来，皖南文化旅游发展的步伐不断加快，区域融合不断加深，旅游产业集中度不断提高，旅游经济规模不断扩大，成长为安徽文化旅游的龙头区域，文化旅游产业逐步发展成为当地战略性支柱产业。

党的十八大以来，生态文明建设被列入中国特色社会主义事业"五位一体"总体布局，把"美丽中国"作为生态文明建设的宏伟目标。国务院出台《关于大力实施促进中部地区崛起战略的若干意见》，明确提出要打造皖南国际文化旅游示范区，培育新的经济增长带，将皖南文化旅游发展上升为促进中部崛起战略的重要组成部分，为皖南国际文化旅游示范区建设提供了强大动力和政策支撑。安徽抓住机遇，高质量建设皖南国际文化旅游示范区，取得了突破性进展、变革性成就。

生态保护工作成效显著。示范区内有 13 个县（区）列入国家重点生态功能区，国家考核断面水质优良率为 84.8%，无劣 V 类水体。新安江流域水环境生态补偿两轮试点开展以来，累计投入资金约 120 亿元，水质始终为优。2013 年至 2018 年，示范区累计治理水土流失面积 476 平方公里，实施生态修复面积 355 平方公里，建立了国际湿地公园 8 处、省级湿地公园 9 处，累计增加自然保护地面积近 4 万公顷。累计建成绿道 2028 公里、污水处理厂 56 个、污水处理配套管网 3464 公里；消除黑臭水体 125 条，消除率超过 80%；完成 33 个垃圾处理厂建设和 22 个长江干流及主要支流污水处理厂提标改造。2018 年，示范区七市 $PM_{10}$ 和 $PM_{2.5}$ 平均浓度分别下降到 64.1 微克 / 米$^3$、42.4 微克 / 米$^3$，优良天数达标率为 81%。

全域旅游建设深入推进。黟县被列入首批国家全域旅游示范区。黄山市屯溪区、安庆市潜山市入选第二批国家全域旅游示范区。长江采石矶文化生态旅游区获评为国家 AAAAA 级景区。谢裕大茶博园入选全国茶旅游精品路线，成功创建国家 AAAA 级旅游景区。70 个旅游项目纳入省首批"512"旅游重点项目库。九华山入选世界地质公园，芜湖鸠兹古镇建成运营，皖浙一号风景道、新安江百里大画廊等基础设施建设加快推进。广德天籁生态农业开发有限公司等 3 家单位获评为全国休闲农业与乡村旅游五星级企业

黄山市秀湖村从昔日的革命老区村、库区村，到如今的美丽乡村、旅游专业村

（园区），徽州区谢裕大茶博园等 10 个园区被认定为省级休闲农业
和乡村旅游示范园区。徽杭古道等 3 个项目分别获评全国体育旅游
十佳精品线路、景区和赛事，黟县国际山地车节等 6 个项目获评为
全国体育旅游精品项目。示范区共有国家级森林康养基地 6 个、国
家中医药健康旅游示范基地 2 个、省级中医药健康旅游基地 13 个，
建成青阳九华运动休闲、岳西养生温泉等 15 个省级健康小镇。

文化传承和保护成果丰硕。黄山市获批为全国 2020 年传统村
落集中连片保护利用示范市，4 家单位入选文化和旅游部文化和旅
游公共服务机构功能融合试点单位。芜湖市、铜陵市入选第一批国
家文化和旅游消费试点城市。东至县东流镇、绩溪县家朋乡磡头村
等 7 个镇村被列入中国历史文化名镇、名村，歙县溪头镇溪头村等
4 村获批为全国生态文化村，示范区 231 个村落被列入中国传统村
落名录、14 个街区被评为省级历史文化街区。徽州文化生态保护

区获评为首批国家级文化生态保护区，黄梅戏入选国家级"非遗"优秀保护实践案例。皖南片区举办了首届中国非物质文化遗产论坛大会、长三角城市非物质文化遗产特展、2020 池州杯长三角民歌邀请赛、"非遗"进景区——全省传统戏剧扶持项目会演比赛；完成了第四批国家级、第二批省级"非遗"传承人记录工程验收工作，推进第五批国家级和第三批省级传承人记录工作。

充分发挥山水人文优势、高质量推进皖南国际文化旅游示范区建设，促进了皖南经济社会的快速发展，城乡面貌发生了翻天覆地的变化，人民群众的获得感、幸福感进一步增强。如今的皖南，已成为美丽中国的先行区、世界一流旅游目的地、中国优秀传统文化传承创新区，一幅美丽皖南、幸福皖南、和谐皖南的壮美画卷正徐徐展开在世人面前。

## 8. 全面建设淮河（安徽）生态经济带

淮河生态经济带，以淮河干流、一级支流以及下游沂沭泗水系流经的城市为规划范围，包括江苏、山东、安徽、河南和湖北 5 省 25 市 4 县（市）。2018 年 10 月，《国务院关于淮河生态经济带发展规划的批复》发布，标志着建设淮河生态经济带上升为国家战略。该规划将淮河流经安徽的蚌埠、淮南、阜阳、六安、亳州、宿州、淮北、滁州八个市整体纳入，蚌埠、阜阳列入区域中心城市。淮河流域安徽段全长 436 公里，占淮河总长的 43.6%。淮河生态经济带安徽部分国土面积 7.16 万平方公里，国土和人口分别占全省的 51.1% 和 58.8%，是安徽重要区域板块，是长江经济带、中原城市群等国家区域战略的有机组成部分。

作为淮河生态经济带的重要支撑和重要节点、东中部协调发展的重要纽带，安徽积极对接国家规划和政策举措，编制安徽省实施方案，谋划打造水清岸绿产业优美丽淮河（安徽）生态经济带，构筑沿淮河1公里、5公里、15公里三道防线，并在绿色生态廊道、产业发展、基础设施网络、环境综合治理、公共服务等领域，规划重点项目1439个，实施年度滚动机制，以项目推动规划落地见效，加快构建美丽宜居、充满活力、和谐有序、绿色发展的淮河（安徽）生态经济带。

在淮河生态经济带战略的推动下，经过两年多的努力，安徽淮河流域基础设施网络基本构建，建成启用淮河安徽段首个二类水运口岸（蚌埠港），开通淮河干流首条外贸航线。商合杭高铁合肥以北段、郑阜高铁顺利开通，高铁运营里程新增了400多公里，实现安徽沿淮每个城市通高铁的目标。多条城际铁路、高速公路、通用机场、航运码头开工建设并快速推进。

随着基础设施建设的逐步完善，区域内产业体系错位发展有效推进，经济增长速度明显加快。淮北铝基新材料、亳州现代中药、宿州云计算、蚌埠硅基新材料、阜阳现代医药、淮南大数据、滁州智能家电等一批战略性新兴产业发展壮大。全国首台自主技术氢燃料电池电堆在六安正式下线，8.5代高技术玻璃基板在蚌埠首次实现国产化；中印医药产业合作取得积极进展；淮北杜集区段园工业集中区与徐州铜山区、宿州埇桥经开区与徐州高新区产业合作迈出新步伐，落地项目60多个；阜阳市与上海徐汇和松江区、淮北相山区与上海市嘉定江桥镇等城区对口合作，推进省际毗邻地区新型功能区建设。据2020年统计，沿淮地区八市生产总值同比增长3.8%，滁州、亳州、六安三市增速均在4.1%以上，其中滁州市生产总值增长引领全省；战略性新兴产业产值增长21.6%，高于全省 3.6 个百分点，淮北、淮南、滁州的增速囊括全省前三位；社会消费品零售总额增长 2.5%，滁州、阜阳、宿州居全省前三位。

与此同时，安徽持续推进淮河流域水污染防治，巩固拓展淮河生态文明建设成果。2020 年，敏感水域联防联控全覆盖基本实现，坚持水环境、水资源、水生态"三水"统筹，突出环境问题整治，沿淮水环境持续改善，国家考核断面水质优良率为 82.5%，劣 V 类断面全面消除；推动实施城市黑臭水体整治专项行动，完成 64 条城市黑臭水体整治；加强饮用水水源地保护，划定农村"千吨万人"饮用水水源保护区 1263 个；推进大气污染防治，全年 $PM_{2.5}$ 平均浓度为 48 微克 / 米 $^3$，空气质量优良天数比率为 73.2%，均好于上年。人民群众对于优良生态环境的获得感、幸福感日益增强，而且更有质量、更可持续。

# 四、全面小康凝聚安徽人民的
# 艰苦奋斗

全面建成小康社会，是靠几代人辛辛苦苦干出来的。小康美好生活是人民创造出来的，小康壮丽史诗是人民书写的。安徽的全面小康，凝聚着全省人民的智慧、心血和汗水。七十多年来，勤劳勇敢的安徽人民白手起家、艰苦奋斗，敢闯敢试、攻坚克难，取得了一个又一个伟大胜利，创造了一个又一个人间奇迹，涌现出一大批英雄模范人物，诠释了中国共产党人的初心使命，彰显了中华民族百折不挠、自强不息的奋斗精神，在江淮大地上奏响了一曲曲豪迈的革命英雄主义战歌。

## （一）小康路上的奋进者

在全面建成小康社会的征途上，无数优秀江淮儿女改革创新、勇立潮头，披荆斩棘、砥砺奋进，勤勉敬业、默默奉献，涌现出一大批感人肺腑、催人奋进的先进典型。截至 2021 年，凤阳县小岗村 18 户农民和许海峰、程开甲、潘建伟等被授予"改革先锋"称号；曾翙翔、余静等 70 人荣获"全国脱贫攻坚先进个人"称号，李娟、刘双燕等 15 人获得"全国脱贫攻坚奖";施咏康等 35 人荣获"全国抗击新冠肺炎疫情先进个人"称号;王於昌、常印佛等 25 人荣获"全国优秀共产党员"称号;叶连平、陈陆等 25 人荣获"全国道德模范"称号;陈贤、金玉琴等 6 名个人及小岗村"大包干"带头人集体荣获"最美奋斗者"称号;陈仙辉、谢毅、潘建伟、俞书宏、江峰、李建刚、杨善林、吴剑旗、袁亮、王威、朱恒银、胡郁共 12 人分别获得全国创新争先奖章和奖状;高思杰、张劼、李夏等 5 人被授予或追授"时代楷模"称号;4 人获选"新中国成立以来感动中国人物";1610 人荣登"中国好人榜";7 人入选"感动中国人物"……历史不会忘记,人民不会忘记。他们的先进事迹和崇高精神如同一盏盏"灯塔",指引奋斗的方向,照亮前进的路。

限于篇幅,以下仅介绍安徽省第一个被授予"模范共产党员"称号的地(市)委书记杨效椿同志,牺牲在工作一线的全国"优秀共产党员"沈浩同志,荣获"时代楷模"称号的高思杰、张劼、李夏三位同志,以及在抗击新冠肺炎疫情中以身殉职的施咏康同志的事迹,以致敬所有为全面建成小康社会作出突出贡献的奋进者。

### 1. 用一生诠释信仰的杨效椿

杨效椿,1911 年出生于山西万荣县汉薛镇薛村沟村,1928 年考入山西省第二师范学校高师科,1936 年 10 月参加中国共产党领导的山西牺牲救国同盟会。七七事变后,他辞去万荣县实验小学校长职务,投身抗日救国的洪流之中。1937 年 11 月,他加入中国共产党,同月考入中国抗日军政大学。战争年代他曾任新四军新八团和淮西独立团政委、华东野战军第十二纵队第三十四旅政治部主任、淮南支队司令员、路西地委书记、江淮军区第四分区政

委、巢湖地委书记等职。新中国成立
后，他曾任中共安徽省委组织部副部
长兼省人事厅厅长，安徽省检察院检
察长，中共安徽省委常委、合肥市委
书记，安徽省革命委员会副主任兼省
委宣传部部长等职。杨效椿是安徽省
第一个被授予"模范共产党员"称号
的地（市）委书记、第一个经过公推
选举产生的省委领导同志、第一个在
新中国成立后被追认为革命烈士的省
级领导干部。

杨效椿（1911—1976）

在抗日战争和解放战争中杨效椿是一员骁将，他率部在淮南
根据地纵横驰骋，出生入死，浴血奋战，屡建功勋。在和平建设时
期，他又是一位人民的好公仆、廉政楷模。中华人民共和国成立之
初，中共中央在严肃查处刘青山、张子善贪腐问题的同时，要求大
力宣传领导干部中的先进典型。安徽省委对全省地（市）委书记以
上的领导干部排除比较，认为时任巢湖地委书记的杨效椿不仅战功
赫赫，而且艰苦朴素、严于律己，决定宣传杨效椿的先进事迹。杨
效椿成为安徽省第一个被授予"模范共产党员"称号的地（市）委
书记，其事迹被广为传颂。

1955年2月，杨效椿担任安徽省检察院首任检察长，三年后，
安徽的检察工作第一次进入全国先进行列。1962年5月，他平反
复出后在省委领导下负责全省案件甄别工作。全省亟待甄别的案件
数以万计，他夜以继日地紧张工作，亲自参加全省大部分系统的平
反会议，以宽阔的胸怀代表组织向受到错误打击的同志赔礼道歉，

主持制定了各级干部的生活补助标准，亲自过问十四级以上干部的家庭生活困难，与安徽、上海等医疗单位联系，及时安排部分重病号住院治疗。经过四个多月卓有成效的工作，他不仅在政治上解放了一大批干部和知识分子，同时在经济上给予了他们必要的救助，这些举措对全省的稳定和发展起到了重要作用。

1963年7月，中共安徽省第二次党代会召开，时任省委组织部副部长的杨效椿，高票当选为省委委员和省委常委，成为全省第一个经过公推选举产生的省委领导。

"文化大革命"爆发时，杨效椿任合肥市委书记仅七个月，厄运又一次降临到他的头上。1967年1月，杨效椿职务被罢免。1968年4月14日，经中共中央批准，安徽省革命委员会成立，李德生任主任，廖成美、宋佩璋和杨效椿等七人任副主任。十年间，杨效椿两次被打倒，又两次复出，成为安徽政坛的传奇人物。他之所以能在坎坷艰辛的道路上屡踣屡起，一个很重要的原因是他深得广大干部群众的拥护和支持。危难之际，杨效椿又一次艰难地站出来，竭尽全力减少"文化大革命"给安徽造成的损失。

安徽沿江地区血吸虫病历来较为严重，直接危害着广大人民群众生命健康。新中国成立后，党和政府高度重视血防工作，全党动员，全民动手，兴水利，填沟壑，整治人居环境，铲除钉螺滋生条件，仅用两年多时间，就基本消灭了血吸虫病。"文化大革命"开始后，防治机构从瘫痪到撤销，导致疫情再度回升，全省钉螺面积增至9.9亿平方米，新中国成立后的防治成果几乎前功尽弃，人民群众生命健康再度受到威胁。1968年5月，杨效椿兼任安徽省血防领导小组组长，力主恢复各级血防领导小组，调回被下放血防人员，恢复和健全各级血防机构，动员全省卫生系统和驻皖部队组成医疗队支援血防工作。他不顾自己年近花甲、体弱多病，带领有关人员深入流行区域开展调研。那时农村交通不便，很多地方都没有公路，只能徒步，而且越是偏远的乡村，他越是要去。各重点区（县）、乡（镇）都出现过他的身影，许多地方崎岖的山路、泥泞的湖滩，都留下了他的足迹。他利用住院治疗的间隙，到菜子湖灭螺现场考察，还赶到宿松参加全省血防会议。病危期间，他还找有关同志了解血防工作情况，直到生命的最后一刻。在他的领导下，安徽省钉螺分布面积下降了91.6%，血吸虫病人减少了63.2%，一批县（区、市）血防达标。

在知识青年上山下乡运动中，安徽共接收安置了90多万名知青。运动初期，50多万名知青拥向农村，住无房、睡无床、吃无粮的问题相当突出，严重影响了全省的稳定。杨效椿分管知青工作，在深入调研的基础上，向省革委会提出成立省、地、县三级领导小组，招工、招生、提干、征兵从表现较好的知青中选拔，每年召开一次积极分子代表大会等五项建议。其建议经过批准后迅速实施，全省知青工作逐步走向正轨。在极端复杂的环境下，杨效椿不计个人得失，千方百计保护了一大批领导干部和知识分子。

不管是战争时期还是和平年代，不论身处何地、身任何职，杨效椿都始终保持着艰苦朴素的作风，从来不搞特殊。他在战争年代，经常穿着早已褪了色的旧军衣。当年挺进淮宝时丢了被子，他宁愿连续数月躺在稻草上盖着军大衣过夜，也不同意再做床新的军被。他三次负伤，且患有肺结核，无法得到及时、有效的治疗，致使抱病终身。但他一直不肯领取革命军人伤残证，自动放弃应享受的优抚待遇。他病重在南京住院，行政部门按规定寄去300元休养费，他出院后又给退了回来。他到寿县杨庙搞调研，救济军烈属和特困户花掉 700 多元，工作人员提出从公款中报销，他说："这怎么行呢，公私要分明嘛！"他的冤案彻底平反，党籍、名誉、职级全部恢复后，按照省委规定他理应获得一笔可观的经济补助，可他体谅国家困难，毅然决定放弃领取。他说："补助就不要了！生活上的困难我杨效椿还能够克服。"

他经常教育孩子们要公私分明，对公家财物要点滴不沾，防微杜渐。工作中他也很少使用配备给自己的专车，每天上下班大都坚持步行。他的专车从来不准家人使用。女儿临产，认为这是特殊情况，想用他的车送医院，他把脸一沉，说："老百姓家的媳妇、女儿临产怎么办？咱们不能搞特殊。可以找辆平板车送去医院嘛！"

作为省级干部，行政事务机关按规定分配给他一套住房，楼下两间，楼上三间。他却把楼下两间让给了一位普通干部居住，自己一大家子人挤在楼上三间房里。有时家里来了亲友，晚上不得不打地铺，孩子们多次提出想要回楼下那两间房，他就是不同意。他说："省直机关住房紧张，我们克服一下就能解决一户干部住房，这样不是很好吗？"他去世前，反复叮嘱孩子们："我去世后，你们要尽快搬出去，不要给组织上添麻烦……"他去世后不久，子女们就遵照他的遗嘱主动搬出原来住处，住进了普通住房。五个孩子在上学、工作、任职等方面，从没沾过他一点儿光。他总是反复告诫子女们："路要靠自己去闯。"他在万荣老家的侄儿、外甥，那时生活也很困难，来安徽请求他帮助给找个工作。他总是说党给自己的权力是要他更好地为人民服务，不是要自己搞特权、谋私利。"一人做官，鸡犬升天"不是共产党人的信仰与追求。他没有给予他们任何照顾，几位晚辈依然是一辈子当农民，生活在乡村。

杨效椿一生勤奋工作、任劳任怨，长期带病坚持工作，为人民鞠躬尽瘁，死而后已。他1947年患肺结核，因为没有条件治疗，只能一边咯血一边指挥战斗，1949年开始大口吐血，仍坚持一边工作一边治疗。1950年，他病情加重，离职到华东军区医院治疗，诊断为晚期肺结核，治疗两年才基本痊愈。1957年他被打成右派，下放到农场监督劳动时得了肝炎。1964年，他做了胆囊切除手术，术中发现患有慢性乙型肝炎、早期肝硬化和贫血症等。切口刚拆线，他立即返回全椒县领导"四清"工作。从1964年到1974年，杨效椿曾先后七次住院治疗，常常是病还未痊愈就急着出院工作。

1974年，"文化大革命"中，一小撮坏人捣乱破坏，使淮南煤矿停产，严重地影响了华东人民的生活和生产用煤。安徽省委几次派人都未能解决问题。杨效椿当时因患肝硬化正在住院治疗，听到这个情况后主动请缨去处理淮南问题。省委决定由杨效椿、王翀、吴从树三名省委常委带队赶赴淮南。造反派闻讯后扬言要"夜袭洞山宾馆，活捉杨效椿"，工作人员劝他离开宾馆躲一躲，他说："全市人民都在看着我们，不能长坏人的威风，灭自己的志气。干革命就不能怕牺牲，牺牲了就当烈士嘛！"杨效椿深入百里煤城，召开各类座谈会，揭露一小撮坏人破坏生产的罪行，采取强硬措施抓革命、促生产。由于过度劳累，他的病情越来越重，连日高烧不退，肝区疼痛加重。淮南市委领导多次劝他回合肥治疗，都被他婉言谢绝。两个多月后，淮南局势稳定了，煤炭生产恢复了，杨效椿却又一次累倒住进医院。

1976年1月，杨效椿住进上海华东医院，病情一天天加重，肝腹水2000毫升。因工作需要，杨效椿回到合肥后，带病到舒城、桐城、枞阳等县检查工作，终于在庐江县病倒了，被送到合肥

105 医院，入院即报病危，经抢救无效，于 1976 年 10 月 3 日病逝。1977 年 11 月，杨效椿被追认为革命烈士，成为第一个在新中国成立后被追认为革命烈士的省级领导干部。

杨效椿的三个"第一"，浓缩了他坚守信仰的革命历程，诠释了他勤奋无私的公仆形象，展示了他勇于担当的家国情怀，在人民群众的心中树起一座不朽的丰碑。

### 2."群众离不开的好干部"沈浩

沈浩（1964—2009）

沈浩，1964 年 5 月生，安徽萧县人，中共党员，1986 年进入安徽省财政厅工作，2004 年 2 月作为优秀年轻党员干部被选派至凤阳县小岗村担任党支部第一书记。自此至 2009 年辞世的六年间，沈浩带领干部群众干事创业、开拓进取，推动小岗村走上了脱贫致富道路。小岗村民两次在他任期届满时按红手印请求他留任，在他离世后又一次按下红手印，请回沈浩的骨灰，称他是"群众离不开的好干部"。沈浩先后荣获全国农村基层干部"十大新闻人物"特别奖、安徽省第二批选派干部标兵、安徽省改革开放"三十人三十事"先进个人、"全国百名优秀村官"等多项殊荣，2010 年又被追授全国"优秀共产党员""人民满意的公务员"等荣誉称号。

小岗村在改革开放初期因实行"大包干"，成为新时期中国农村改革的主要发源地。可是，随着改革的不断深入，由于自然条件的限制和小农意识的束缚，小岗失去了继续进取、不断改革的魄力和勇气。时间一长，小岗村由一个改革的先锋村一度变成了"后进村"。

2003 年年底，第二批选派工作开始，安徽省委将"中国农村改革第一村"——小岗村新农村建设帮扶任务交给省财政厅，并要求财政厅选派一名优秀年轻干部到村任职。安徽省财政厅党组最终将目光集中在沈浩身上。当财政厅党组找沈浩谈话时，他当场表态："只要组织信任，我就去，而且一定干好工作。"2004 年 2月，沈浩从省城合肥来到小岗村，从省直机关到基层一线，放弃了省城的舒适条件，投身农村改革发展。来了就要有贡献，这是沈浩的朴素想法。一个多月，沈浩把全村 108 户跑了两遍，摸清了小岗的家底和现状。"一朝越过温饱线，二十年没进富裕门"，有人用这句话形容当时的小岗村；还有人用"偏、穷、乱、散"四个字描述小岗村。小岗村地处偏远，交通不便；2003 年全村人均收入只有2300 元，村集体欠债几万元；村里到处是柴垛、垃圾，环境差；缺乏一个团结的、有战斗力的领导核心。有人甚至对外派干部来小岗村有抵触情绪。"是啊！小岗肯定难搞，既然来了，还怕吗？要退缩吗？绝不！"沈浩在日记中写道，"要得到群众的信任和支持，就必须融入小岗，了解民意，踏踏实实干几件事，让村民了解自己、认识自己。"

他带着"大包干"带头人和村"两委"班子成员去华西村、南街村等"名村"取经。经过几个月的反复研究讨论，确定了小岗村的发展方向：改善生产生活等基础设施条件，发展旅游业，调整产业结构。从 2006 年开始，在他的带领下，小岗村探索土地流转，实行规模经营。有媒体将其误读为"小岗村要重走集体道路"，仿佛沈浩是在否定"大包干"。一时间，山雨欲来风满楼。别人问他怎么看待议论，他坚定地说："当年的'大包干'是改革，现在的土地承包经营权也是改革，改革总是要承担风险的。只要能使小岗村富裕起来，别说这点儿误解和委屈，就是献出生命，我也愿意！"

在沈浩的带领下，小岗村开始了新一轮改革创新的历程：建立了现代化养猪场，村民的收入比过去翻了好几倍；小岗村大包干纪念馆建成并正式对外开放，成为安徽乃至全国重要的红色旅游景点，小岗村民的旅游业收入不断上升；为了方便游客出行，沈浩多次到省里有关部门积极争取，终于开创了全省由一个村往省城发班车的先例。除此之外，沈浩和引进的创业大学生一起带动村民建起179个菌菇大棚，小岗面粉加工公司、葡萄种植园、钢构厂、装饰材料厂等也如雨后春笋般涌现出来。"一朝越过温饱线，二十年没进富裕门"的瓶颈，在沈浩任职的第三年被突破了。

长期以来，交通出行问题一直是制约小岗村发展的一大难题。2006年年底，沈浩提出修一条北通省道307线、南达国道101线贯穿小岗村的"快速通道"，很多人认为这是天方夜谭。沈浩全然不顾，一次次地奔走求助，以他的精诚之心赢得了有关部门的支持。最终，在高架桥合龙时，以秒计算的京沪铁路为小岗村快速通道桥对接停运了45分钟。2008年6月，小岗"快速通道"正式通车，村民出行比原先缩短20多公里。

2009年年初，小岗村与瑶海、天下一碗、从玉菜业及美国GLG集团等大公司签下四份投资大单。总投资达15亿元的小岗村GLG农产品深加工高科技产业园项目进入实质性推进阶段，涉及204座坟墓需要迁移。迁祖坟，在农村是天大的事。沈浩带着党员干部挨家挨户走访，最终，一片诚心打动了村民，短短三天就完成了迁移任务，工程顺利开工。

沈浩在小岗村任职的六年时间，全村人均纯收入跃升至 6600 元，比全省农民人均纯收入 4504 元（2009 年）高出 2096 元。小岗村成了全国农村改革四大名村之一。

沈浩在小岗村的日子里，时刻惦记着全村老少，谁家有个难事，他心里都有一本账。他的房门从不上锁，睡觉时也不插门。村民们有事，不论白天黑夜，一推门就能找到他。2008 年 3 月，与邻村合并后的新小岗村面积和人口都增加了 10 倍，来找沈浩办事的人更多了，他一天睡不了几个小时的觉。村干部看他太累了，就想让他睡个安稳觉，背着他一合计，在他住处的楼梯口焊了一扇铁门。他看到后竟然生气地说："装这个干吗，乡亲们来找我肯定有事，安上铁门不就和村民隔开了吗？"在他的坚持下，这扇铁门从来没有锁过，始终对父老乡亲们敞开着。小岗人都说：有困难，找沈浩！其实，往往不等你去找他，他就会来找你。沈浩就像一位不知疲倦的跋涉者，一直为小岗人的幸福奔波操劳着。2009 年 11 月 6 日，沈浩因积劳成疾猝逝在工作一线。直到去世，他房间的小桌子上还摆放着一张"小岗村近期重点工作责任分解及完成时限表"。

六年里，小岗村民三次按下红手印，请求留住他们的致富领路人，表达了他们对沈浩的衷心爱戴和无尽留念。"两任村官呕心沥血带领一方求发展，六载离家鞠躬尽瘁引导万民奔小康。"这是小岗群众对他的由衷评价，也是沈浩在小岗最真实的写照。他以再造一个新小岗的胆识，团结带领干部群众踏上"二次改革"的征程。他以超乎常人的毅力，顶住压力，直面困难，以改革探寻突破，以求变推动发展。他以求真务实的举措，把创新思路变成现实成果，使小岗村迈入了改革发展的新阶段，使小岗人过上了幸福美好的新生活。

### 3.用镜头书写心中大爱的高思杰

高思杰，1973年11月出生，1991年8月参加工作，1997年6月入党。他从事电视新闻一线采访二十一年，以一位新闻人的博大情怀，将对这片土地的情、对父老乡亲的爱，化作一组组精彩的镜头、一行行滚烫的文字，弘扬社会正能量，传递着时代好声音。他坚持为困难群众办实事、解难事，多次向孤寡老人、艾滋孤儿、贫困家庭提供力所能及的捐助。在不幸痛失

高思杰（1973—　）

爱女之时，他无偿捐献女儿器官，并在志愿捐献器官登记表上郑重签下自己的名字，让大爱在奉献中传递。2015年12月，高思杰被中宣部授予"时代楷模"称号，成为安徽省首位也是全国新闻行业首位获此荣誉的记者。他先后荣获"全国优秀共产党员""全国优秀新闻工作者""全国广播影视系统先进工作者""中国好人"等60多项荣誉。

1997年，毕业后的偶然机会让高思杰进入了新闻行业。此后的二十多年间，拿着采访本、扛着摄像机，四处奔跑是他的日常。在同事和同行眼中，高思杰就是一个常人难以想象的"工作狂"，熟悉他的人都称他是"拼命三郎"。

遇到急难险重的任务，高思杰永远冲在前面。2003年抗击"非

典"中，高思杰不顾同事和朋友的劝阻，把七十多岁的老母亲送到亲戚家，让爱人带着几个月大的女儿回了娘家，毅然走进"非典"病人定点收治医院，连续进行了一个多月的跟踪采访，报道了从发生疫情到取得抗击"非典"阶段性胜利的全过程。也是那一年，抗洪救灾期间，他没顾及照看身患严重腹泻刚满周岁的女儿，坚守在千里淮河第一闸王家坝闸十七个日日夜夜，在安徽台、中央台发稿20多条。2007年夏季，一场百年一遇的特大洪水席卷淮河流域，高思杰承担着给中央电视台和省级电视台供稿的所有任务。从7月3日淮河发水的那天起，高思杰几乎不眠不休地奔波在洪水一线和电视台之间，整整32天，"横戈马上、枕戈待旦"，饿了就泡碗方便面，渴了就喝矿泉水。王家坝闸开闸蓄洪，高思杰采写的消息在央视《新闻联播》播出，全国数以亿计的观众，通过新闻了解到党对灾区的关心，被蓄洪区人民舍小家保大家的精神深深感动。在这期间，妻子刚好出差在外，七十九岁的老母亲一个人生病在家，他挤出时间去药店为母亲抓的中药熬好后却放在药店顾不上取。

高思杰就像不知疲倦的钢铁战士。为了拍摄电厂建设的全景画面，高思杰提着摄像机爬上十二层楼高的塔架；为了拍摄晚点的农民工专列，他在火车站一等就是一夜；为了拍摄抢险人员给洪水中的受灾群众送物资，他差点被从船头掠过的高压线打到……拍摄的时候，摄像机放在地上、脚面上、膝盖上、腋下、肩膀上、蹲着、跪着、趴着、扎马步，各种动作姿势按拍摄需要而定。他常说："新闻时时发生，只是视角不同。"

在早期台里没有采访车辆、没有打印稿件的电脑、没有专用传输图像电话的情况下，高思杰用超乎想象的"奔跑"克服困难，创造着奇迹。当每次接到采访任务后，他都以最快的时间完成一线采访，在一楼的编辑室抄写同期声、赶写文字稿，到二楼传真文字稿，回到一楼初编图像，上四楼播出机房放置传输带，回二楼拨打传输电话，快速奔上四楼播放图像，回二楼打电话询问传输效果，往往一干就到下午两三点钟，每年有六七十个中午顾不上吃饭。

长年奔波导致了高思杰静脉曲张严重，双腿的大隐静脉都被抽掉了。医生说，一个人长年从事重体力劳动，到了五六十岁有可能出现这种情况，可是高思杰做手术时还不到三十四岁。这样的手术至少需要休养三个月，然而，术后第二十八天时，他又扛起心爱的摄像机走上采访一线。采访结束回家时他才发现，腿上抽掉血管的部位出现了几个鸡蛋大小的血斑，妻子边流泪边用湿毛巾为他冷敷到深夜。

就是这样，高思杰二十多年如一日，用镜头把党和国家大政方针、惠民政策在基层传播得风生水起、落地生根，成为党在基层的好声音；他用镜头把一生为民、临终时捐献遗体器官当作最后一笔特殊党费的党员苗为民的形象展现给世人；在他的镜头与笔墨中，带领农民脱贫致富的种粮大户、十八大代表葛浩新，十七大代表答朝荣，全国道德模范王现伟，全国劳动模范邹侠……100多位共产党人带着忠诚、情怀从阜阳大地上走进省台、央视，走进群众心中。"我没有理由不殚精竭虑。"他说，"这是党员对党忠诚的体现，唯有坚定信仰，灵魂才能高翔，我感受到有一种内生力量驱动着我奔跑。"

"勿忘人民"是人民记者穆青的名言，也是高思杰的人生信条。奔跑在新闻战线的高思杰，一直在做群众的"及时雨"和贴心人，他用笔尖和摄像头为人民群众排忧解难，传递着无声大爱。

他坚持为困难群众办实事、解难事，为艾滋病孤儿捐款，为白血病孩子募捐，为弃婴找寻更好出路，帮助过的人不计其数。十多年前，阜阳市颍州区文峰办事处马姓居民家的女儿、儿子相继患上罕见的肝病，马家穷尽积蓄全力救治，也未能挽救女儿的生命。万幸的是在妻子割肝救子之后，儿子的病情得到了控制，但家中也因此债台高筑。得知情况后，高思杰第一时间联系多家媒体进行联合报道，并联系社会救助。一篇篇报道诉说着人间真情、彰显出社会大爱，社会各界纷纷伸出援手，帮助这个不幸家庭渡过了难关。

还有一年，一个乡镇的生猪经纪人，收购了十多户农民的生猪，就是不给钱。高思杰知道后非常气愤，拎起摄像机直奔那个乡镇采访。遭到经纪人威胁恐吓，高思杰无惊无惧，依然播出了曝光稿件，而且进行了追踪报道，最终为农民讨回欠款。

阜南县赵集镇的郭凤军，种植食用菌 100 多亩，还带动周边农户种植 120 多亩。2000 年前后，由于种植面积不断扩大，部分农户没能按技术要领操作，再加上连续阴雨天气，五六种食用菌出现滞销，市场陷入困境。看着大片食用菌被倒掉和种植户紧锁的眉头，高思杰心里异常沉重，他邀请市里农科专家十多次到郭凤军和周边的种植基地"把脉问诊"。一篇篇报道发出去之后，不仅引起本地政府的重视，还引来外地客商，帮助种植户解决了难题。目前，食用菌产业已经成为阜南县现代农业的特色产业。

二十一年来，阜阳的五县三区 170 多个乡镇的大小角落都留下了他的脚印和汗水。"要让外界看到真实的阜阳，是一名记者的社会责任。"高思杰在日记里写道。一组组精彩的镜头、一行行滚烫的文字让外界了解到客观、真实的阜阳。二十一年来，他全程参加春种、夏收、秋播、冬管等农事活动，十多次全程参加淮河洪水洪峰防汛抗洪抢险，连续二十一年报道春运，二十个大年夜坚守在阜阳火车站……唯一缺席的一次，是因为十二岁的独生女儿生病去世，他要在家里守着爱人。

2014 年 12 月，脑干肿瘤、丘脑肿瘤等字样先后出现在女儿的病历上，他辗转上海、北京四处求医，最终也未能挽回女儿的生命。女儿去世后，他和爱人强忍悲痛，决定要让女儿短暂的生命活出宽度，于 2015 年 2 月无偿捐献女儿的肾脏、肝脏、眼角膜，成功救治 4 名重症患者。2015 年 4 月，他来到阜阳市红十字会，在人体器官捐献志愿书上签下了自己名字，用无声大爱点亮他人的生命之灯。

高思杰成名之后，不少外地媒体开出高额薪资、优越条件，希望聘用他，被他一一拒绝。他说："我是阜阳人民的儿子，我希望把更多的光和热，奉献给我深爱的这片土地，献给我深爱的父老乡亲。"

2018 年 11 月，高思杰怀揣着为党培养更多的新闻工作者的愿望，选择到阜阳师范大学文学院新闻传播系当老师。他在课件上标注"立德树人、课比天大"警示语，注重课堂讲授与采访实践的结合，带领学生赴王家坝、火车站、特教学校、生物质电厂、种植养殖基地开展实训教学 40 多场 3000 多生次。2021 年，他拿出积攒多年的 10 万元，设立"思杰特别助学金"，用于资助家庭困难的学生党员、团员。他的身后，被光明和梦想镀亮的队伍越来越长。

人类因梦想而伟大，信念因坚定而执着。多年来，高思杰用实际行动践行着自己的新闻梦想，标注着一位新闻人的"精神海拔"，成为众人心中当之无愧的时代楷模。

### 4.蹈火逆行、彰显英雄本色的张劼

张劼,三级警督警衔,现任蚌埠市公安局特警支队一大队二中队中队长。2000年12月参加公安工作以来,他一直战斗在特(巡)警反恐处突第一线,在处置各种危难险重警情中屡立战功,被誉为"特警精英"。2016年1月5日,他在处置一起危害公共安全的重大警情中,不顾个人安危、挺身而出,用自己的血肉之躯制服暴徒,以实际行动诠释了"人民公安为

张劼(1980— )

人民"的庄严承诺。他先后被授予全国"公安楷模""时代楷模""最美奋斗者""全国优秀共产党员"等荣誉。

"一个人的成长,恰似破茧成蝶的过程,在痛苦的挣扎中,意志得到锻炼,力量得到加强,心智得到提高,生命在痛苦中得到升华。"这是在给新入职警员培训时,张劼的一番感悟。破茧成蝶要经历多少痛苦,张劼也许并不清楚。一个人浴火重生经历的煎熬,张劼却是刻骨铭心。正是经受了血与火的淬炼,才让张劼成为这个时代的楷模。

从警二十多年来,各种急难险重警情处置中总有张劼智勇刚健的身影。2008年3月12日,蚌埠市禹会区良子足浴店突发歹徒持刀劫持女员工事件。在多方谈判无果后,张劼和战友们在"声光失能弹"的掩护下,强攻突击,成功解救人质。危急时刻,迎着寒气逼人的匕首第一个冲上去将嫌疑人扑倒的正是张劼。2009年7月2日,蚌埠市八一化工厂对面住宅楼一名歹徒持凶器劫持一名妇

女，张劼再次成为突击主攻成员，为成功解救人质、生擒犯罪嫌疑人发挥了重要作用。蚌埠市公安局党委对张劼同志当时的英勇表现给予了充分肯定，并给其记个人三等功奖励。张劼各项警务技能成绩优秀，是特警支队的战训教官和特种车驾驶员，他所在中队的民警，也大多成为全支队的警务技能骨干。无论是参加全市公安机关组织的各项反恐防暴演练、各类突发性事件处置演习，还是执行全市大型活动安保和重要警卫工作，他所承担的一些急难险重任务的处置，均完成得十分出色。

2016年1月5日傍晚6时许，下班在家的张劼正在吃饭，手机响了一声就断了。"队里一定有事。"职业敏感让张劼立刻回拨了过去。"市经济开发区光彩小区某区某栋402室住户吕某在家中堆放了若干液化气钢瓶和汽油桶，扬言要引爆居民楼。"收到指令后，张劼立即放下碗筷，出门直奔特警支队。

来到案发现场，特警、消防、公安已在此集结，指挥中心紧锣密鼓布控，一张反暴恐的大网正在紧急合拢。根据先期勘查的情况反馈，吕某从屋内用宽约15厘米的一条条钢板将正门封死，下午消防武警对正门进行强攻没有成功。

现场指挥部决定成立特警突击攻坚小组，挑选张劼等五名特警承担突击攻坚任务。"我有类似的处置经历，门开后我第一个进去！"确定职责分工后，张劼向指挥部主动请缨。

五人很快来到与402室一墙之隔的401室南阳台，并翻窗秘密进入402室阳台，却发现阳台的门窗也被钢板条封死。晚8时左右，吕某高喊"大家一起完蛋"。屋内飘出浓烈的煤气味，指挥中心下令突击小组实施强攻！突击队员用破门锤击打阳台门，却只破开一处狭小的洞口，突击队员只有脱去头盔、防护服才能钻进去。

此时吕某已经发现阳台上的特警队员，情绪异常激动。见此情状，张劼迅速从洞口钻了进去。就在张劼冲入的一刹那，吕某快速拧开一个煤气罐的阀门……张劼一跃而起，直扑过去，控制那双可怕的手。

火苗点着前的一瞬，张劼冲着队友大喊："点着了，快躲避！"接着便是"轰"的一声巨响，强大的爆燃冲击力将张劼和吕某掀翻在地，满屋的高温大火迅速将其吞噬，张劼的面部被烧，他自己都能闻到皮肤烧焦的味道。然而他依然死死压住嫌疑人，防止他有进一步破坏的行为。

等到队友找到他的时候，张劼已是奄奄一息。与死神擦肩而过，张劼生命垂危，全身深二度烧伤面积达到30%。

经过前期清创治疗后，张劼被紧急转往上海瑞金医院。在那里，张劼度过了人生中最艰难的日子。他每天都被绑在"烧伤床"上，钻心般的疼痛像潮水般袭来，疼得他每天都要汗湿床单好几次。他体温高达39.5℃，腋下夹着两个冰疙瘩。有时候烧得迷迷糊糊，他都不知道自己是否还活着。

有时候手术不能麻醉，看着疼痛得如筛糠般的张劼，医生都忍不住劝他："你喊出来吧，也许可以减轻点疼痛。"张劼咬牙忍住。手术结束后，医生说从来没有见过像张劼这样对自己这么"狠"的人。

最难熬的是夜晚，一切安静下来，那失去皮肤保护而裸露的血肉，稍有空气流动就会感到火燎般的疼痛。张劼从没想到身边的气流竟会这般又黑又重，仿佛压得人喘不过气来。更为痛苦的是，睡觉还不能闭上眼睛，为矫正口形，他口中一直要含着扩张器。

从蚌埠到上海，从瑞金医院到武警医院，再转至上海九院，张劼先后经历了21次手术、40余次植皮。每一次植皮换肤，都是脱胎换骨的磨难，都是撕心裂肺的煎熬，都是百炼成钢的涅槃。

尽管疼痛难忍，但张劼依旧没有失去信心。在医院的日子里，张劼始终怀着一个信念："战胜痛苦，早日回到特警岗位上！"凭借着信念的支撑，张劼一次次挺了过来，治疗间隙，只要伤情允许，张劼都加强自身锻炼，跑步、游泳、俯卧撑和器械训练，体力和技战术水平得到逐步恢复。

伤疤是特警身上最闪耀的勋章。亲人和战友曾一度担心相貌英俊的张劼是否能够接受以后的相貌，总是小心翼翼地把房间里的镜子藏好。直到受伤后一个多月，在武警医院病房的卫生间里，张劼第一次见到了镜中的自己。"我看了很久，很平静，没流泪。我在心里告诉我自己，无论变成什么模样，我都要接受我自己。"张劼说。

亲友没有想到，张劼如此坦然坚强。不仅如此，张劼还开通了微博，发了受伤后的自拍照。他就像超人一样感染着身边的人。很快，那个坚强乐观的张劼又出现在同事的身边，并且重新走上了执勤一线。

支队领导担心张劼的伤情，经常不给张劼分配任务，并叮嘱他多休息。可是每一次任务来临，张劼都会主动请缨，用他的话说，"努力为队友多分担一点"。为了能够胜任工作，出院以来，张劼从没间断过体能锻炼，每天都要在健身房里待上一两个小时，任凭汗水渍痛患处。"现在我的体能已恢复九成，工作时更加得心应手。"张劼说。

2018年10月，第十四届省运动会在蚌埠开幕，加上残运会、农运会，会期持续近一个月。面对重任，张劼再一次请缨，带领队员坚守一线，圆满完成了任务。直到现在，只要队里有急难险重的任务，第一个跳入蚌埠市公安局特警支队支队长脑海的主攻成员还是张劼。"首战用我，用我必胜。"张劼有这样的豪气，也有这样的底气。

他以自己的实际行动践行了"人民公安为人民"的庄严承诺，他的英勇壮举突出体现了为人民利益而战的豪情壮志和直面凶险、一往无前、迎难而上、舍身为民的忘我境界，堪当公安楷模、时代楷模。

### 5."能为群众办实事，内心充满成就感"的李夏

李夏，黄山市屯溪区人，2007年毕业于北京的防灾科技学院，2008年考入铜陵市地震局信息中心。2011年，李夏通过公务员招考，来到绩溪县长安镇工作，2018年年底调任荆州乡党委委员、纪委书记。李夏扎根基层，立足平凡岗位，兢兢业业做好每一项工作，全心全意做好服务群众的每一件事。在超强台风"利奇马"肆虐、人民群众生命财产安全受到重大威胁

李夏（1986—2019）

的关键时刻，他不怕牺牲，冲锋在前，抢险救灾，以担当作为切实践行了共产党人的初心使命。2019年9月2日，李夏入选"中国好人榜"，获得"敬业奉献好人"称号。10月23日，李夏被中共中央宣传部追授"时代楷模"称号。2020年12月，中共中央追授李夏为"全国优秀共产党员"。

　　李夏出身于黄山市屯溪区一个工人家庭，是个地地道道的"城里娃"，工作稳定，生活无虞。可是，李夏有自己的追求和抉择。2011年，他作出一个令人惊讶的决定：到农村去，到基层去！母亲不无担心地说："你可想好了，基层条件可不太好，又苦又累，去了也不知道哪天能回来……"他对母亲说："我早就想好了，我想趁着年轻做点事情。"就这样，通过公务员招考，李夏来到绩溪县长安镇工作。

　　在长安镇，李夏一干就是七年多时间。他先后干过政府文书、城乡建设、社会保障、应急管理、纪检监察等方面的工作，几乎把乡镇岗位打了个"通关"。无论在哪个岗位，他都干一行、爱一行、钻一行，得到干部群众和主管部门的一致好评。

　　而李夏最关心的，就是对贫困户的帮扶工作。在担任长安镇高杨村党建指导员期间，高杨村有24户贫困户，他一个人就联系帮扶了6户。他深入农户家中、田间地头走访调研，找准问题症结，逐一对症下药。他牵头谋划确定了"种养殖＋乡村游"的发展思路，帮助发展高山贡菊种植、淡水养殖等特色产业。短短一年，高杨村就彻底甩掉了集体经济收入"空白村"的帽子。

　　由于工作业绩突出，李夏在同龄人中脱颖而出。2013年至2015年，他连续三年考核为优秀，被绩溪县委、县政府记三等功。2014年12月，他在长安镇光荣入党。2017年，因为表现突出，县应急办等多个县直部门想选调李夏。回县城工作对于不少乡镇干部来说是个不小的"诱惑"，面临第二次选择，李夏毅然选择了留下。"我喜欢跟老百姓打交道，能为老百姓做点实实在在的事，看着他们日子一天天好过起来，内心充满成就感。"

　　在基层纪检监察岗位上，面对关系密切的"老熟人"，李夏坚持原则，不怕"得罪人"，不做"老好人"。2018 年，有人举报原镇头村党总支书记陈某某在四年前的换届选举中存在拉票行为。有人私下劝李夏："陈书记可是你的老熟人啊，多大点事，还较真个啥？""纪检监察工作容不得半点马虎！"李夏的回答斩钉截铁。第一次找老陈，李夏吃了闭门羹，但这并没有让李夏气馁，他一边收集相关证据，一边研究法律政策，一边思考说服老陈的方法。他前前后后十多次登门，最终敲开了老陈的"心门"。老陈签字承认错误，受到了党纪处分并被免职。此时正值新一轮村"两委"换届，这件事对换届选举工作中可能出现的歪风邪气形成了有力震慑。

2018 年年底，李夏又面临了第三次选择——组织准备调他去全县最偏远的荆州乡任纪委书记。他二话没说，第一时间交接好手头的工作，就准备出发了。临走的那天晚上，时任长安镇党委副书记汪来根和李夏聊了两三个小时。"你去过荆州乡吗，知道那里有多偏远、条件有多艰苦吗，不怕到时候适应不了？"李夏却回答道："我的根就扎在基层了，我愿意到那里去。"

李夏调任荆州乡纪委书记后，处理第一个问题时就碰上了一个"牛脾气"。荆州乡方家湾村党支部原书记程某某因违纪受到处分被撤职后，对多领取的 1 万多元工资等费用不愿退还。之前几个乡领导找他谈话，都被顶了回来。第一次见面，李夏把程某某约到办公室讲了半天，他油盐不进，双方不欢而散。第二次、第三次……李夏不厌其烦、主动上门，得知程某某特别喜欢电视剧《亮剑》里的李云龙，李夏说："李云龙有本事、有脾气，但也要遵守纪律不是，也要听政委赵刚的意见不是？"一次又一次接触，一次又一次沟通，程某某终于答应退钱，但一下子拿不出那么多钱，李夏跟相关部门沟通后，为他制定了限期分批退款的方案。

在李夏眼里，"纪检工作没有小事"。从事纪检监察工作以来，李夏主办或参办问题线索 77 条，立案审查 32 起，给予党纪处分 31 人次，组织上从未收到有关他的任何不良反映。李夏自觉践行"三严三实"，始终把纪律和规矩置于前面，在一点一滴中擦亮纪检监察干部的清廉本色，在一言一行中彰显忠诚干净担当的人生底色。

2019 年 8 月 10 日星期六下午，"利奇马"登陆，给荆州乡带来百年一遇强降雨，三小时内降水量达 96.5 毫米。山洪暴发、河水暴涨，全乡多处山体塌方、道路中断，人民生命财产安全受到严重威胁。

险情就是命令。山洪涌进敬老院，李夏和同事蹚着水，将 13 位五保老人撤到二楼，随后又将七十多岁的胡今古老人转移到地势较高的邻居家。下胡家村山体塌方道路受阻，他们徒手搬运碎石，为救援车辆开路。遇到一对母子身处险境，他们又掉头将其护送至安全地方。短短一小时，17 位村民在他和同事的帮助下转危为安。暴风雨中，救援间歇，李夏还不忘及时将路况照片发到微信群，提醒大家注意。"下胡家村土地庙这里塌方，树倒下来把路拦了，电线疑似被打断……"这是他发出的最后一条信息。

李夏和同事路过塌方地继续向前排查时，突然从山顶传来"轰隆隆"的声音。泥石流从道路一侧的山上冲下来，在山体上撕开一道口子，瞬息之间，泥土、砂石、树木倾泻而下，李夏躲避不及，被泥石流卷走。

乡亲们从四面八方赶过来，冒着大雨在泥土、石堆、树杈中，手扒、锹挖、车推，万分焦急地搜寻李夏的身影。经过 13 个半小时的持续搜救，晨曦中，人们在小河下游找到了李夏，他静静地躺

在一棵山核桃树下。年仅三十三岁的李夏，将如夏花般的生命永远
定格在了抗灾抢险的路上。

如果不是一次次冲锋在前、向险而行，或许李夏不会走得这
么匆忙、这么悲壮。李夏以实际行动，践行了他在入党申请书中的
铮铮誓言："作为一名党员，就应该舍小家顾大家，勇于奉献自
己……"作为共产党员，他真正做到了"平常时候看得出来，关键
时刻站得出来，危急关头豁得出来"。他的一生，短暂而光彩，平
凡而伟岸。他与他挚爱的这片土地融为一体，永远留在了父老乡亲
的心中。

## 6. 以生命赴使命、用热血铸忠魂的施咏康

施咏康（1972—2020）

施咏康，1972年7月出身于望江
县华阳镇的一个农村家庭，1992年考
入安徽大学中文系，毕业后先后任职
于合肥市总工会、市委组织部，2017
年2月任包河区委委员，3月兼任组
织部部长、统战部部长。2020年2月
9日，施咏康在新冠肺炎防控一线连
续奋战15天，因劳累过度，突发心肌
梗死，不幸殉职，年仅四十八岁。施
咏康同志牺牲后，新华社、《人民日
报》、《安徽日报》等中央及省、市媒体从不同角度集中报道了他
的先进事迹，引起社会强烈反响。合肥市委追授施咏康同志"合肥
市优秀共产党员"称号，安徽省委追授他"安徽省优秀共产党员"、
安徽省"人民满意的公务员"称号。

施咏康自求学期间就充分展示了较强的组织协调能力和业务素质，同时担任班级生活委员和系学生会生活部长，还光荣地加入了中国共产党。即将走出校园时，施咏康在高校毕业生自我鉴定中这样规划自己的人生：踏踏实实地学习，兢兢业业地工作，老老实实地做人。从校园到走上工作岗位，施咏康始终没有忘却自己的初心。

大学毕业后，施咏康在市总工会再就业办公室工作两年后便被调到市总工会组织部任职。因工作能力突出，施咏康于2001年6月被安徽省委组织部借调半年，年底被合肥市总工会评为"优秀共产党员"。借调期满不久，施咏康便被调到合肥市委组织部，成为名副其实的"组工"人。施咏康历任干部监督处副处长、信息中心主任、办公室主任、干部处处长等职务。在市委组织部工作的十四年里，他连续多年被评为优秀，两次荣立个人三等功。

"作为一名党的干部，能为事业发展留下什么？"这是施咏康生前经常挂在嘴边的一句话，他尽职尽责"做答卷"，兢兢业业，勤勤恳恳，全身心扑在工作上。在施咏康的组织领导下，包河区城市基层党建工作得以快速推进。包河区作为省会中心城区，城市化水平高，全区567个小区多是30层以上的高层建筑，还有38栋商务楼宇。2018年七八月，正是一年中最炎热的时候，施咏康跑遍了全区各类居民小区进行调研，最终研究确定了"围绕'人'、立足'楼'，建立党的组织、推进党的工作"的思路。通过建设"红色领航和美小区"，打造"红色领航商务楼宇"，开展"党群家访"活动，打通了服务群众的"最后一米"。

管得着看不见、看得见管不着，一直是城市治理的难题。施咏康大胆探索，先行先试"大部门制"改革，将街道原有的26个部门整合为"一办七部两中心",初步形成了70%问题靠服务解决、20%问题靠管理解决、10%问题靠综合执法解决的"721"基层治理新路子。如今在包河,"有事就找楼栋党小组长"已成为广大居民的"新风尚"。在当前的疫情防控工作中,小区、楼栋的党组织和党员也经受住了严峻考验,发挥了关键作用。

施咏康还非常重视全区年轻干部的培养,他深化实施"滨湖先锋"工程,三年来选调了100多名年轻干部到一线"蹲苗"历练,并嘱咐年轻干部对待工作"一定要在岗在为在状态、用心用力用真情"。尤其值得一提的是,他在开发人才方面殚精竭虑,取得突出成效。包河区人才科技资源集聚,如何开发好身边的人才"富矿",做好科技成果转化"大文章",施咏康想了不少点子。他通过开展"高校学子包河行"活动广泛吸引人才,建设"人才社区"工程留住人才,创立"金领家园"平台服务人才,不遗余力地打造"养人"高地。在施咏康的努力下,包河区现已集聚国内外顶尖人才420余位,省、市级领军人才等2282位。院士工作站也"从无到有"设立了5家,省级博士后工作站达到16家,总数位居全省城区第一。

作为组工干部,施咏康常常提醒大家,"必须信念坚定、对党忠诚,要持之以恒地说实话、办实事,做最真实的自己、最诚实的干部",自己更是处处带头示范。熟悉施咏康的人,对他的第一评价都是"讲政治"。不管是分内还是分外工作,他都始终站在讲政治、顾大局的高度来认识和行动。

2020年新年伊始,新冠肺炎疫情防控阻击战在庐州大地打响,施咏康率领包河区的党员干部第一时间冲到抗疫前线,同病魔展开了英勇的斗争。

　　包河区是省政务中心所在地，汇集合肥高铁南站等重要交通枢纽，更拥有全市最密集的住宅小区，抗疫之战绝无退路。施咏康等区委同志深刻领会上级党委指示精神，谋划开展了"战疫情·组工在行动"活动，组建"区直机关疫情防控党员先锋队"，一天时间便组织150多位党员干部下沉到街道社区。随后，包河区1100多个党组织的3万多名党员应声而上，在人民群众最需要的时候将党旗牢牢树在疫情防控第一线。

　　为守住社区这道关键防线，包河区实行"四级网格"防控机制，由区领导"一对一"包保15个街镇级网格。常青街道城中村、老旧小区最多，那里的一些小区配套设施不全、物业力量不足，封闭化管理难度大，是整条防线最为薄弱的部分。"把常青交给我吧，那里的情况我最熟"，从那时起，施咏康就钉在了常青。

　　面对不断暴露的困难，施咏康勇挑重担、积极作为，在向基层群众宣传疫情防控政策的同时，深入了解人民群众的迫切需求，主动与一线人员共同商讨防控措施，及时解决他们在工作生活中遇到的困难。在督查出入证发放时，施咏康及时纠正人员聚集情况，并叮嘱工作人员将出入证送到行动不便的群众手中。了解到常青街道缺少测温仪，施咏康现场电话协调，当天下午就将5台测温仪送到检测点。

　　施咏康在督导防控工作时一直坚持"四不两直"（不发通知、不打招呼、不听汇报、不用陪同接待，直奔基层、直插现场）原则，常常一个人穿梭于街道社区之间。由于膝关节长期积液，他走路时总是疼得一瘸一拐，却始终咬牙坚持。同事们劝他去医院检查一下，施咏康总是回复道"没事的，走麻了就没感觉了"，反而要求一线同志们认真执行轮休制度，多陪陪家人。两个星期的连续作战，施咏康不但完成了对常青街道所有居村、市场和宗教点的明察暗访，还走访了包河区所有的街道和大社区。

元宵节当天，施咏康再次放弃与家人团聚的机会，在大圩镇值守点和一线人员共同奋战。区组织部副部长看到施咏康满脸的疲倦十分担心，就跟同志们一起劝他回家休息一下。"大家都在一线，就我在家休息，不像话。"施咏康一句话就把同志们的好意给挡了回去。正是这样不辞辛劳、连续奋战，劳累过度的施咏康终于支撑不住了。

2020 年 2 月 9 日晚上，劳碌了一整天的施咏康刚回到家，正准备与儿子在棋盘上大战一局，践行"失约"许久的承诺时，却重重地倒在儿子的房间门口。虽然医护人员奋力抢救了三四个小时，施咏康还是不幸地离开了他挚爱的亲人和同事。施咏康用生命践行了初心使命，用忠诚书写出人生华章，践行了一名党员干部"随时准备为党和人民牺牲一切"的铮铮誓言。

## （二）小康建设的创新案例

在全面建成小康社会的进程中，安徽人民改革创新、敢为人先，在很多方面和领域走在全国前列，很多做法和经验由安徽推向全国。限于篇幅，以下仅介绍 6 个创新案例，以致敬所有为全面建成小康社会勇于创新创造、敢闯敢试的开拓者。

### 1. 小岗村的"致富"经

1978 年冬，安徽省凤阳县小岗村 18 户农民在"大包干"协议上摁下红手印，采取瞒上不瞒下、明组暗户的办法，将土地分到各户耕种，由此拉开中国农村改革以至改革开放的帷幕。实行"大包干"的第一年，小岗村的粮食产量就达到 6.6 万公斤，油料产量达到 1.75 万公斤，全队人均收入达到 371 元。小岗村农民自发的变革和地方各级干部敢于担当、实事求是的实践，得到改革开放总设计师的肯定，小岗人从此摆脱了饥饿困苦，也使党中央从这场史无前例的改革中看到了走向富裕的希望，家庭联产承包责任制逐渐推广到全国。

当改革的春风吹遍神州大地后，特别是在世纪之交的前后二十年时间里，在市场经济的浪潮之中，小岗人在吃饱穿暖的同时，遭遇"一朝跨过温饱线，二十年没进富裕门"的困境。但有改革创新精神、不甘落后的小岗人，勇敢尝试，积极探索，蹚出了一条深化农村改革的创新之路。

从 1997 年开始，小岗人开始探索产业结构调整，尝试创办村级企业。2004 年 2 月，安徽省财政厅干部沈浩被选派到小岗村担任党支部第一书记、村委会主任。在沈浩的带领下，小岗村开启了"调整产业结构、发展现代农业，加快设施建设、发展旅游业，跳出小岗求发展、着力办好工业园"的"三步走"发展规划。2012 年，小岗村人均纯收入突破了 1 万元。2013 年，小岗村集体收入首次突破 500 万元。

党的十八大以后，在习近平新时代中国特色社会主义思想引领下，小岗村抓住历史机遇，进一步深化改革，努力实现乡村振兴。2015 年 7 月 8 日，小岗村在全省首发土地承包经营权证，吃了"定心丸"的小岗人大胆地搞起了土地流转、入股、拿租金、分红利。到 2018 年年底，小岗全村流转土地占可耕地面积的 65.7%，其中规模流转约 7000 亩。

2016 年 4 月 25 日，习近平总书记考察小岗村时提出殷切希望："小岗村发生的翻天覆地的变化，是我国改革开放的一个缩影，看了让人感慨万千。实践证明，唯改革才有出路，改革要常讲常新。希望小岗村继续在深化农村改革中发挥示范作用。"

小岗村积极响应习近平总书记考察小岗的殷殷嘱托，积极探索农村改革的新经验、新模式，奋力争当击楫中流的改革先锋。

2016 年，凤阳县委、县政府提出了小岗村三年大提升行动计划，成立了以县委主要领导任组长的工作领导小组，领导小组确定了包括深化农村改革、推进产业发展、完善基础设施、发展社会事业、加强组织建设五大领域 136 项具体工作任务。

在土地确权和土地流转的基础上，积极推进集体资产股份合作制改革和农村"资源变资产、资金变股金、农民变股东"试点，盘活集体资产，尝试用土地承包经营权证抵押贷款，把"红证书"变成了"活资产"，开展农村宅基地和农房确权发证，推行小岗村小型水利工程管理体制改革，建设现代农业示范区。小岗村组建了集体经济股份合作社，依托小岗村创新发展有限公司，经营集体资产。多种多样的改革举措既为小岗村的发展带来了改观，也为中国农村改革创新总结了经验。

党的十九大提出乡村振兴战略，吹响了农村发展的新号角。小岗村党委积极响应中央号召，抢先布局。2018 年 3 月，小岗村组织开展了"小岗要振兴，我该怎么办"主题大讨论，广泛征求全县和社会各界意见，研究制定了《小岗村乡村振兴实施方案》。2019 年，小岗村又研究出台了《小岗乡村振兴 2019 年度重点工作安排》，明确了 72 项具体任务。小岗村清醒地认识到小岗村振兴必须走创新发展之路。抓住了创新，就抓住了牵动改革发展全局的"牛鼻子"，小岗村以创新为驱动，持续释放改革发展的活力。

一是在农村集体产权制度改革方面。考虑到集体经营性资产较少、省市县向小岗村创新发展有限公司注入财政资金 3150 万元的情况，集体资产股份合作社以小岗村现有经营性资产和部分小岗村品牌折算无形资产 3026 万元作为合作社总股本与创发公司进行股份合作，占股 49%。这部分资产量化为个人股，村民所持股份参与收益分红。

二是在构建现代农业三大经营体系方面。围绕构建现代农业产业体系大力培育新型农业经营主体，发展多种形式适度规模经营，先后培育新型农业经营主体 25 家。加快推进小岗产业园建设，发展农产品深加工，增加农产品附加值；大力发展乡村休闲旅游和电商经济，推动一、二、三产融合发展。围绕构建现代农业生产体系，全面改善小岗村农田水利基础设施条件，大力发展现代生态农业和高效农业，提升农业产业竞争力；围绕构建现代农业经营体系，大力培育新型职业农民，加快推进农机公司、育秧工厂、植保服务队、烘干中心"四位一体"的农机示范大院建设，健全农业社会化服务体系。

三是在创新发展体制机制方面。组建小岗村创新发展有限公司和旅游投资管理有限公司两个平台公司，分别负责小岗村AAAAA 级景区创建和加强小岗村品牌保护与利用，引入专业团队参与管理运营，深度挖掘小岗品牌价值，扩展营销渠道，显著提高小岗村品牌的美誉度、影响力。将"互联网＋大包干"新模式和红色旅游特色融入创意农业、观光农业和休闲农业之中，以此带动一产、促进二产，并发展壮大村集体经济。通过多种方式和渠道培育创新发展动力，塑造更多优势引领发展，努力做到人无我有、人有我强、人强我优。

经过多年改革创新发展，现在小岗村已经初步形成以现代农业为基础、农产品加工为核心，旅游、培训教育、农村电商并驾齐驱的三产融合发展格局。2021 年，小岗村民人均可支配收入达30500 元，村集体经济收入达到 1220 万元。村集体连续五年给村民分红累计超千万元。这片改革的热土、希望的田野，正焕发出高质量乡村振兴的勃勃生机。

## 2. 大湾村的"蝶变"术

大湾村地处金寨县中南部，位于国家级自然保护区马鬃岭脚下，是金寨县 71 个重点贫困村之一，总面积 25.6 平方公里，辖 37 个居民组 1032 户 3778 人。2014 年，该村建档立卡贫困人口 242户 707 人，贫困发生率高达 20.6%。2015 年脱贫攻坚战全面打响后，大湾村抓住新的历史机遇，发扬革命老区自强不息、勇于奉献精神，干部群众齐心协力，撸起袖子加油干，脱贫攻坚一年上一个台阶。2016 年 4 月 24 日，中共中央总书记习近平来到村里考察调研，与乡亲们共商脱贫攻坚大计，指示要采取稳定脱贫措施，建立长效扶贫机制，给大湾村干部群众以极大的鼓舞。经过几年的发展，曾经的脱贫攻坚"硬骨头"已华丽转变为增收致富的幸福乡村，成为全省脱贫攻坚最生动的案例。

由过去的三个偏远小村合并而成的大湾村交通闭塞，产业空白，缺乏增收支撑，群众思想保守，不易接受新生事物，"等、靠、要"思想严重；群众靠山吃山，里面的人"难出去"，外面的人"懒进来"，收入基本以外出务工为主，而且毫无发展产业意识，只能维持温饱；党组织软弱涣散，战斗力不强，班子年龄偏大，文化水平低，思想不解放，思路不清晰，带领群众致富能力不强；村集体经济空白，服务能力弱，群众意见大，干群关系不够和谐……作为平均海拔 800 米以上的典型高寒山区村，大湾村基本兼具了深度贫困地区的所有致贫因素，环境的恶劣、思想的保守、条件的落后，导致发展举步维艰，贫困发生率居高不下，2014 年被列为全县重点贫困村。

"老百姓住在低矮潮湿的土瓦房里，以砍柴卖树维持生计。全村没有一条像样的道路，晴天一身灰，雨天一脚泥，就连亲戚也不愿意来往走动。"基础设施建设严重滞后是大湾村贫困的主要因素之一，推进基础设施建设也成为大湾村脱贫的首要任务。

2014 年以来，大湾村对未通水泥路的居民组实行道路硬化全覆盖，对之前路面较窄的道路实施"扩面延伸"项目，修建了 5 座桥，铺成了全长 47 公里的水泥路；通过实施集中供水和高位引水工程，解决了全村饮用水问题；积极实施供电线路改造，确保组组通生活用电。

大湾村新貌

近年来，参观的游客越来越多，为了满足停车需求，村里修建了多处停车场；实施美丽乡村建设，开展三清四拆，拆除危旧房屋95户260间，对桥边街道实施沿街立面改造，开展"三线三边"整治，实施农村垃圾污水厕所"三大革命"，改厕525户；文体活动广场、路灯、绿化等配套设施建设同步跟进；对供电、电信、移动、联通等杆线进行全面整改；新建天然林1000亩，植树造林500亩，并安排生态护林员进行管护。

如今的大湾村，青山绿水环抱，白云山霭缭绕，幢幢小楼错落有致，美不胜收，游人络绎不绝。全村的交通路网布局合理，已实现了道路硬化全覆盖，自来水覆盖率达到100%，生活用电实现户户通；4G信号全覆盖，并在安徽省内率先开通5G信号；教育、卫生、文化、体育等公共服务能力全面提升。

六年来，大湾村牢记总书记嘱托，依托青山绿水和红色文化，因地制宜发展茶叶、旅游业等支柱产业，走出了一条"山上种茶、家中迎客、红绿结合"的特色发展道路。

茶产业是大湾村因地制宜发展的重要特色产业。依托茶叶资源优势，大湾村对1000亩老茶园进行改造提升，新建标准化茶叶基地1000亩，采取"龙头企业＋农户"的产业发展模式，引进市级龙头企业安徽蝠牌生态茶业股份有限公司，在茶叶深加工上做文章；通过提供茶园管理、茶叶采摘、炒制加工等就业岗位，实现户均年增收1000元。现在，全村公益性工作岗位增加到92个，具备条件的贫困户实现一户一岗、稳定就业，户均年增收6000元。

大湾村茶产业的发展，也带动了旅游业的发展，两者相辅相成，形成了良性循环。大湾村利用总书记考察大湾村座谈会会址、六安六区十四乡苏维埃政府旧址、追梦路上的大湾村展馆、汪氏宗祠等红色旅游资源，结合汪家大湾古民居、大王庙、大别山农耕民俗文化展览馆等民俗文化资源，以及大湾十里漂流、十二檀古树群、中国红岭公路、露营基地等林业生态资源，建立了由26栋房子构成的精品民宿群，发展了32户农家乐，形成大别山区独具特色的乡村旅游。2020年，大湾村游客接待量达35万人次，实现旅游经济效益3000余万元。现在，大湾村正以创建国家AAAA级旅游景区为抓手，继续打造漂流、民宿等旅游项目，带动老百姓增收。

产业振兴是乡村振兴的根本支撑，大湾村依靠产业、就业"两业"并进的发展思路，使脱贫工作取得了显著成效。目前，大湾村新建273.6千瓦光伏电站1座，年均发电量28万千瓦时，收益约28万元，108户贫困户入股光伏，年稳定收益3000元；建设1.2兆瓦光伏电站1座，板下种植灵芝，实现"农光互补"；与国家人社部合作，通过众筹方式，在大湾村定制有机茶园50.8亩，带动群众就近就业32人，户年均增收7000元；随着专业合作社、家庭农场的不断发展壮大，广大村民转变以往自种自养模式，壮大产业规模，解决了农户销售难问题。

乡村振兴少不了强有力的"领头雁"，"农村富不富，关键看支部；支部强不强，关键靠头羊"。脱贫攻坚全面开展以来，大湾村从强班子、带队伍着手，由县人大、县中医院、县农行三个单位派驻的扶贫工作队常驻在村，并选派了一名第一书记，与村"两委"带领群众合力攻坚，同时注重把优秀青年发展成党员，起用了两名群众基础好、能力强的后备村干部。凝聚力不断增强的村党组织，成为乡村振兴的坚强力量。

抓党建促脱贫，关键是服务。村党总支把服务群众工作放在首要位置，不断提升服务水平，多方争取资金新建 60 平方米的为民服务室，实行村干部集中办公，为群众提供社保、计生、建房、政策咨询等全方位服务，实现一道门办"多家事"。为进一步提振群众精神状态，大湾村积极发挥振风超市、红黑榜的激励作用，坚持物质脱贫与精神脱贫两手抓，2020 年全村 364 户群众参加评比，发放振风超市积分券 68760 分。大湾村通过脱贫攻坚工作的开展，锻炼了乡村干部，密切了干群关系，激发了群众内生动力。扶贫工作队利用自身优势，协调争取社会各方资金 150.32 万元，在集体经济发展、贫困户安全住房建设、人居环境提升等方面给予了大力支持。帮扶干部坚持定期走访，每月入户帮扶不少于一次，宣传、帮助落实各项扶贫政策，群众满意度不断提升。

通过领导干部联系结对、选派第一书记、建立"一村一策"等形式进行帮扶整顿，采取健全党员教育管理制度、发展壮大党员队伍、增加集体经济收入等措施，解决了多年积累的突出问题。目前，全村 54% 的党员与半数以上贫困户帮扶结对，带动 79 户贫困户脱贫，曾经"支部讲话无人听、党员创业无人跟"的局面根本改变。

在扶贫工作队和村"两委"的带领下，大湾村不仅大力推进基础设施建设、发展茶产业及旅游业，还积极开展易地扶贫搬迁、健康扶贫、教育扶贫、兜底扶贫等工作。

大湾村紧紧围绕"两不愁三保障"标准，认真落实好每一项政策，让群众无后顾之忧。在健康脱贫上，为所有贫困户缴纳了城乡居民基本医疗保险，投资 110 万元新建卫生室和卫生站各 1 所，选聘了 4 名村医；实行家庭医生签约及慢性病病人送药上门服务，确保让每位病人得到优质服务。在教育脱贫方面，投资 60 万元对原村小学实行全面改造，投资 248 万元新建村幼儿园 1 所，落实好各类教育资助、"雨露计划"、助学贷款等教育脱贫政策，保证了每名学生都有学上，能上好学。

自脱贫攻坚工作开展以来，大湾村获得财政扶贫资金、整合涉农资金、信贷资金等共计 5227 万元，用于产业扶贫、就业扶贫、危房改造、保障扶贫、健康扶贫、教育扶贫、村庄整治、生态保护、基础设施等。安全饮水受益人数 3778 人，其中贫困人口 707 人；村庄整治受益人数 2120 人，其中贫困人口 289 人；易地搬迁受益人数 455 人，其中贫困人口 208 人；危房改造受益人数 554 人，其中贫困人口 492 人；产业扶贫受益人数 1352 人，其中贫困人口 461 人；就业扶贫受益人数 301 人，其中贫困人口 196 人；健康扶贫受益人数 3778 人，其中贫困人口 707 人；教育扶贫受益人数 632 人，其中贫困人口 125 人；生态保护受益人数 3300 人，其中贫困人口 551 人；社会保障扶贫受益人数 252 人，其中贫困人口 202 人。

"咬定青山不放松，立根原在破岩中。"如今的大湾村，处处涌动着发展的活力，处处充满着欢声和笑语；曾经的贫困户变成了富裕户，曾经的慵懒人变成了带头人。通过近几年的不懈努力，大湾村于 2018 年实现"村出列"，建档立卡的贫困人口数从 2014 年的 242 户 707 人到 2020 年年底全部脱贫清零，贫困发生率从 20.6% 下降至 0。村集体经济收入从 2014 年的空白提高到 2020 年的 143 万元。村民收入大幅增加，现在外出就业人口 1263 人，人均年收入达 14450 元，超过全乡人均年收入的 13120 元。大湾村也获得了"中国特色村""全国乡村旅游重点村""中国美丽休闲乡村""国家 AAA 级旅游景区"等 15 项荣誉称号。现在的大湾村，不是脱贫攻坚的盆景，而是改革发展的风景，代表了大别山革命老区一代又一代的红色基因传承人向着幸福生活奋力拼搏、奋力书写美好未来的全景！

### 3. 岳西县的脱贫样板

岳西县是安徽省唯一集革命老区、贫困地区、纯山区、生态示范区、生态功能区"五区"于一体的县，2012 年被列为国家连片特困地区大别山片区县及国家扶贫开发工作重点县，2014 年建档立卡贫困户 36367 户 110473 人，贫困村 65 个，贫困发生率 30.5%。岳西县通过创新扶贫方式，精准聚焦拔掉穷根，脱贫经验与井冈山、兰考一起在全国首推，成功入选全国 20 个贫困县脱贫摘帽典型案例县，铸就脱贫"岳西样板"。

自脱贫攻坚战打响以来，岳西县尽锐出战、全力攻坚，成就卓越，通过创新扶贫方式方法，率先脱贫摘帽，铸就"岳西样板"。

一是创新抓党建促脱贫攻坚。全县选派 9 名副县级干部担任未出列贫困村驻村扶贫工作队队长，24 个乡镇全部选派脱贫攻坚专职副书记，182 个行政村全部派驻扶贫工作队队长。县、乡、村 8768 名干部结对帮扶贫困户，实现全覆盖。安徽省委组织部发文推介岳西农村基层党建工作"22 条经验"，选派县干部到村任"脱贫攻坚专职书记（主任）"被中组部《组工信息》刊载。2017 年，岳西"抓党建促脱贫"工作在中组部专题研讨班上交流讨论。

二是创新推进"志智双扶"。全县强化新教育、新民风、新机制"三新扶志"，开展全国新时代文明实践中心和全市市域社会治理"两项试点"，传承红色基因。截至 2020 年年底，岳西县累计举办扶贫和振兴夜校 6500 多期，参学群众 14 万多人，着力引导农村贫困群众知晓扶贫政策、掌握生产技术、树立脱贫信心、找准脱贫路子；大力推进移风易俗，制定乡规民约，减少人情负担，弘扬慈孝文化；移风易俗工作在全省交流推广。

三是创新实施"四点合一"易地扶贫搬迁。全县实行县城、开发园区、乡镇政府驻地、中心村安置等四种安置方式，根据搬迁户意愿，形成县、乡、村"三级梯度"搬迁安置模式，共搬迁2145户6832人；采取"易地扶贫搬迁＋种植养殖、就近务工、城镇就业、农家乐"等多种模式，"一户一策"量身定制脱贫方案，打造了一批产业发展增长点、乡村旅游风景点、集体经济发展点、美丽乡村建设示范点"四点合一"的易地扶贫搬迁示范点，其做法列入《中国的易地扶贫搬迁政策》白皮书。2020年11月，岳西县入选全国"十三五"时期易地扶贫搬迁工作成效明显县。

四是创新生态扶贫。岳西县在全省率先建立县级地表水生态补偿和县城集中式饮用水水源地生态补偿制度，公益林面积133.93万亩，覆盖全县24个乡镇，开发生态公益林护林员等公益性岗位1142个，创成全国生态文明建设示范县和"两山"理论实践创新基地，入选全国生态综合补偿试点；用好证监会IPO"绿色通道"，美博、玉禾田、回音必等6家成长性强的优质企业将总部落户岳西，其中玉禾田公司吸收553名贫困人口就业。

五是创新推进"两非"均衡发展。全县统筹推进贫困村和非贫困村水、电、路、网、房等五大基础设施和八大基本公共服务建设。实施道路畅通工程中非贫困村占比在70%以上，省级美丽乡村中非贫困村占比三分之二；支持全部非贫困村安装集体光伏电站，每年增加收入10万元以上；县政府通过农发行5亿元产业发展批发贷款，对非贫困户发展特色产业和农家乐、民宿旅游等给予奖补。县财政出资给非贫困户购买大病保险，实行"1579"再补偿；动员社会力量建立助学基金和慈善资金，对非贫困户的困难家庭子女上高中、大学给予资助；县财政与国元保险公司合作，整合退宅还耕新增土地交易收益，对非贫困户危房改造每户补助 1 万 ~2 万元。

六是创新"六步工作法"。全县推行千名干部下基层，坚持三分之二的人员、三分之二的时间、三分之二的精力用于脱贫攻坚，从县直单位抽调近 1500 名干部职工，按照"一村一专班"驻村开展脱贫攻坚工作；创立认真学、户户到、事事清、问题解、不过夜、回头看"六步工作法"，在省内外一些市、县推广应用，中办调研室、国务院扶贫办专题赴岳西开展调研。《安徽岳西："六项坚持"探索扶贫工作机制》荣获 2019 年"大国攻坚·聚力扶贫——第二届中国优秀扶贫案例扶志与扶智项目奖"。

通过几年的砥砺奋进，岳西县也发生了翻天覆地的变化。全县绝对贫困彻底消除，"两不愁三保障"及饮用水安全问题全面解决，65 个贫困村全部出列，贫困人口全部脱贫。全县农村居民人均可支配收入从 2013 年的 5710 元提高到 2020 年的 13930 元，年

岳西石佛寺高山有机茶生产基地

均增长 13.54%。全县培育专业合作社和种养大户 3544 个,发展茶桑菜等特色主导产业 40.54 万亩,特色产业收入占贫困户收入 53%以上。2020 年,县贫困村村均集体经济收入 73.83 万元。全县实现村级公路通达率、通畅率均为 100%,组级道路硬化率 98%;解决农村饮用水安全问题,配套完善集镇供水设施;推进义务教育均衡发展,全县适龄儿童少年辍学率为零,残儿入学安置率 100%;卫生室及合格村医村级全覆盖,城镇居民基本医疗保险参保率 100%。城乡公共文化、广播影视服务体系基本完善。

2018 年,岳西县高质量通过国家第三方评估验收,实现全省率先脱贫摘帽,2020 年高质量通过国家脱贫攻坚普查。中共岳西县委也荣获了"全国脱贫攻坚先进集体"称号。

## 4. 谯城区的为民服务全程代理制

在"大包干"解决了农民的温饱、农村税费改革减轻了农民负担之后,农民办事难成为农村的热点问题。从 2005 年 7 月起,安徽在全省选择 18 个县以深化乡镇机构改革为切入口,以为民服务为核心,进行农村综合改革的试点,并在全省推行了为民服务全程代理制(指基层政府以无偿的形式,通过行政系统内部协调运作,依法为群众提供行政审批、行政许可和公共服务等代理、代办活动的工作机制)。2007 年,亳州市谯城区以解决群众"办事难"为突破口,在借鉴外地经验的基础上,因地制宜,开拓创新,探索建立了"设施齐全、功能完善、制度规范、服务高效"的三级为民服务全程代理体系,实现了服务项目明细化、代理流程规范化、全程监控智能化,项目全覆盖,服务无盲区,成为深化农村改革、转变政府职能、创新农村基层社会治理的突破点。

  谯城区在实施为民服务全程代理工作的过程中，着力转变职能、理顺关系、优化结构、提高效能，创建了一套独具特色的"谯城模式"，变"干部动嘴、群众跑腿"为"群众动嘴、干部跑腿"，不仅为群众提供了方便，而且减少了群众花费，提高了办事效率，做到服务人民群众"零距离"。

  一是全面梳理服务项目。职能部门对行政审批、许可和备案事项进行科学梳理分类，通过梳理、公布、再梳理、再公布，实现服务项目的全覆盖，所有与群众生产、生活相关的 211 个项目全部纳入为民服务全程代理范围。在梳理过程中取消了 4 个过时的审批项目，将 26 个项目审批权限下放一级。在开展过程中又把婚姻登记、就业服务卡等 3 个项目办理权限由区级下放到乡镇，把群众需求最迫切、办理难度较大的户籍补登、姓名变更等 5 个户籍管理项目纳入为民服务全程代理范围。为了便于操作管理，将所有项目分为两大类别：全程代理类共 113 项，不需要申办人亲自到场，在区里就能够审批或办结。村级代理为一级代理，实行即到即办；镇乡、街道能够办结的为二级代理，一般不超过 19 个工作日；区级部门办结的为三级代理，一般不超过 28 个工作日。咨询服务类共 98 项，由各级代理员帮助联系办理或部分代理。其中，必须由申办人亲自到场的有 64 项，审批权限在市级的有 26 项，审批权限在省的有 8 项。

  二是建立代理服务网络。谯城区建立了区、乡、村三级上下贯通的代理网络。区成立了常设机构为民服务全程代理中心，定编定岗；乡（镇、街道）在党政办公室设立为民服务全程代理室，明确 3~4 人为代理员，轮流值班；村在村委会设立为民服务全程代理接收点，所有村干部为兼职代理员；计生、公安、民政、劳动和社会保障等 34 个与群众生产生活关系密切、具有行政审批职能的区直部门和乡（镇、街道）各职能部门均成立了为民服务全程代理受理室。区、镇（乡、街道办事处）、村三级代理服务网络相互之间分工明确、衔接有序，形成了受理、承办、回复各个环节运转有序而便捷高效的封闭办事系统。镇乡、村两级都确定专人，每周按规定的时间到上一级代理机构报送一次材料，既保证规范运转，又最大限度地降低了行政成本。同时，将为民服务全程代理制作为"一把手工程"，作为干部考核的主要内容。

三是规范操作流程。通过合理的制度安排和科学周密的流程再造，促使各级各部门的工作实现制度化、规范化、科学化。坚持细化、量化原则，结合工作实际，着力统一标准，进一步明确、完善了各类事项办理程序步骤，制定了"四件四制"：即办件直接办理制、承诺件限期办理制、上报件全程代理制、退回件明确答复制，在服务上实行首问负责、服务承诺、定期回访和责任追究等制度。本着"易用、实用"的原则，该区开发了一套网上智能监控软件，实现了村社区接收点、镇乡街道代理室、区代理中心、职能部门受理室联网办公。村（社区、居委会）将代理和服务项目的相关信息输入电脑，就与申办材料和跟踪卡同步进入了办理流程，每个代理和受理环节"谁办理，谁签字"，实现了跟踪卡、登记本、网络办公和办理流程"四同步"。网络系统对转办事项和超时办理项目自动生成短消息进行办理提示或超时催办，并可自动生成综合报表，既节省人力财力，又避免了统计报表的水分。区全程代理中心可对全区代理工作进行网上全过程监控，随时查询、督办各单位的代理工作。开通为民服务全程代理网站，便于域内用户发布信息、域外单位或个人了解查询相关情况，进行网上咨询、网上投诉。网络办公系统初步实现了代理流程规范化、统计分析科学化、综合查询便捷化、监督管理智能化，提高了服务质量和运转效率，促进了全区信息化建设水平。

四是形成长效机制。谯城区以建立完善长效工作机制为着力点，编印了《学习问答》《"代理员行为规范"大讨论活动学习读本》，制定了考核奖惩办法，要求代理员不断强化为民服务的宗旨理念。建立公开规范的服务制度，对服务范围内的事项全部公开。建立统一的登记簿和承办单，对受理申请做到件件有记录、事事有答复。要求各级受理室要有专职的受理员和兼职受理员，严格实行AB岗制度，保证群众办事能找到人，同时制定为民服务全程代理实施规程，切实抓好受理、承办、回复三个环节。明确受理中心或受理室人员职责、全程代理人职责，制定全程代理工作人员手册，制定首问负责制、责任追究制、全程代理人回访制度、代理投诉监督管理办法等。区领导小组定期派出五个督查组，采取明察暗访、观摩督查等形式，对便民服务全程代理制落实情况进行监督检查，发现问题及时处理，定期考核兑现，及时总结反馈。

为让广大干部、群众深入了解全程代理制度，谯城区还开展了全方位、立体式、长时间的宣传活动。采取通俗易懂的语言和喜闻乐见的形式，进村入户宣传为民服务全程代理的意义和内容。为了让群众能方便地了解为民服务全程代理的服务事项和内容，统一印制了4万本《为民服务全程代理服务手册》，发至村民代表；印制了40万张带有服务项目的贺年画，发至每家每户；制作了《为民服务全程代理30问》动漫解说片，使群众能够直观地了解代理事项和程序；开通了"114"便民热线，群众通过电话就可以查询为民服务全程代理的信息。广泛宣传使全程代理工作家喻户晓、人人皆知，营造出了上下联动、全民参与的良好氛围。

谯城区为民服务全程代理制的实施，取得了实实在在的成效，达到了"群众得实惠、干部受欢迎"的双赢效果，推进了基层政府职能转变。通过扩大公开，把各项事务的办理置于社会各方的监督之下，强化了基层干部依法行政意识，增强了群众依法办事的积极性，减少了权力寻租空间。把基层政府和干部为民服务的内容和方式细化、量化、具体化和规范化，促进了各项惠农政策的落实，同时又使农民群众的利益诉求能够通过正当、规范的渠道进入政府的决策，从而固化了政令畅通和下情上传的通道，促进了党的政策与农民利益的有效对接，激活了广大农民的主动性和创造性，激发了农村社会活力。"谯城模式"为创新乡村治理，推动农村社会向民主、法治转型，基层政府和基层组织向法治型、服务型转型作出了有益探索和生动实践。

## 5. 天长市的"医共体"经验

安徽 2003 年试行"新农合"，2009 年启动基层医改，2015 年启动深化医改综合试点省工作，天长市每一次都充当"探路者"。2003 年 6 月，作为新农合第一批试点县，天长市率先启动新农合试点工作；2012 年 10 月，天长市被列为国家首批县级公立医院综合改革试点县；2016 年 3 月，天长市又被列为全国县级公立医院综合改革示范县。作为医改先锋，天长市牢牢抓住管理体制、运行机制、医保支付制度、县域医疗服务共同体等重点领域和关键环节的改革，确立了"以县级医院为龙头，上联三甲，下联乡村，组建医共体，造福天长人"的改革思路，大胆实践，初步构建了符合农村实际的分级诊疗模式。着重加强基层医疗服务能力提升，打造成熟医共体模式；完善家庭医生签约服务，在全省率先实行县级公立医院和基层医疗卫生机构编制周转池制度；推进医保管理体制改革试点，组建"一委一办一局一中心"。天长医改工作受到国家相关领导人肯定批示，并亲临天长市视察调研。天长市多次在全国会议上作交流发言，被国务院表彰为推进公立医院综合改革成效较为明显的县（市）。

2009年安徽启动新一轮医改以来，天长市就担任了"排头兵"角色，紧紧围绕"三个突出"，积极探索基层医药卫生体制综合改革的路径。在基层医疗机构管理上，突出具体方案的可操作性，突出群众就医的便捷性，突出岗位设置的群众参与性，严格按"每个乡镇设置一所政府举办的卫生院"的改革要求，对全市原有的基层卫生医疗机构进行整合；采取竞聘上岗的方式减少基层医疗卫生机构的工作人员，对裁减人员进行了妥善的分流安置，市财政增加预算用于保障基层医疗机构的正常运转。在人员分流安置上，天长市基层医改力求"三个保障"，即保障分流安置政策执行到位，保障分流人员思想工作做到位，保障分流人员重新就业落实到位；采取"一人一档"的办法，对照政策，逐人拟定分流办法和途径，逐人测算补助标准，落实包保责任制，尽可能让走者愉快。在绩效考核上，天长市采取"三个结合"：一是经费保障上采取财政兜底与财政包干相结合。实行基层医疗单位经费包干政策，"超支不补、超收不上缴"，鼓励基层医疗单位通过提升服务质量、开拓服务领域、增加服务数量来增加收入。二是基层医疗机构考核上采取市考核与卫生部门考核相结合。采取千分制，每半年考核一次，考核结果作为兑现政府补助、院长任命与续聘的重要依据。三是基层医务人员考核上采取基层医疗机构考核与群众评议相结合，合理拉开档次，有效调动了基层医务人员的积极性。天长市基层医改为全省乃至全国医改闯出了一条新路子，提供了值得借鉴的宝贵经验。

2012年10月，天长市人民医院以破除以药补医为切入点，率先试点县级公立医院改革，建立运行新机制。取消药品加成，将药品减少的加成收入全部让利于民，降低大型设备检查价格，由此减少的收入通过增加政府投入、调整医疗服务价格予以补偿，其中通过价格调整补偿75%，省级财政补助25%，离退休人员等费用由市财政负担；同时落实自主权，天长市公立医院管理委员会明确，医院具有人事管理、内部机构设置、副职推荐、中层干部聘任、收入分配、年度预算执行等权利；实施相应的激励约束政策，完善以医疗质量和服务数量为核心的服务绩效考核制度，收入分配向一线、高风险、贡献大的岗位倾斜，增加住院次均费用、病床周转率、药占比及执行国家价格政策等专项考核指标，更好体现多劳多得、优劳优得的改革精神，调动医务人员积极性。改革后，一线医务人员收入明显高出平均水平，医务人员收入和人员经费支出占比比医改前显著提升。

2014年，天长市人民医院被确定为全省首批临床路径管理示范医院，通过开展临床路径和按病种付费改革，遏制了滥用药、过度检查，规范了医疗行为，医疗费用有所下降。2015年，天长市被确定为省级县域医联体试点后，天长市人民医院与21个乡镇卫生院及所辖村卫生室建立医联体，以县域医联体试点为抓手推进分级诊疗，提升县域医疗服务效率。同时，天长市人民医院与周边三甲医院建立长期协作关系，不断提升医院学科水平和服务能力。

2016年4月，国务院办公厅印发《深化医药卫生体制改革2016年重点工作任务》，明确选择天长市作为全国县级公立医院综合改革四个示范县之一，天长市开始了以"小病不出乡、大病不出县、看病很方便"为目标的医改。天长市大胆实践，由原来县级公立医院改革"升级"为县域内医疗改革，通过组建县域医疗服务共同体，初步构建了符合农村实际的"基层首诊、双向转诊、急慢分治、上下联动"分级诊疗模式，闯出了一条医改新路，形成县域内新型医疗卫生服务新体系。

2016年12月21日《人民日报》题为《大小医院，一个碗里吃饭》的文章指出：作为县级公立医院综合改革试点，安徽天长推出系列举措，把病人留在县里，组建三个县级医共体，牵头医院对人、财、物统一管理；大医院为小医院提供设备、技术、专家支撑，改变基层"上转多于下转"情况；在全省率先探索实行城镇居民医保、新农合、城镇职工医疗保险"三保合一"；实行药品零差

2019年5月7日《人民日报》聚焦安徽天长推进县域医共体建设

率。种种举措，使各项指标有了变化，住院次均费用减少 10.2%，平均住院日从 10.8 天降至 8.6 天，药占比降至 28.7%，医务性收入占到 60%，医共体内就诊率达到 92.6%。

2016 年 12 月 22 日，全国县级公立医院综合改革现场会在安徽省天长市召开，这是 2009 年启动新一轮医改以来国家层面召开的医改第三次现场会。天长的医改成果，也得到世界银行行长、国家卫计委相关负责人以及专家们的点赞。大家一致认为，天长医改的最大特色是改变过去市、镇、村医疗机构各自为政、争夺病人的竞争关系，组建起县域医共体，让资源真正活起来，大小医院一个碗里吃饭。作为医改先锋的安徽省，大刀阔斧的改革举措一直备受关注，而天长作为国家首批县级公立医院综合改革试点县，在很多方面更是屡屡"单兵突破"。天长医改首先打破了医务人员薪酬的天花板，还创新实行编制备案制管理，核定两家公立医院的人员编制总量，允许医院自主招聘备案制人员，破解人才不足难题。医保支付制度改革也是天长市医改的破冰点。医保基金打包预付后的结余部分归医共体单位按比例分配的模式，将新农合基金从"医院收入"变为"医院成本"，倒逼医共体内各医疗机构主动控制不合理医疗费用，降低外转患者，努力减少居民患病，自觉地从以治病为中心转向以维护健康为中心。

同时，加强基层医疗机构建设，帮助镇村医疗机构提高服务能力，大力开展家庭医生签约服务，对签约群众提供定期随访、体检、健康指导等个性化服务。

通过医改，让医院、患者和医保实现多方共赢，天长市做到了这一点。"天长模式"得到国务院领导和安徽省委、省政府的肯定，2016 年、2017 年、2018 年连续三次被国务院表彰为推进公立医院综合改革成效较为明显的县（市）。天长市医改的成功做法正在逐步推广覆盖到全省，充分发挥了典型经验对全局改革的示范、带动作用，把"盆景"变成了"风景"。

## 6. 薛家洼的生态示范

薛家洼生态园地处长江岸边，曾面临十分突出的生态环境问题，经过综合整治，已成为百姓亲江亲水亲绿的生态岸线和城市生态客厅。从几年前非法码头、"散乱污"企业林立，变为鸟语花香、树木成荫，从臭气熏天、污水横流到一江碧水向东流，从"市民不愿前往之地"到"网红打卡点"。凭借这样的生态蝶变，薛家洼闻名于长江两岸。

位于长江安徽马鞍山段岸边的薛家洼曾是一个美丽的小渔村。20世纪90年代起，随着当地乡镇企业不断上马，以及渔民的过度捕捞，薛家洼逐渐被垃圾和污水包围，蓝天碧水不再，鱼虾水禽难觅，生态环境问题非常突出。

薛家洼地区是长江主航道由江心洲西岸转向小黄洲东岸的转折点，是马鞍山市花山区、雨山区两个行政区的交界处，也是沿江生态区、港区、马钢工业区"三区合一"的交会点。在这片986亩的区域里，曾有散乱污企业7家、非法码头3处、固废堆场1处，此外还有2个规模化畜禽养殖场、大量危旧民居和停靠渔民作业船以及住家船，是我国长江沿岸一处突出环境问题叠加的典型区域。

2016年，随着"共抓大保护、不搞大开发"新发展思路的深入实践，马鞍山市对薛家洼附近的沿江岸线展开全面治理。马鞍山市坚持"以人为本，综合治理"的方针，将整改建设与回应市民关切、打造美丽长江经济带、推动滨江地区产业转型升级结合起来，聘请专业机构编制了综合整治规划。整治区域总长 23 公里，沿江纵深 1~2 公里，总面积 30 平方公里，其中绿地面积 1.5 万亩，规划布局为"一轴、五区"。一方面，集中开展整治，拆除全部非法码头、散乱污企业、固废堆场、畜禽养殖场、危旧民居，完成 5600 余艘渔船的拆解和 2984 户渔户的退转产；另一方面，推进生态修复，实施岸线复绿增绿、滩涂湿地涵养保护等工程。此外，完善基础设施，建设薛家洼生态游园，配套观江平台、沿江游道等设施。通过这一系列的集中整治和生态修复，不仅鱼和鸟回来了，就连数十年不见的江豚也重现身影。

为建立常态长效监管机制，2019 年以来，马鞍山市贯彻习近平总书记关于长江"十年禁渔"的重要精神，聚焦捕捞、运输、销售、餐饮四个环节，集中攻坚，加大暗访和联合执法力度，做到"查办一起、震慑一片"的效果，于 2019 年 7 月底率先全面完成长江禁捕退捕任务。同时，为了让渔民平稳转产上岸，马鞍山市加大了政策帮扶力度，保证上岸渔民有房住、有工作、有社保、有学

薛家洼

上。为切实做到这四点，马鞍山市还举办了渔民转产就业专场招聘会。转产后，有的渔民在周边企业上班，有的从事水产养殖，有的乔迁新居，基本生活都得到了保障。

2020年8月19日上午，习近平总书记来到薛家洼生态园，察看长江水情水势和岸线生态环境，了解岸线整治和渔民退捕工作落实情况，并强调要爱护长江、保护长江，早日重现"一江碧水向东流"的胜景。现在的薛家洼"一轴、五区"空间布局已经初步形成，有效解决了"滨江不见江，临水不亲水"的问题。长江马鞍山段"生态优先、绿色发展"格局逐步显现，薛家洼生态园已成为马鞍山市市民运动、观光、休闲的好去处。

薛家洼的巨变，只是八百里长江安徽段的缩影。沿着长江溯流而上，从马鞍山、芜湖、铜陵、池州到安庆，沿江岸线正发生着翻天覆地的变化，曾经的一个个生态伤疤逐渐修复痊愈，蝶变为生态花园。

# 五、全面建成小康社会的经验做法

　　全面建成小康社会，实现了第一个百年奋斗目标，迈出了中华民族伟大复兴的关键一步。这是中华民族的伟大光荣！这是中国人民的伟大光荣！这是中国共产党的伟大光荣！安徽全面建成小康社会，是安徽经济社会发展的重要里程碑，是安徽文明史上的伟大壮举。七十多年来，安徽人民解放思想、实事求是，改革创新、敢为人先，创造了许多成功经验，留下了宝贵的精神财富，为我们奋进新征程、建功新时代提供了不竭动力。

## （一）坚持党的全面领导

　　习近平总书记指出："中国特色社会主义最本质的特征是中国共产党领导，中国特色社会主义制度的最大优势是中国共产党领导。"回望来路，无论是创造经济快速发展和社会长期稳定奇迹，还是解决千百年来困扰中华民族的绝对贫困问题，全面建成小康社会，根本在于始终坚持党的全面领导。安徽坚持党对一切工作的领导，自觉在思想上、政治上、行动上同党中央保持高度一致，切实把党中央的重大决策部署落到实处，充分发挥党总揽全局、协调各方的领导核心作用，为坚决夺取全面建成小康社会伟大胜利提供了坚强保证。

安徽历届省委自觉把党的领导贯穿于全面建成小康社会的全过程。党中央有部署，安徽见行动，确保党的路线方针政策在安徽得到有效贯彻落实。新中国成立后，安徽省委团结带领全省人民创造了社会主义革命和建设的伟大成就，建立了崭新的社会主义制度，实现了安徽有史以来最为广泛而深刻的社会变革。在旧中国的废墟上治理淮河，发展工农业生产，重建家园，建成了国家重要的能源基地、商品粮基地，彻底改变了一穷二白的面貌，为在新的历史时期全面建设小康社会提供了宝贵经验、理论准备、物质基础。党的十一届三中全会作出实行改革开放的历史性决策，以万里为第一书记的安徽省委大力支持肥西"包产到户"和凤阳"大包干"改革，使安徽成为新时期中国农村改革的发源地。进入新世纪，安徽省委响应党中央关于减轻农民负担、促进农村经济持续健康发展的号召，解放思想、锐意进取，推进以税费改革为重点的农村改革，进一步解放和发展了农村生产力，续写农业发展新篇章；省委落实党中央全面建设小康社会的战略部署，于2003年12月作出实施"861"行动计划的重大决策，建成了一批事关全局的重大项目，一批千亿元级主导产业异军突起，成为支撑经济强省建设的强壮"脊梁"，为全面建成小康社会打下坚实基础；安徽紧紧抓住中部崛起等重要国家战略机遇，相继作出"加快发展、富民强省""抢抓机遇、乘势而上、奋力崛起""打造'三个强省'，建设美好安徽"的战略决策，实现了安徽人民生活从温饱不足到总体小康、奔向全面小康的历史性跨越，谱写了改革开放和社会主义现代化建设的崭新篇章。党的十八大以来，安徽省委坚持以习近平新时代中国特色社会主义思想为指导，深入贯彻党的十八大、十九大精神特别是习近平总书记两次考察安徽重要讲话指示精神，统筹推进"五位一体"总体布局，协调推进"四个全面"战略布局，立足新发展阶段、贯彻新发展理念、构建新发展格局、推动高质量发展，带领全省人民自信自强、守正创新，创造了中国特色社会主义新时代的伟大成就。安徽发挥长三角一体化、"一带一路"、长江经济带发展、促进中部地区加快崛起等国家战略叠加覆盖的优势，深入推进五大发展行动计划，着力打造具有影响力的新兴产业聚集地、科技创新策源地、改革开放新高地和经济社会发展全面绿色转型区，各项事业取得历史性成就、发生历史性变革，打赢脱贫攻坚战，实现了全面建成小康社会目标。

安徽坚持党的全面领导不动摇，把党的领导贯穿到各领域各方面各环节。强化党的组织在同级组织中的领导地位，完善国有企业、农村、机关、高校、科研院所、街道社区等各领域党组织工作制度，加强和改进非公有制经济组织、社会组织和互联网组织等党建工作，凝聚各方力量，高效整合资源，实现党的组织和党的工作全覆盖，确保党在全面建成小康社会征程中始终成为坚强的领导核心，确保全面建成小康社会历史进程始终保持正确政治方向。

安徽省委坚持加强基层党组织的领导力量，充分发挥基层党组织的战斗堡垒作用，为全面建成小康社会提供了坚强组织保证。2001年以来，安徽着眼打赢脱贫攻坚这场硬仗，按照"加强组织、发展经济、富裕农民、维护稳定、锻炼干部，促进农村全面进步"的要求，连续二十年先后选派七批干部到贫困村、难点村、后进村、软弱涣散村和建档立卡贫困村任职，配强基层党组织"领头雁"。自 2017 年 4 月起，安徽省委又在全省 3000 个建档立卡贫困村"第一书记"和驻村扶贫工作队全覆盖基础上，向未出列的 1923 个贫困村各增派一支不少于 3 人的帮扶工作队，"第一书记"由县处级干部担任，注重把干部专长、帮扶单位优势与贫困村实际需求相结合。"第一书记"认真履行职责使命，着力抓班子强组织、谋发展促脱贫、打基础惠民生，有力推动如期完成脱贫攻坚任务，极大改变了农村的贫困面貌。此外，安徽还通过实施"大学生村官"计划、党政干部"选才、育才"工程和新农村建设干部"生力军"工程，持续不断地为新农村建设输送大批人才。同时，创新基层党建工作机制，着力建设服务型基层党组织。安徽创新实施的为民服务全程代理成为深受农民欢迎的"民心工程"；为把农村党员干部培养成发展能手，把发展能手培养成党员干部，带头致富，带领群众共同致富，安徽从 2002 年开始，实施"双培双带"先锋工程。党的十八大以来，安徽进一步加大对"双培双带"基地的政策、资金、项目、人才等的扶持力度，力争使农村党员普遍掌握致富技术、人人成为致富能手，让广大人民群众从改革发展中获得实实在在的利益。

## （二）坚持以人民为中心

党的根基在人民、血脉在人民、力量在人民，人民是党执政兴国的最大底气。七十多年来，不论国内国际形势如何变化，不管顺境还是逆境，党始终把人民放在心中最高位置，从来没有改变过、动摇过、迟疑过；党始终代表最广大人民根本利益，与人民休戚与共、生死相依。党的十八大以来，安徽始终坚持以人民为中心，做到发展为了人民、发展依靠人民、发展成果由人民共享，积极回应人民群众关切，把实现人民群众对美好生活向往和人的自由全面发展作为最高价值目标，让改革发展的成果充分惠及全体安徽人民。

安徽重视发挥人民主体作用，充分尊重人民的首创精神。新中国成立后，省委调动全体人民自力更生、建设美好家园的巨大政治热情，励精图治、艰苦创业，开展社会主义革命和建设，恢复和发展国民经济，改善人民生活，依靠全省人民的共同奋斗，改变了一穷二白的面貌。改革开放和社会主义现代化建设新时期，安徽省委注重调动人民群众参与改革的积极性和创造性，鼓励支持勤劳淳朴的江淮儿女大力弘扬敢为人先的改革创新精神，解放思想、实事求是，大胆地试、勇敢地改，努力把政府合理引导、积极推动与充分发挥群众改革创新的自主性、能动性有机结合起来。一系列影响面大的改革措施的推出，多是以基层人民群众创造的具体经验和做法为基础和依据的。1978 年冬天，凤阳县小岗村的 18 户农民秘密聚集，按下"十八颗红手印"，开始了"大包干"，省委大力支持，热情保护，推动了以"大包干"为主要形式的家庭联产承包责任制从全省走向全国。习近平总书记称赞小岗村当年的创举是中国改革开放的一声惊雷，成为中国改革的一个标志。在民营经济初期发展中，安徽芜湖由年广九创办和经营的"傻子瓜子"曾因其雇工问题引发了一场全国性的"雇工风波"。"傻子瓜子"被推到风口浪尖，成为全国民营经济发展的风向标。安徽省委保护了年广九的企业，表明了支持民营经济发展的鲜明态度，最终得到邓小平的肯定，为传统经济体制之外的新生力量创造了珍贵的生存空间。20 世纪 80

年代，前店后坊式的"安庆之窗"以食品为主、以多种经营为主和以技术协作为主，开展横向联合三种形式，安徽予以大力支持，使其形成跨地区、跨行业、跨所有制的经济联合体，并在全国21个省、市、自治区开设了63个"窗口"，被业界誉为"窗口经济"。

安徽始终把实现好、维护好、发展好最广大人民的根本利益作为出发点、落脚点。老百姓关心什么、期盼什么，就抓住什么、推进什么，着力实施群众迫切期待的重大民生工程和惠民政策，解决群众迫切需要解决的重点和难点问题。党的十八大以来，面对人民群众日益增长的美好生活需要，安徽以习近平总书记"要让人民群众得到看得见、摸得着、感受得到的获得感"的重要指示为引领，把增进人民福祉作为发展的根本目的，践行五大发展理念，部署开展"共享发展行动"，聚焦广大人民群众最关心、最直接、最现实的利益问题，全面推进民生领域重大改革。比如，以办好公平优质教育为目标，从学前教育到高等教育阶段全程发力，特别是持续提高普惠性幼儿园覆盖率，加快消除城镇义务教育学校大班额，实现县域义务教育基本均衡发展全覆盖；加快推进健康安徽建设，率先推进城市公立医院综合改革，加快县域医共体全覆盖，建设紧密型城市医联体，完善分级诊疗制度，统一城乡居民基本医疗保障待遇。着力补齐民生短板，不断织密织牢民生和社会保障网，扎实增进人民群众获得感、幸福感、安全感。

安徽认真践行"小康路上一个都不能掉队"的庄严承诺，团结带领全省人民以贫困不除愧对历史的责任担当、不获全胜绝不收兵的坚定意志，举全省之力攻克了一个又一个贫中之贫坚中之坚，历史性解决绝对贫困问题，确保贫困群众和全省人民一道迈进小康。省、市、县、乡、村五级党委书记带头抓扶贫，坚持单位包村、干部包户，层层签订责任书、立下军令状，一村一策、一户一策，让贫困群众不愁吃、不愁穿，义务教育、基本医疗和住房安全有保障。2020年，安徽省委、省政府向党中央、国务院签订的脱贫责任书目标任务全面完成，484万贫困人口全部脱贫，实现"两不愁三保障"；县域义务教育基本均衡提前三年全覆盖，贫困家庭子女义务教育阶段辍学问题动态清零，贫困人口全面纳入"三保障一兜底一补充"综合医疗政策体系，34万贫困户"居有所安"的梦想变为现实；所有贫困群众都喝上了"放心水"。3000个贫困村全部出列，20个国家级和11个省级贫困县全部摘帽，大别山等革命老区、皖北地区和沿淮行蓄洪区区域性整体贫困问题彻底解决。

## （三）坚持解放思想、求真务实

解放思想、实事求是、与时俱进，是马克思主义活的灵魂，是我们适应新形势、认识新事物、完成新任务的根本思想武器。新中国成立以来，特别是改革开放四十多年来，解放思想、求真务实是贯穿始终的一条主线。没有不间断的解放思想，就不会有改革开放的累累硕果。在全面建成小康社会历程中，安徽历届省委、省政府都以安徽省情为坐标，打破条条框框的束缚，始终坚持解放思想、求真务实，注重解决关键环节主要矛盾，把中央精神与安徽实际紧密结合，彰显了对中央精神的全面贯彻、对发展规律的深刻认识、对全面建成小康社会路径的科学把握。

作为传统农业省份，安徽历来高度重视农业问题，在农村工作上始终遵循解放思想、实事求是原则。新中国成立后，为迅速改善人民生活，针对淮北和沿淮地区多灾低产的状况，安徽省委深入调查研究，本着"改种避灾"精神，提出农业"三改"办法，打破传统的农业布局、生产习惯、种植习惯，使农业生产更加顺应自然规律，有效提高了农作物产量，改善了农民生活。1961年，面对"大跃进"带来的严重经济困难，安徽省委冲破人民公社管理体制束缚，在农村探索实行"田间管理责任制加奖励"办法（简称"责任田"），有效促进了农村经济的发展，改善了农民生活，受到广大干部群众的热烈欢迎。1977年11月，针对"左"的政策束缚下农村贫穷落后的现实，以万里为第一书记的安徽省委，在经过广泛征求意见、总结农业发展经验教训的基础上，提出"以农业生产为中心"，出台"省委六条"，为解放农村生产力、发展农业生产，起了极大的促进作用。1978年，安徽遭受百年不遇的大旱，省委召开紧急会议研究对策，冒着极大的政治风险，作出"借地度荒"的决定，充分调动了农民的生产积极性，度过了灾荒。

改革开放以来，作为国家对外开放梯度推进过程中的后发地区，安徽立足不沿边不沿海的基本省情，抢抓国家宏观政策、区域发展重大战略调整给予的重要机遇，积极融入、主动适应，探索了内陆开放发展的模式与经验，成就了内陆开放的安徽路径。早在1984年5月，安徽省委就提出要看得远一点、想得深一点、胆子更壮一点、步子更大一点，尽快打开对外开放新局面，提出在20世纪末，建设长江经济带、两淮经济区、皖南旅游区和合肥科技中心四大基地的战略设想；1988年，安徽省委提出"远学闽粤、近学江浙"，参照长江三角洲的政策发展沿江经济带；1990年，安徽省委作出"抓住时机，开发皖江，强化自身，呼应浦东，迎接辐射，带动全省"的战略决策，安徽成为全国第一个响应浦东开发的省份。安徽充分利用国际国内两个市场、两种资源优化资源配置，构筑起开放型经济发展的新格局。

改革开放后的十多年里，安徽经济和社会发展取得了一定成绩，但受长期的计划经济影响，人们的思想观念仍比较陈旧、保守，缺乏开拓与创新的精神。1991年题为《醒来，铜陵！》的政论刊发在《铜陵报》头版头条，在铜陵乃至全省、全国范围内引发强烈反响，加速了安徽思想解放的步伐，为改革开放增添了强大动力。

1992年，国务院决定进一步扩大开放，实行"三沿"战略，芜湖、合肥被辟为对外开放城市。安徽抓住这一有利时机，主动接受开放辐射，坚定不移实施"一线两点"开放战略，加快发展外向型经济。在中央提出推进地区协调发展、促进中部崛起的战略背景下，安徽省委于2005年正式提出将推进东向发展、加速融入长三角作为重大发展战略，充分发挥区位、自然资源、劳动力资源优势，积极参与泛长三角区域发展分工，主动承接沿海地区产业转移，不断加强同兄弟省份的横向经济联合和协作。2010年，安徽成立全国首个以承接产业转移为主题的示范区——皖江城市带承接产业转移示范区。2019年5月，安徽全域纳入长三角，安徽抢抓打造改革开放新高地的历史机遇，常态化开展对标学习沪、苏、浙工作，扎实推进长三角一体化发展专项行动，全面深化与沪、苏、浙对接合作。启动实施绿色发展样板区建设，基础设施互联互通取得突破，公共服务一体化水平不断提升。从长三角的"旁听生"到"插班生"，再到"正式生"，安徽正乘着长三角一体化发展的东风，积极保持着"上进生"的昂扬姿态，江淮大地迸发出强劲发展活力。

## （四）坚持改革创新、敢为人先

创新是一个国家、一个民族发展进步的不竭动力。越是伟大的事业，越充满艰难险阻，越需要开拓创新。七十多年来，安徽大力弘扬敢闯敢试、敢为人先的改革创新精神，顺应人民意愿，不断开辟新天地、开创新局面。

从在全国率先推行农村家庭联产承包责任制改革、税费改革到率先启动农村综合改革，从最早开展农村土地确权登记颁证试点到率先实施"资源变资产、资金变股金、农民变股东"的"三变"改革，安徽始终走在中国农村改革的前列，创造了一系列可复制、可推广的宝贵经验。党的十八大以来，安徽争当击楫中流的改革先锋，按照中央全面深化改革主体框架要求，突出抓好16项国家级改革试点，推出1000多项改革创新举措，在基层医药卫生体制综合改革、生态补偿机制改革、林长制改革等多个领域担当"排头兵"角色，在全国率先推行政府权责清单、涉企收费清单制度，在国资国企、财税金融、商事制度等重点领域先行先试，取得重要进展，为全国改革积累了经验，为重大制度创新奠定了基础。

创新是引领发展的第一动力，也是安徽最为宝贵、最具优势的"遗传基因"。在经济和社会发展的道路上，安徽始终把创新摆在核心位置，着力下好科技创新"先手棋"。20世纪60年代，安徽支持中国科学技术大学、通用机械研究院等高校和研究单位落地合肥，70年代召开"向科学进军"大会，中国科学院合肥分院等科研机构组建和恢复重建，奠定了安徽科教优势的基础地位；20世纪80年代开展"星火计划"、科技扶贫计划、"火炬计划",90年代实施"科教兴皖"战略、人才强省战略,科技进步对经济社会发展的支撑和引领作用日益显现,科技成果直接服务经济社会发展的格局开始形成。进入新世纪,安徽深入贯彻实施创新驱动发展战略,从建设合肥首个国家科技创新型试点城市,到启动合芜蚌自主创新试验区建设,到开展创新型省份建设,再到"五个一"创新主平台立柱架梁,实现科技创新"八大转变",创新由点到线、由线到面、由面到链集聚辐射,初步探索出一条科教强、企业强、产业强、区域强的特色自主创新发展道路。安徽坚持"人才是创新第一资源"的理念,着力破除制约人才创新的体制机制障碍,在全国率先探索"人才团队+科技成果+政府参股+股权激励"模式,推行首席科学家等制度;围绕加大研发投入等重点领域和关键环节,加强政策供给,提升科技创新治理能力,形成较为完善、独具特色的科技创新制度体系,为深入实施创新驱动发展战略提供了良好人才支撑和制度环境。

## (五)坚持艰苦奋斗、自强不息

艰苦奋斗、自强不息是中华民族的传统美德,是中国共产党人的传家宝。社会主义是干出来的,新时代是奋斗出来的。在前进的道路上,必然会有艰巨繁重的任务,必然会有艰难险阻甚至惊涛骇浪,艰苦奋斗精神是我们战胜一切艰难险阻的强大精神力量。在全面建成小康社会征程中,安徽人民始终保持艰苦奋斗精神,经千难而百折不挠、历万险而矢志不渝,攻克了一个又一个看似不可攻克的难关，创造了一个又一个彪炳史册的人间奇迹。

新中国成立初期，安徽人民在党的领导下，迅速医治战争创伤，建设美好家园。为了治理淮河水患，在毛泽东"一定要把淮河修好"的伟大号召下，安徽人民自力更生、艰苦奋斗，建设了佛子岭、梅山、响洪甸、磨子潭、龙河口五大水库。在工业发展方面，安徽人民励精图治、发愤图强，在一穷二白的基础上，从无到有、从小到大，建立了门类较为齐全的工业体系，兴建马钢、铜陵有色、安庆石化、淮南煤矿、淮北煤矿等一大批工业企业，生产出新中国第一炉铜水、第一个火车轮箍，安徽成为新中国重要的能源基地、原材料基地。从 1958 年到 1972 年，在共和国历史上最困难的时期，安徽人民节衣缩食、知重负重、顽强拼搏，兴建了举世闻名的淠史杭水资源综合利用工程。当时淠史杭工程并未纳入国家计划，在长达十四年的建设岁月中，皖西人民自带工具、自备口粮，近百万民工、干部和职工以公社为单位，成立了近万个水利团和 6400 多个突击队、战斗队，自制土炸药，自建水泥厂，自筹石木材，用十字镐、独轮车等简单工具，肩挑手抬，完成了近 6 亿立方米的土方工程。面对种种困难，广大建设者土法上马，创造了专攻切岭工程的"洞室爆破法"、专攻黄姜土的"劈土法"，研制了垂直运输土工具"倒拉器"，以"党指向哪里，就打到哪里，就是脱掉两层皮，掉上几斤肉，也要切开平岗岭"的拼搏精神，终于实现了"叫高山低头，要平岗让路"的目标。1959 年 3 月龙河口大坝施工时，连降大雨，水位陡涨，施工难度加大，舒城县以 8 万人大会战的态势，夺取了"水涨一寸，坝高一尺"的赫赫战果。

党的十八大以来，在决战决胜脱贫攻坚阶段，安徽认真贯彻落实习近平总书记"全面建成小康社会，一个不能少，特别是不能忘了老区"的重要指示，贯彻落实党中央重大决策部署，大力弘扬老区精神，把皖西大别山革命老区摆在突出位置，加大政策和资金倾斜力度，举全省之力攻克一个又一个难题；老区人民艰苦奋斗、自强不息，奋力改变家乡贫困面貌；近百万扶贫干部披荆斩棘、负重前行，把心血、汗水甚至生命留在了脱贫攻坚第一线。经过不懈奋斗，脱贫攻坚战取得全面胜利，江淮大地全面建成小康社会。

## （六）坚持团结协作、合力攻坚

团结是中华民族的优良传统，是伟大民族精神的重要组成部分，是中国人民和中华民族战胜前进道路上一切风险挑战、不断从胜利走向胜利的重要保证。在全面建成小康社会的征途上，安徽人民凝心聚力，同心同向，团结协作，合力攻坚，突破了前进道路上的一个个"腊子口"，攻克了改革发展中的一座座"娄山关"，夺取了全面建成小康社会的伟大胜利。

团结协作、合力攻坚的精神，在抗击严重自然灾害的斗争中体现得最为充分。1991年，安徽发生历史上罕见的特大洪涝灾害，全省上下齐心协力，艰苦奋战，取得了抗洪救灾斗争的胜利；1998年，长江流域发生超历史纪录的特大洪水，在同洪水的搏斗中，党和人民铸就了万众一心、众志成城，不怕困难、顽强拼搏，坚韧不拔、敢于胜利的伟大抗洪精神。2020年汛期，全省暴雨天数、累计降水量创历史纪录，长江、淮河、巢湖发生严重汛情。广大干部群众坚守一线，蓄滞洪区群众顾全大局，中国人民解放军指战员、武警官兵、公安干警、民兵应急救援人员、工程技术人员和广大基层干部群众冲锋在前，履职尽责，用汗水乃至生命谱写了新时代抗洪抢险斗争的英雄赞歌。为了确保淮河安澜，淮河流域王家坝人民顾全大局，舍小家为大家，先后16次开闸蓄洪，美好家园一次次因洪水肆虐陷入汪洋，又一次次不畏艰难重建家园，铸就了彪炳史册的王家坝精神。

2020年新冠肺炎疫情发生以来，面对严峻复杂的疫情形势，安徽从严从紧从快抓好各项疫情防控工作，各级疫防办、公安、通信、卫健等部门及属地全天候高效运转、协调联动，及时摸排省外风险区域来（回）皖人员，落实健康监测等措施，坚持网格化管理，对意向来（回）皖人员提前摸排、建立台账、跟踪服务。全省干部群众团结一心、并肩作战，凝聚成强大合力，筑牢同舟共济的安徽防线。在做好自身防控工作的同时，坚决响应党中央号召，派出8批1362名援鄂医疗队员奔赴武汉，累计救治3156名患者，并超额完成国家下达的防疫物资生产保供任务，先后6次向湖北捐献血液292万毫升，居全国第一位。

按照习近平总书记考察安徽时提出的"把好山好水保护好"的重要指示精神和中央《关于全面加强生态环境保护坚决打好污染防治攻坚战的意见》要求，安徽始终将污染防治工作摆在突出位置，坚持生态优先、绿色发展，坚决打好蓝天、碧水、净土保卫战。安徽全省上下协调联动，着力构建生态环保齐抓共管格局，集中攻克老百姓身边的突出生态环境问题，让老百姓实实在在感受到生态环境质量改善。为保护水环境，推动江河湖泊治理，安徽把修复长江、淮河（安徽段）生态环境摆在压倒性位置，持续推进长江、淮河（安徽段）生态修复和污染治理工程。与此同时，从2018年起，全省建立以市级横向补偿为主、省级纵向补偿为辅的地表水断面生态补偿机制，覆盖安徽长江、淮河干流及重要支流、重要湖泊等85个水域、121个断面，充分发挥生态补偿资金的经济杠杆作用，推动各地共同努力，改善水质状况。

全面建成小康社会，江淮大地发生了翻天覆地的变化，将成为安徽阔步迈进全面建设社会主义现代化国家的新起点。全面建成小康社会，江淮儿女积累了弥足珍贵的经验做法，将成为安徽砥砺前行的强大精神动力。启航新征程，建功新时代，我们要以习近平新时代中国特色社会主义思想为指引，以史为鉴、开创未来，忠诚尽职、奋勇争先，走好新时代的"赶考路"，奋力谱写现代化美好安徽建设新篇章。

# 主要参考文献

[1] 本书编写组. 中国共产党简史 [M]. 北京：人民出版社，中共党史出版社，2021.

[2] 中共安徽省委党史研究院. 中国共产党安徽简史 [M]. 北京：中共党史出版社，2021.

[3] 中共安徽省委党史研究院. 中国共产党安徽历史：第二卷 [M]. 北京：中共党史出版社，2014.

[4] 中共安徽省委党史研究院. 辉煌之路：安徽改革开放实录 [M]. 北京：中共党史出版社，2018.

[5] 安徽省人民政府. 安徽 60 年 [M]. 北京：中国统计出版社，2009.

[6] 安徽省人民政府. 安徽省国民经济和社会发展第十二个五年规划纲要 [S/OL]. [2021-08-20]. https://www.ah.gov.cn/public/1681/554074001.html.

[7] 安徽省人民政府. 安徽省国民经济和社会发展第十三个五年规划纲要 [S/OL]. [2016-05-03]. https://www.ah.gov.cn/public/1681/7929311.html.

[8] 安徽省人民政府. 安徽省国民经济和社会发展第十四个五年规划和 2025 年远景目标纲要 [M]. 合肥：安徽人民出版社，2021.

[9]张宝顺.深入贯彻落实科学发展观为建设经济繁荣生态良好社会和谐人民幸福的美好安徽而奋斗：在中国共产党安徽省第九次代表大会上的报告 [S/OL].[2018-08-26].https://wenku.so.com/d/518f6c260a09a33c6ac973f6b6f4fba3.

[10]李锦斌.坚定不移闯出新路决战决胜全面小康为建设创新协调绿色开放共享的美好安徽而奋斗：在中国共产党安徽省第十次代表大会上的报告 [M].合肥：安徽人民出版社，2016.

[11]郑栅洁.忠诚尽职奋勇争先全面强化"两个坚持"全力实现"两个更大"共同谱写现代化美好安徽建设新篇章：在中国共产党安徽省第十一次代表大会上的报告 [S/OL].2021-10-28[2021-11-04].http://ah.people.com.cn/n2/2021/1104/c358428-34989850.html.

[12]杨宜勇，吴香雪，等.全面建成小康社会奋斗史 [M].北京：人民出版社，2020.

[13]彤新春.小康之路：综述篇 [M].北京：北京时代华文书局，2013.

[14]蒋永穆，等.全面建成小康社会的中国经验 [M].北京：光明日报出版社，2022.

[15]《小康》杂志社.小康中国 [M].北京：天地出版社，2020.

[16]《安徽改革开放40年成就与经验研究》课题组.改革开放的"安徽样本"：安徽改革开放40年成就与经验研究 [M].合肥：安徽人民出版社，2018.

[17]夏少权，孙自铎.中国改革开放全景录：安徽卷 [M].合肥：安徽人民出版社，2018.

[18]中共安徽省委党史研究院.安徽改革开放40年风云人物 [M].北京：中共党史出版社，2018.

[19]中共安徽省委组织部,中共安徽省委党史研究院.红色安徽[M].合肥:安徽人民出版社,2019.

[20]中共安徽省委党史研究院.决战决胜最前沿:驻村扶贫干部口述[M].合肥:安徽人民出版社,2020.

[21]中共安徽省委党史研究院.安徽党史上的重要事件[M].北京:中共党史出版社,2021.

[22]中共安徽省委党史研究院.安徽党史上的重要人物[M].北京:中共党史出版社,2022.

[23]中共安徽省委党史研究院.安徽自然环境志[M/OL].[2022-05-08].http://106.54.10.148:8083/dfz//static/plugin/pdf/web/hehe.html?bookId=846dc9e44d2a4be887472dc26fcaa039&file=http://106.54.10.148:8083/dfz/book/846dc9e44d2a4be887472dc26fcaa039/0.html&bookName=%E8%87%AA%E7%84%B6%E7%8E%AF%E5%A2%83%E5%BF%97.

[24]任玲,张云飞.改革开放40年的中国生态文明建设[M].北京:中共党史出版社,2018.

[25]江泽民.正确处理社会主义现代化建设中的若干重大关系[M]//十四大以来重要文献选编:中.北京:人民出版社,1997.

[26]邸乘光."全面建成小康社会":演进、内涵与功用[J].中共南京市委党校学报,2016(4).

[27]肖贵清,陈炳旭.从"泛可小康"到"全面建成小康社会":"小康"概念的历史演变与当代意蕴[J].海南大学学报:人文社会科学版,2022(1).

[28]谢传会,赵伟峰.新时代安徽省城乡融合发展策略研究[J].呼伦贝尔学院学报,2020(3).

[29]华兴顺.新中国城乡关系70年的演变与城乡融合发展[J].安徽行政学院学报，2019（6）.

[30]陈凯.新中国成立以来城乡关系的发展及其内在逻辑探析[J].经济研究导刊，2020（20）.

[31]安徽林业局.安徽：全省初步建成万里绿道网[EB/OL].2019-11-19[2022-05-08].安徽林业局公众号.

[32]安徽林业局.壮阔70年，绿涌江淮写巨变[EB/OL].2019-10-16[2022-05-08].安徽林业局公众号.

# 后 记

  江淮儿女勠力攻坚，世纪伟业奋斗有我。为忠实记录我省全面建成小康社会的光辉历程、伟大成就、历史经验，集中展示江淮儿女的奋斗风采，根据中央宣传部统一部署，安徽省委宣传部牵头组建了工作专班，组织编写了"纪录小康工程"地方丛书（安徽卷）。省直相关部门负责撰稿，安徽人民出版社承担出版任务。

  作为"纪录小康工程"地方丛书（安徽卷）的重要组成部分，《全面建成小康社会安徽全景录》以习近平新时代中国特色社会主义思想为指导，以《关于建国以来党的若干历史问题的决议》《中共中央关于党的百年奋斗重大成就和历史经验的决议》为准绳，忠实记录了党领导人民打赢脱贫攻坚战、全面建成小康社会伟大历史进程中的安徽实践。编写人员秉持为民族复兴书写安徽"信史"、为新时代安徽留下"小康印记"的总体要求，系统梳理安徽全面建成小康社会的光辉历程，全景呈现新中国成立以来特别是党的十八大以来安徽在经济、文化、社会、生态文明等方面取得的历史性成绩、发生的历史性变革，全面展示江淮大地在小康工程建设过程中发生的翻天覆地的变化和安徽人民持续增强的获得感、幸福感、安全感，科学总结安徽全面建成小康社会的做法与经验，为建设现代化美好安徽提供了富有价值的历史借鉴，为奋进新征程、建功新时代提供了不竭的奋进动力。

本书编写出版得到安徽省委宣传部的精心指导，安徽省委常委、宣传部长郭强，安徽省委宣传部常务副部长王宏，安徽省委宣传部副部长、省新闻出版局（省版权局）局长查结联等同志主持召开专题会，统筹推进编写和出版工作。安徽省乡村振兴局、安徽省统计局、安徽省档案馆、安徽日报社等提供或核实了有关资料。安徽省委党史研究院程中才、朱贵平、鲁敏、胡北、章颖等同志承担了本书的具体编写任务，院长程中才主持编写工作并审定书稿，院学术和编审委员会主任朱贵平负责统稿。

伟大事业孕育伟大精神，伟大精神引领伟大事业。江淮儿女持续接力，激情写就安徽大地全面建成小康社会奋斗史诗。站在新的历史方位，我们将更加自信、更加坚定地以习近平新时代中国特色社会主义思想为指引，以史为鉴、开创未来，忠诚尽职、奋勇争先，乘胜而进开启全面建设社会主义现代化国家新征程，乘风破浪谱写现代化美好安徽建设新篇章！

受编者水平和时间之限，书中难免有疏漏和不足之处，敬请广大读者批评指正。

本书编写组

2022 年 6 月